Britta Schulze-Thulin

Erzgebirge

Vom Müglitztal zum Elstergebirge

50 ausgewählte Wanderungen

ROTHER
BERGVERLAG

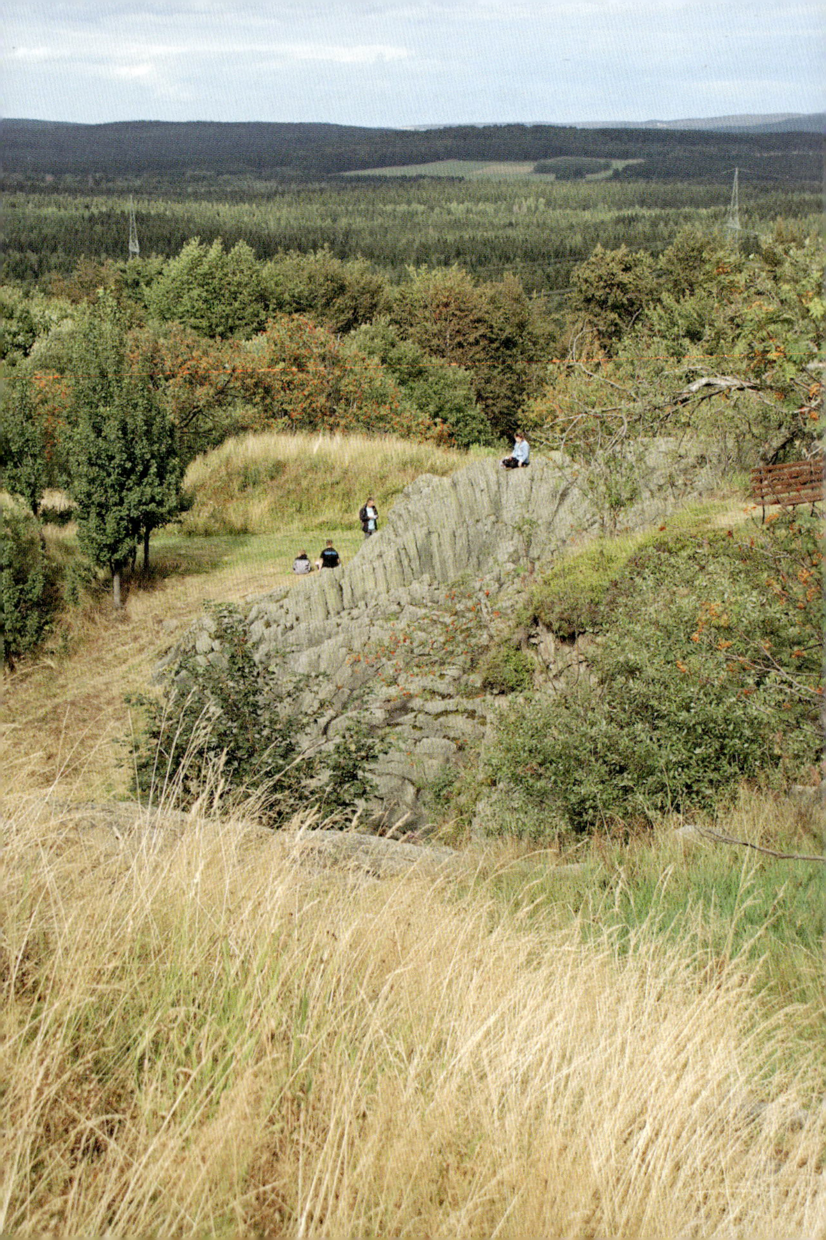

Vorwort

Im Erzgebirge und dem westlichen anschließenden Elstergebirge ist eine der reizvollsten Mittelgebirgsregionen Deutschlands und Tschechiens zu finden. Die lang gestreckte Gebirgskette am Südrand Sachsens und Nordrand Böhmens bietet eine abwechslungsreiche Landschaft, die geradezu dazu einlädt, die Wanderschuhe zu schnüren.
Dieser Wanderführer begleitet in die schönsten und interessantesten Gegenden, wo im Sommer bunt blühende Bergwiesen locken, unterbrochen von schattigen Buchen- und Fichtenwäldern, in denen Beeren und Pilze gedeihen. Er führt zu Felsen, wildromantischen Flusstälern, Seen und Hochmooren in den Kammregionen. Dabei sind Erz- und Elstergebirge nicht von Wandertouristen überlaufen. Hier findet man Ruhe im Einklang mit der Natur, eine ursprüngliche Landschaft ohne Massentourismus.
Das Erzgebirge erstreckt sich auf zwei Länder. Von deutscher Seite aus steigt es sanft nach Süden auf und fällt auf der tschechischen Seite schroff ab. Liebhaber steiler Wege kommen daher bei den Wanderungen von böhmischer Seite her voll auf ihre Kosten, während die Aufstiege von deutscher Seite deutlich gemächlicher ausfallen. Wirklich eben ist es aber nirgendwo im Erz- und Elstergebirge. Und nicht nur auf den höchsten Bergen warten reizvolle Ziele, die es wert sind, erwandert zu werden.
Dieser Wanderführer ist sowohl für Tages- als auch Halbtageswanderer geeignet. Für Familien mit Kindern gibt es gemütliche Spaziergänge mit Spiel- und Rastmöglichkeiten am Wegesrand. Oft lässt sich eine Wanderung auch mit der Besichtigung einer Sehenswürdigkeit verbinden. Für jeden ist genug Abwechslung geboten. Dazu ist das Wandergebiet eine preiswerte Ferienregion mit allem Komfort, in der es sich auch im Hochsommer wunderbar wandern lässt, während es in weiten Teilen Deutschlands zu heiß ist. Die vorgeschlagenen Touren sind fast ausschließlich Rundwanderungen, die sich sowohl mit dem Auto als auch mit öffentlichen Verkehrsmitteln erreichen lassen.
Viel Freude beim Entdecken der schönsten Wanderungen im Erzgebirge und Elstergebirge!

Halle (Saale), im Sommer 2021 Britta Schulze-Thulin

Der »Palmwedel« genannte Basaltfelsen auf dem Hirtstein (Tour 22).

Inhaltsverzeichnis

Liebe Leserinnen und Leser,

infolge der Corona-Krise können sich Änderungen ergeben haben, die bei Redaktionsschluss noch nicht absehbar waren. Soweit möglich werden wir aktuelle Hinweise unter www.rother.de (beim Buch) zur Verfügung stellen. Bitte informieren Sie sich vor der Wanderung zusätzlich über die derzeitigen Gegebenheiten.
Sollten Sie geänderte Gegebenheiten vor Ort feststellen, freuen wir uns über Korrekturhinweise per E-Mail an leserzuschrift@rother.de.

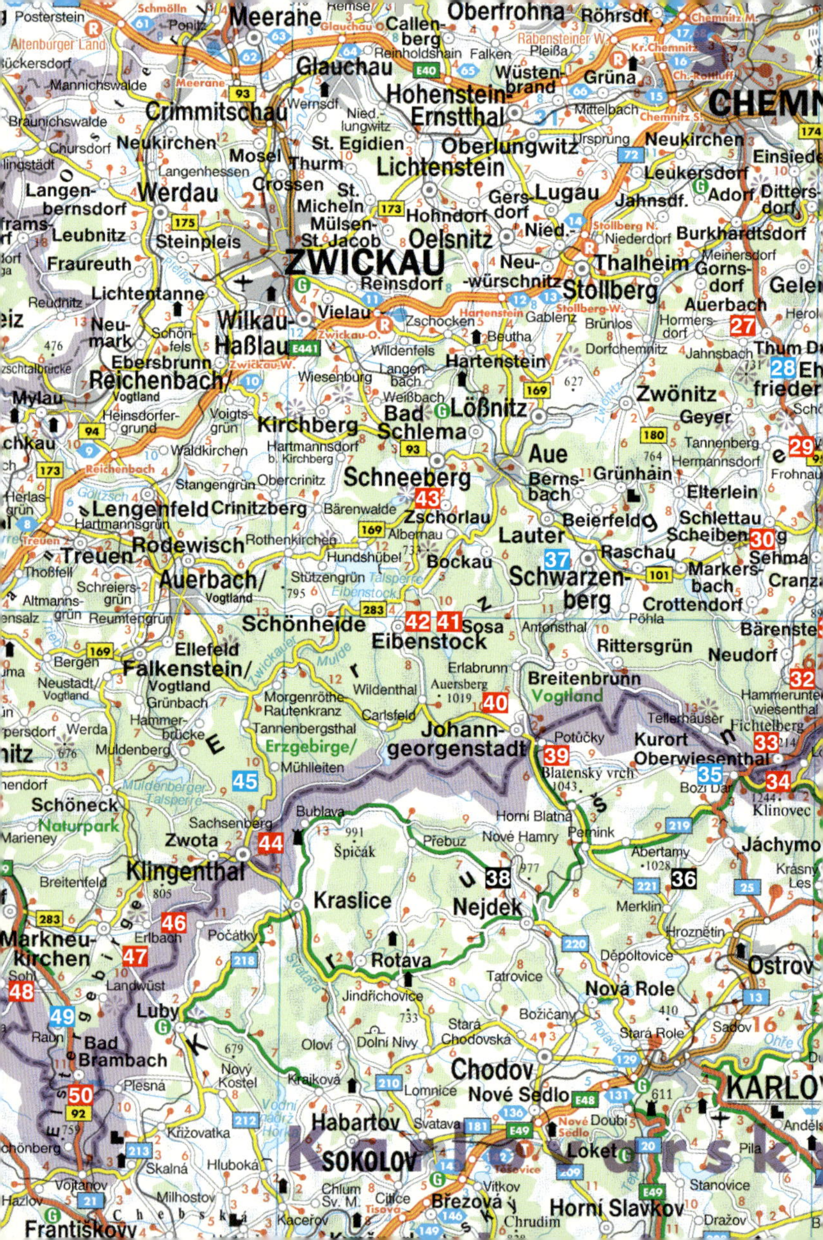

Meerane
Oberfrohna
Röhrsdf.
Glauchau
Callenberg
Altenburger Land
Crimmitschau
Hohenstein-Ernstthal
Wüstenbrand
Grüna
CHEMN
Neukirchen
Mosel
St. Egidien
Oberlungwitz
Lichtenstein
Einsiedel
Werdau
Crossen
Lugau
Leukersdorf
Langenbernsdorf
Steinpleis
Mülsen-St. Jacob
Hohndorf
Gersdorf
Oelsnitz
Jahnsdf.
Adorf
Burkhardtsdorf
Leubnitz
Fraureuth
ZWICKAU
Reinsdorf
Neuwürschnitz
Thalheim
Stollberg
Gornsdorf
Lichtentanne
Wilkau-Haßlau
Vielau
Zschocken
Auerbach
Neumark
Hartenstein
Thum
Reichenbach/ Vogtland
Wildenfels
Zwönitz
Mylau
Kirchberg
Bad Schlema
Lößnitz
Geyer
Aue
Schneeberg
Grünhain
Elterlein
Lengenfeld
Crinitzberg
Zschorlau
Beierfeld
Schlettau
Treuen
Rodewisch
Lauter
Scheibenberg
Bockau
Raschau
Sehma
Auerbach/ Vogtland
Schwarzenberg
Markersbach
Crottendorf
Schönheide
Eibenstock
Sosa
Ellefeld
Falkenstein/ Vogtland
Rittersgrün
Neudorf
Bärenstein
Breitenbrunn
Wildenthal
Johanngeorgenstadt
Kurort Oberwiesenthal
Fichtelberg
Tellerhäuser
Erzgebirge/ Vogtland
Mühlleiten
Potůčky
Blatenský vrch
Boží Dar
Klínovec
Schöneck
Naturpark
Zwota
Sachsenberg
Bublava
Špičák
Přebuz
Horní Blatná
Nové Hamry
Pernink
Abertamy
Jáchymov
Klingenthal
Kraslice
Nejdek
Merklín
Markneukirchen
Erlbach
Počátky
Rotava
Hroznětín
Ostrov
Tatrovice
Děpoltovice
Nová Role
Luby
Jindřichovice
Božičany
Stará Role
Sadov
Bad Brambach
Oloví
Dolní Nivy
Stará Chodovská
Chodov
Nový Kostel
Kraïková
Lomnice
Nové Sedlo
KARLOV
Habartov
Svatava
Loket
Křižovatka
SOKOLOV
Hluboká
Vítkov
Stanovice
Skalná
Chlum Sv. M.
Citice
Březová
Horní Slavkov
Milhostov
Kaceřov
Chrudim
Dražov
Františkovy

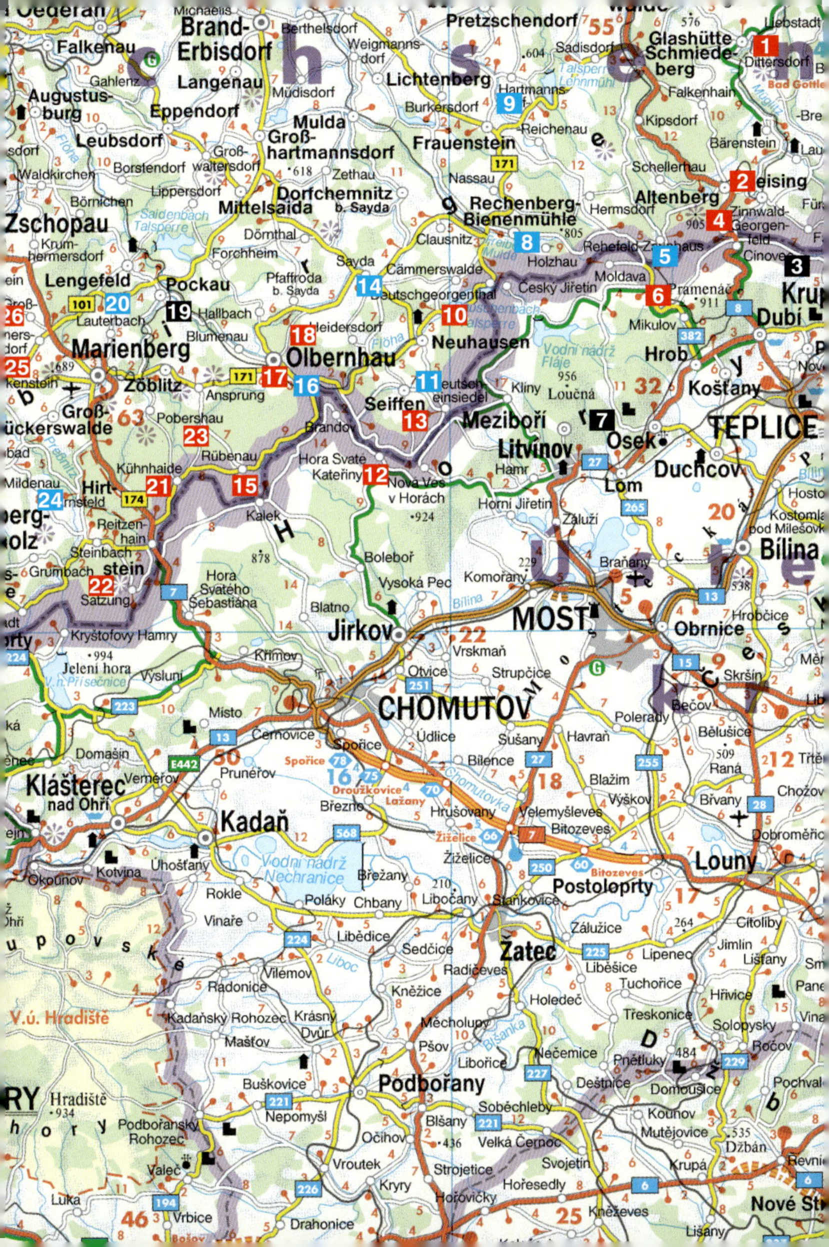
Brand-Erbisdorf
Falkenau
Langenau
Augustusburg
Eppendorf
Leubsdorf
Mulda
Groß-hartmannsdorf
Lichtenberg
Frauenstein
Pretzschendorf
Glashütte
Schmiedeberg
Dittersdorf
Kipsdorf
Bärenstein
Schellerhau
Altenberg
Geising
Zinnwald-Georgenfeld
Rechenberg-Bienenmühle
Dorfchemnitz
Mittelsaida
Zschopau
Lengefeld
Pockau
Marienberg
Zöblitz
Olbernhau
Neuhausen
Seiffen
Sayda
Holzhau
Moldava
Český Jiřetín
Mikulov
Hrob
Dubí
Košťany
TEPLICE
Osek
Litvínov
Meziboří
Duchcov
Lom
Bílina
MOST
Obrnice
Jirkov
CHOMUTOV
Klášterec nad Ohří
Kadaň
Vodní nádrž Nechranice
Žatec
Louny
Postoloprty
Podbořany
Hora Svaté Kateřiny
Nová Ves v Horách
Kalek
Hora Svatého Šebestiána
Vysoká Pec
Blatno
Údlice
Spořice
Březno
Hrušovany
Bitozeves
Vrbice
Nové Strašecí
Lišany

Allgemeine Hinweise

Tourenauswahl und Anforderungen

Die Routen in diesem Wanderführer wurden so gewählt, dass sowohl die wichtigsten Gebirgsketten und Felsen als auch die schönsten Hügellandschaften und eine Auswahl von Hochmooren erfasst sind. Die Wege sind mit einer Ausnahme Rundwanderwege. Die Mehrzahl der Wanderstrecken ist markiert und verläuft auf deutlichen Wegen und Pfaden. Um ein bestmögliches Wandererlebnis zu bieten, werden oft mehrere ausgeschilderte Wanderwege miteinander kombiniert. Immer wieder nutzen wir auch ungekennzeichnete Wege und Pfade, wenn sich so die reizvollste Streckenführung erreichen lässt. Manche Wege sind steinig und von Wurzeln durchzogen, darauf wird im Text hingewiesen.

Jede der Touren hat ihren Reiz, aber nicht für alle Wandernden in gleichem Maße. Als Entscheidungshilfe dienen bei jeder Tour eine Einführung und eine Kurzinfo, die die wesentlichen Elemente und Besonderheiten der jeweiligen Wanderung beschreibt und die Anforderungen definiert.

Die **Gehzeiten** sind ohne Berücksichtigung von Pausen angegeben. Da Kondition, Geländesituation und Wetter erheblich auf die Gehgeschwindigkeit Einfluss nehmen können, sind die Angaben nur als grober Anhaltspunkt zu verstehen.

Die Kategorie **Höhenunterschied** (Höhenmeter in Auf- und Abstieg) erfasst die zu bewältigenden Höhenmeter einschließlich der Gegenanstiege.

Die **Anforderungen**, die die Wege in Erz- und Elstergebirge an die Wandernden stellen, sind überschaubar. Klettern ist an keiner Stelle nötig. Jedoch kann es erforderlich sein, auf weglosen und unmarkierten Abschnitten zu wandern, einen steilen Aufstieg zu meistern oder in einem Fall (Tour 19) auf

Gewitterstimmung über der Mittelgebirgslandschaft des Erzgebirges.

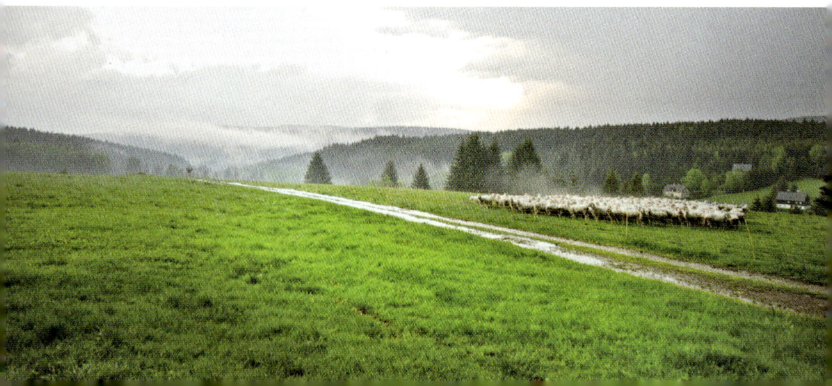

Symbole

	mit Bahn/Bus erreichbar		Schutzhaus, Unterstand
	Einkehrmöglichkeit unterwegs		Kirche, Kapelle
	für Kinder geeignet		Burg, Schloss, Ruine
			Aussichtsturm
	Bushaltestelle	†	Gipfel
	Bahnhof/-haltestelle		Aussichtsplatz
P	eingerichteter Parkplatz		Picknickplatz
	Ort mit Einkehrmöglichkeit	†	Feldkreuz, Bildstock
	Einkehrmöglichkeit	)(	Brücke

einem alpinen Wanderpfad zu gehen. Dies ist aber die Ausnahme, in der Regel wurden deutliche und gut begehbare Wege ausgewählt.
Die Orientierung im beschriebenen Wandergebiet ist meist einfach, Wegweiser und Wegmarkierungen helfen vielerorts dabei, die richtige Richtung einzuschlagen. Erhöhte Anforderungen bestehen dann, wenn Wege unmarkiert und/oder schlecht sichtbar sind.
Unter Berücksichtigung dieser Aspekte sind die Wanderungen in drei Schwierigkeitsgrade eingeteilt, die Tournummern sind entsprechend farbig hinterlegt. Dabei ist zu berücksichtigen, dass ungünstige Bedingungen wie z. B. Schnee, Nässe oder Nebel dazu führen können, dass sich der Schwierigkeitsgrad erhöht. Weniger erfahrene Wanderer sollten zuerst die leichten Touren wählen.

Leicht Eher kurze und wenig anstrengende Wanderungen auf überwiegend guten, z. T. markierten Wegen, jedoch auch mit einzelnen steinigen, wurzeldurchsetzten oder feuchten Stellen. Flüsse und Bäche sind problemlos zu überqueren, weglose Abschnitte leicht zu finden. In der Regel geringe Höhenunterschiede. Dem Wetter wenig ausgesetzt. Geringe Anforderungen an Orientierungssinn und Kondition.

Mittel Eher längere und steilere Berg- und Talwanderungen auf bisweilen schmalen Wegen und Pfaden, teilweise unmarkiert, ggf. auch feuchte und wurzelig-steinige Stellen. Können dem Wetter ausgesetzt sein. Geringe bis mittlere Anforderungen an Orientierungssinn und Kondition.

Schwierig Anstrengendere Wanderungen, oft lang und steil, die eine gute Kondition, guten Orientierungssinn und bisweilen auch Trittsicherheit erfordern. Auch können sie stärker dem Wetter ausgesetzt sein. Besonders die Wanderungen auf tschechischer Seite verlangen oft eine Kennzeichnung mit dem höchsten Schwierigkeitsgrad.

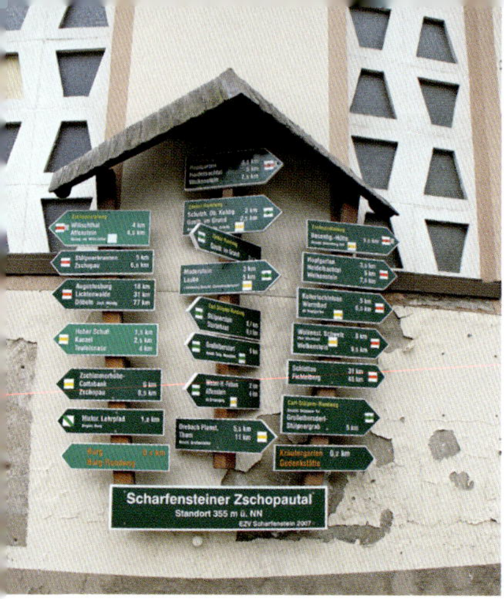

Bei der Ausschilderung wird manchmal übertrieben.

Markierung, Wegweiser, Hinweisschilder

Stolz rühmt sich das Erzgebirge über 5000 km markierter Wanderwege. Masse ist hier jedoch nicht immer Klasse. Häufig sind so viele Wege mit Wanderzeichen versehen, dass nicht mehr alle in den Wanderkarten erfasst werden können, was die Übersichtlichkeit erheblich einschränkt. Auch sind oft scheinbar willkürlich eher langweilige Forstwege zu Wanderwegen deklariert worden, die wenig Abwechslung bieten. In diesem Wanderführer werden daher öfters Wege abseits der offiziellen Markierungen beschrieben, um ein bestmögliches Erlebnis zu vermitteln.

Die Wanderwegemarkierung des Staatsbetriebes Sachsenforst sieht Folgendes vor:

- Der blaue Balken soll Fernwanderwege mit einer Länge von über 100 km bezeichnen. In Tschechien, vereinzelt auch in Deutschland, werden jedoch auch kürzere Wanderwege so gekennzeichnet. Fernwanderwege können auch (zusätzlich) mit Buchstaben oder Zahlen markiert werden, so:
  - KAMM mit blauem Balken → Kammweg
  - EB → Fernwanderweg Eisenach-Budapest
  - E3 → Europäischer Fernwanderweg E3
  - VPW → Vogtland Panorama Weg®
  - WDE → Wanderweg Deutsche Einheit

  All diese ausgeschilderten Fernwanderwege kreuzen die in diesem Buch beschriebenen Routen. Besonders hervorzuheben sind der Kammweg und der Vogtland Panorama Weg®.
- Der rote Balken soll Gebietswanderwege von über 50 km Länge bezeichnen.
- Grüner und gelber Balken sollen örtliche Wanderwege unter 50 km bezeichnen. Der gelbe Balken kommt jedoch weitaus häufiger vor, was zu Verwechslungen führen kann, wenn verschiedene Gelber-Balken-Wege aufeinanderstoßen.
- Der Punkt soll nur in Ausnahmefällen verwendet werden. Er kommt daher nur selten vor, obwohl damit manch ein Weg eindeutiger bezeichnet werden könnte.
- Der grüne Diagonalbalken steht für Lehrpfade, oft Naturlehrpfade.

In Tschechien wird als Wanderzeichen häufig ein farbiger Pfeil verwendet, der sehr gut zu sehen ist. Oft ist er schon angebracht, bevor abgebogen wird, sodass der Wanderer den Abzweig nicht verpasst. Immer wieder sieht man aber auch den blauen oder roten Balken.

Ausrüstung

- Schuhe: Auch bei leichteren und kürzeren Wanderungen sollte auf geeignetes Schuhwerk geachtet werden. Hier reichen oft bequeme Schuhe mit Profilsohle. Für die meisten anderen Touren sind knöchelhohe Bergschuhe zwar nicht zwingend notwendig, aber zu empfehlen. Auf den anspruchsvollen Wanderungen sollte professionelles Schuhwerk keinesfalls fehlen.
- Kleidung: Im Erzgebirge ist es generell etwas kühler. Daher ist warme Bekleidung (außer im Hochsommer) unverzichtbar. Es regnet viel, und Wetterumschwünge können jederzeit stattfinden, weshalb stets Regenbekleidung (mindestens eine Jacke, sinnvoll sind aber auch Schirm, Regenhülle für den Rucksack und Regenhose) mitzuführen ist. Im Frühjahr und Herbst sollte man sicherheitshalber Mütze, Schal und Handschuhe in den Rucksack packen. Auf den Bergen kann ordentlich der Wind pfeifen.
- Folgende Ergänzung der Ausrüstung ist sinnvoll:

— Tagesrucksack
— Socken zum Wechseln
— Wanderstöcke zur Entlastung
— Sonnencreme, Kopfbedeckung
— Erste-Hilfe-Set und Mini-Apotheke mit Heftpflastern und Verband
— Verpflegung für die Pausen, ggf. ein kleiner Vorrat an »nicht schmelzenden« Kalorien (Müsliriegel, Studentenfutter), ausreichend Trinkwasser
— Karte und Kompass
— Handy bzw. Smartphone

Wanderrast mit Aussicht auf Seiffen und den Schwartenberg (Tour 13).

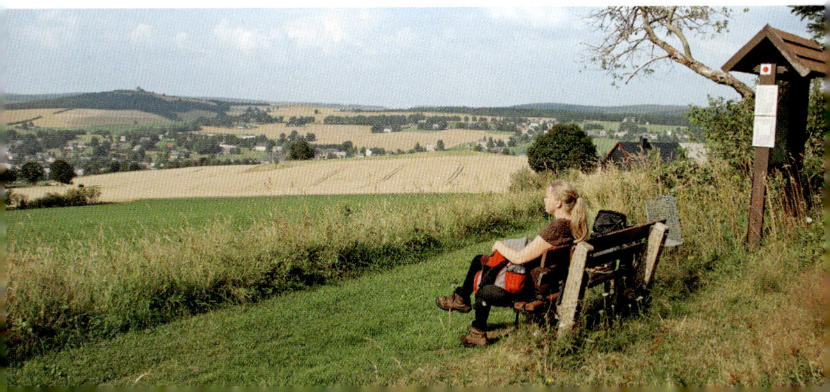

Top-Touren im Erzgebirge und Elstergebirge

Rund um Glashütte

Auf lauschigen Pfaden und Panoramawegen durch Wald und über Felder zu Felsen und Aussichten (Tour 1, 5.30 Std.).

Rund um Rechenberg-Bienenmühle

Erst an Fachwerkhäusern und malerischen Wiesen vorbei, dann durch schöne Wälder zum Brauereimuseum (Tour 8, 2.30 Std.).

Nördlich und östlich von Seiffen

Mit großartigen Ausblicken rund ums Spielzeugdorf zum Freilichtmuseum und auf idyllischen Wegen durch Moor, Wald und freie Natur (Tour 11, 3.45 Std.).

In die Wolkensteiner Schweiz

An Felsen vorbei auf einem der spektakulärsten Abschnitte des Erzgebirges (Tour 25, 4.30 Std.).

Zu den Greifensteinen

Eine Waldwanderung zu beeindruckenden Felsen und entlang eines romantischen Kunstgrabens (Tour 28, 2.30 Std.).

Auf den Fichtelberg, 1215 m

Zum höchsten Berg des sächsischen Erzgebirges und durch den verwunschenen Zechengrund (Tour 33, 3.15 Std.).

Westlich von Boží Dar

Von schönen Holzskulpturen begleitet in den größten Naturschutzraum des Fichtelberggebiets mit Kunstgraben und Knüppeldamm durchs Moor (Tour 35, 3.45 Std.).

Zum Schneckenstein

Auf idyllischen Wegen zur Radiumquelle und am Floßgraben entlang zum Topasfelsen (Tour 45, 3.30 Std.).

Wandersaison

Wenn die letzten Skilifte ihre Dienste einstellen und die Loipen zu Wegen werden, ist dies ein Signal für den Beginn der Wandersaison im Erzgebirge. Wenngleich Wandern in manchen Jahren schon ab Ende März möglich ist, so geht die Hauptsaison doch von Mai bis September. Von Oktober/November bis April hängt die Begehbarkeit der Routen von der Schneelage ab. Ab November werden viele Wege (z. B. der Kammweg) als Loipen genutzt und sind daher für Wanderer gesperrt.

Die tendenziell niedrigeren Temperaturen haben im Sommer große Vorteile. Während es sonst in Deutschland zu heiß zum Wandern ist, lassen sich im Erzgebirge immer noch Touren in angenehmem Klima unternehmen (siehe auch »Klima und Jahreszeit«, S. 23). Von Wanderern überfüllt sind Erzgebirge und Elstergebirge nie. Nur bei Zielen, die auch anders erreichbar sind, z. B. dem Fichtelberg, auf den die älteste Luftseilbahn Deutschlands (seit 1924) fährt, können sich an schönen Tagen die Menschen tummeln.

Gefahren

Gefahren für den Wanderer gehen im beschriebenen Wandergebiet meist vom Wetter aus, z. B. von Gewittern. Im Erzgebirge gibt es nur wenige Schutzhütten. Günstig ist es, die Wettervorhersage vorher zu prüfen. Zögern Sie nicht, die Tour zu unterbrechen, wenn Sie von schlechtem Wetter überrascht werden.

Warten Sie immer an einem geschützten Platz, bis es wieder besser wird.
Bei Nässe ist Umsicht angebracht. Laubbedeckte Pfade und die Knüppeldämme in den Mooren können nach Regen sehr rutschig sein. Wer im Frühjahr unterwegs ist, sollte mit (Alt-) Schnee im Untergrund rechnen. Bei Nebel können sich die Sichtverhältnisse sehr verschlechtern. Auch hier sollte man vorsichtiger ausschreiten.
Das Erzgebirge ist nicht gänzlich von Wald bedeckt. So ist der Wanderer auf jeder Tour mehr oder weniger der Sonne ausgesetzt. Tragen Sie daher einen Hut oder eine Kappe, cremen Sie sich ein und führen Sie genügend Trinkwasser mit.

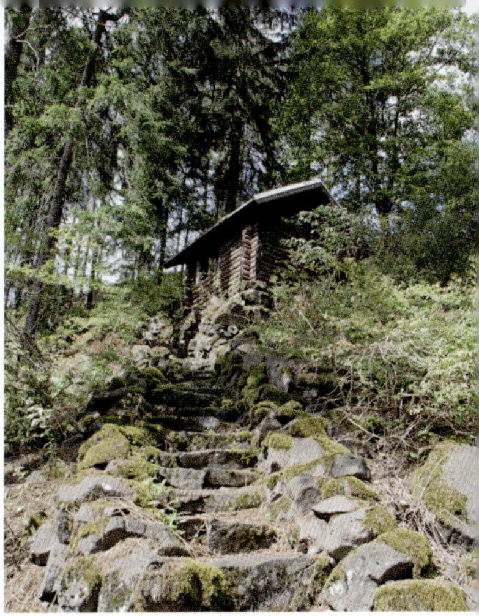

Der Weg hinauf zum Scheibenberg kann bei Nässe rutschig sein (Tour 30).

Karte, Kompass, GPS

In der Regel genügen zur Orientierung die im Buch abgedruckten Karten. Als ergänzendes Material sind besonders die detaillierten Papierkarten im Maßstab 1:25.000 vom Staatsbetrieb Geobasisinformation und Vermessung, Freistaat Sachsen oder für die tschechische Seite die Karten im Maßstab 1:40.000 von SHOCart zu empfehlen. Alle Karten kann man im lokalen Buchhandel oder auch im Internet bestellen, zum Beispiel direkt beim Verlag unter www.landesvermessung.sachsen.de bzw. www.shocart.cz.

GPS-Tracks und Koordinaten der Ausgangspunkte

Zu diesem Wanderführer stehen auf www.rother.de GPS-Tracks und Koordinaten der Ausgangspunkte zum kostenlosen Download bereit.
4. Auflage, Passwort: **451704fta**
Die GPS-Daten wurden von der Autorin im Gelände oder auf einer digitalen Karte erfasst. Verlag und Autorin haben die Tracks und Wegpunkte nach bestem Wissen und Gewissen überprüft. Dennoch können wir Fehler oder Abweichungen nicht ausschließen, außerdem können sich die Gegebenheiten vor Ort zwischenzeitlich verändert haben. GPS-Daten sind zwar eine hervorragende Planungs- und Navigationshilfe, erfordern aber nach wie vor sorgfältige Vorbereitung, eigene Orientierungsfähigkeit sowie Sachverstand in der Beurteilung der jeweiligen (Gelände-)Situation. Man sollte sich für die Orientierung auch niemals ausschließlich auf GPS-Gerät und -Daten verlassen.

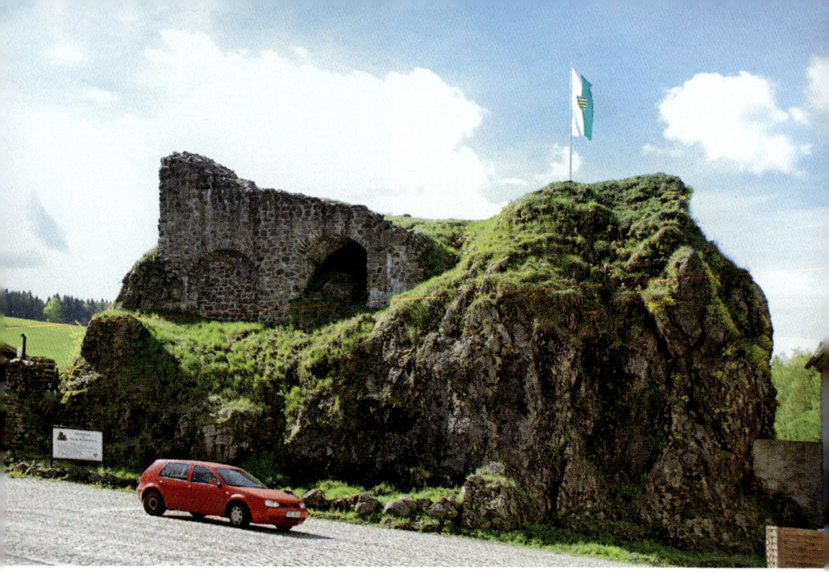

Parkplatz in Rechenberg (Tour 8).

Da die Wege undeutlich sein können, kann bei den mittelschweren und schwierigen Touren die Mitnahme eines Kompasses oder GPS-Geräts nützlich sein, mit dessen Gebrauch man sich vorher vertraut machen sollte.

Netzabdeckung

Im Wandergebiet kann man weder auf deutscher noch auf tschechischer Seite sicher sein, durchgängig Netzempfang für Internet und Mobilfunk zu haben. Es reichen aber meist ein paar Schritte und es wird wieder besser, spätestens beim nächsten Ort.

Anfahrt

Die meisten Wanderer werden die hier vorgeschlagenen Touren mit dem Auto ansteuern, die Parkmöglichkeiten sind bei jeder Wanderung angegeben. Wer öffentliche Verkehrsmittel bevorzugt, hat bei den Touren, die per Zug erreicht werden, die besten Chancen auf eine große Auswahl an Fahrzeiten. Beim Bus, dem verbreiteteren Verkehrsmittel, kann dies variieren. Nähere Informationen dazu sind im Kapitel »Verkehr« (S. 27) zu finden.
Tipp: Wer mehrere Tage an einem Standort bleiben und öffentliche Verkehrsmittel nutzen will, ist in Altenberg im Osterzgebirge oder in Olbernhau im Mittleren Erzgebirge gut aufgehoben. Von hier aus ist eine große Auswahl an Wanderungen mit dem Bus erreichbar.

Der Umwelt zuliebe ...

Auch als Wanderer hinterlassen wir einen ökologischen Fußabdruck, aber im Einklang mit der Natur unterwegs zu sein, ist gar nicht so schwer!

VORBEREITUNG UND ANFAHRT

- Sich vorab informieren, worauf in Bezug auf Natur und Umwelt in der jeweiligen Wanderregion besonders zu achten ist.
- Soweit möglich mit Bus und Bahn anreisen, Wander- und Rufbusse nutzen.
- Ist eine Anfahrt mit dem Auto nötig, Fahrgemeinschaften bilden.
- Bei weiten Anfahrten Mehrtagestouren planen oder von einem Quartier vor Ort aus mehrere Touren absolvieren.
- Flugreisen möglichst reduzieren und durch Beiträge zu Klimaschutzprojekten kompensieren.

KLEIDUNG UND AUSRÜSTUNG

- Beim Kauf von Outdoor-Kleidung auf umweltfreundliche und faire Herstellung achten und Kleidungsstücke möglichst viele Jahre nutzen.
- Ausrüstung kann man eventuell auch gebraucht kaufen oder ausleihen.
- Reparieren statt neu kaufen.

VERPFLEGUNG

- Beim Einkauf Bio-Ware, regionale und saisonale Erzeugnisse bevorzugen.
- Hütten und Gasthäuser auswählen, die regionale Produkte verwenden.
- Auf Einwegflaschen und Plastikverpackungen verzichten, stattdessen wiederverwendbare Trinkflaschen und Brotzeitboxen benutzen.

ÜBERNACHTUNG

- Bei lokalen Anbietern buchen, damit Menschen vor Ort profitieren.
- Auf Hütten und in anderen Unterkünften Strom und Wasser sparen.

UNTERWEGS

- Wege benutzen und Abkürzer vermeiden.
- Sperrungen von Wegen und Schutzgebieten respektieren.
- Keine Blumen pflücken und keine Pflanzen entnehmen.
- Waldbrandgefahr beachten.
- Müll wieder mit nach Hause nehmen und dort entsorgen.
- Toilettengänge in freier Natur möglichst vermeiden.
- Lärm vermeiden.
- Hunde an die Leine nehmen.

ROTHER
BERGVERLAG

Natur und Landschaft im Erzgebirge

Landschaft und Gliederung

Erzgebirge (tschech. Krušné hory) und Elstergebirge (tschech. Halštrovské hory) bilden eine lange Mittelgebirgskette in Sachsen und Böhmen, die sich über ca. 130 km vom Müglitztal südlich von Dresden im Osten bis zur Weißen Elster im Westen erstreckt. Im Osten grenzt das Elbsandsteingebirge, im Westen das Fichtelgebirge an. Der Großteil des Wandergebiets auf deutscher Seite liegt im Naturpark Erzgebirge/Vogtland. Der Hauptkamm verläuft ungefähr entlang der Staatsgrenze, deren Überschreitung nach dem Schengener Abkommen von 2007 kein Problem mehr darstellt (Stand: Sommer 2021).

Die heute übliche naturräumliche Gliederung des deutschen Erz- und Elstergebirges stimmt nicht immer mit früheren Einteilungen und politischen Grenzen überein. So reicht beispielsweise der Naturraum Westerzgebirge über Klingenthal hinaus bis nach Schöneck, dem westlichen Ende des mächtigen Rückens des Erzgebirgskamms, auch wenn beide Orte politisch zum Sächsischen Vogtland gehören. Dieser Übergangsraum wird von Heimatforschern auch »Vogtländisches Erzgebirge« genannt. Im Süden schließt sich das kleine Elstergebirge an, benannt nach der Weißen Elster (tschech. Bílý Halštrov). Auf deutscher und böhmischer Seite beginnt es westlich der Zwota (tschech. Svatava) bei Klingenthal und Kraslice. Weitere Naturräume sind das Mittlere Erzgebirge, das nach Westen durch Zwickauer Mulde und Schwarzwasser vom Westerzgebirge und nach Osten durch das Tal der Flöha vom Osterzgebirge getrennt ist. Die Wanderungen in Tschechien südlich der deutschen Naturräume werden in diesem Wanderführer der Einfachheit halber jeweils dem Westerzgebirge, Mittleren Erzgebirge und Osterzgebirge zugeteilt.

Von Norden nach Süden ist das Erzgebirge nur ca. 40 km breit. Von deutscher Seite aus steigt es in südlicher Richtung sanft auf, die Wanderungen hier sind überwiegend wenig anstrengend. Auf der tschechischen Seite fällt das Erzgebirgs-Bergland schroff ab, begrenzt wird es vom Tal der Ohře (dt. Eger) und der Bílina (dt. Biela). Wer steile Aufstiege liebt, ist daher mit den vom Tal aufsteigenden Wanderungen auf böhmischer Seite gut bedient, z. B. von Krupka (Tour 3), Osek (Tour 7) oder Merklín (Tour 36) aus.

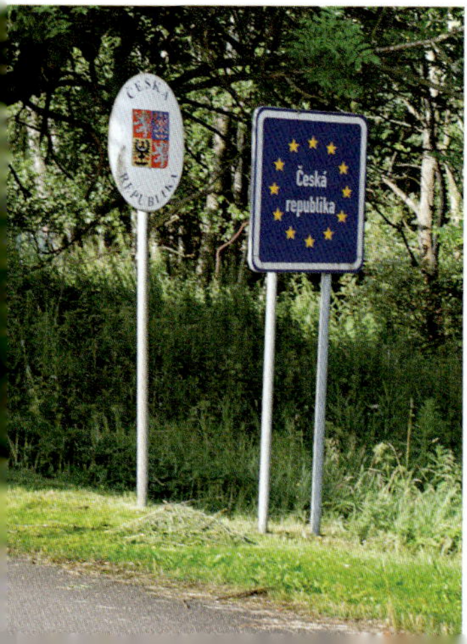

Grenze in Deutschneudorf (Tour 12).

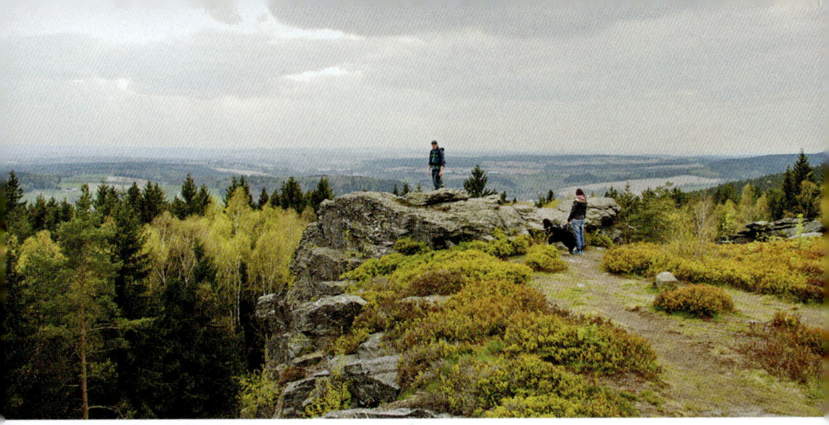

Weite Blicke bieten sich vom Vysoký kámen (Tour 46).

Natur

Erzgebirge und Elstergebirge haben für Naturliebhaber etliche Höhepunkte zu bieten.

Berge

Im Erzgebirge und Elstergebirge sind sowohl hohe als auch sanftere, lang gestreckte Berge zu finden. Für Berggipfel mit Panoramablicken müssen nicht immer lange steile Aufstiege unternommen werden, weswegen das Erzgebirge auch den Spitznamen »Gebirge ohne Berge« trägt. Im Vergleich zu stark ansteigenden Wegen von der böhmischen Seite her (s. o.) ist das Hinaufwandern auf den höchsten Berg des deutschen Erzgebirges, den Fichtelberg, 1215 m (Tour 33), mit verhältnismäßig geringen Höhenunterschieden verbunden. Etwas steiler geht es auf tschechischer Seite den Klínovec, 1244 m (dt. Keilberg, Tour 34), hinauf. Weitere Gipfel mit schöner Aussicht, die man nicht verpassen sollte sind auf deutscher Seite der Schwartenberg (Tour 11), der Auersberg (Tour 40) und auf tschechischer Seite der Komáří hůrka mit Mückentürmchen (Tour 3) und der Vysoký Kámen (dt. Hoher Stein, Tour 46). Ein besonderer Gag bei Altenberg sind die »14 Achttausender im Osterzgebirge«, benannt in Anspielung auf die berühmten höchsten Berge der Welt im Himalaya. Dabei handelt es sich allerdings um Angaben in Dezimeter (10 cm), sodass Berge wie der Geisingberg, 821 m (Tour 2), und der Große Lugstein, 892 m (Tour 4), dazugehören. Beim Aufstieg auf den Aschberg (tschech. Kamenáč, Tour 44) bietet sich eine hervorragende Aussicht, auch wenn der auf tschechischer Seite befindliche Gipfel im Wald liegt. Auf deutscher Seite lohnt die Besteigung des Aussichtsturms. Der dritthöchste Berg des Erzgebirges ist der Božídarský Špičák, 1115 m (dt. Gottesgaber Spitzberg, Tour 35), der aber nicht zu besteigen ist.

Bergwiesen

Ein schönes Naturerlebnis bieten die von April bis Juni blühenden Bergwiesen, klassische Mähwiesen in den Berglagen. Sie entstanden ursprünglich zum Zwecke von Futterernte und Weide. Besonders bekannt sind die Geisingwiesen im Osterzgebirge (Tour 2), von 2000 bis 2018 Naturschutzgroßprojekt. Doch ist die Blütenpracht im ganzen Erzgebirge zu finden, z. B. im Mittleren Erzgebirge bei Arnsfeld (Tour 24) oder im Westerzgebirge bei Sosa (Tour 41), auf tschechischer Seite bei Boží Dar (Tour 35) oder bei Bernov (Tour 38). Die Bergwiesen sind nicht nur schön anzusehen, sondern auch wichtig für den Artenreichtum an Pflanzen und Tieren, der besonders in Randgebieten noch erhalten ist. Bis zu 60 Pflanzenarten wachsen hier, von April bis August blühen unterschiedliche Blumen. Zur Erhaltung der Bergwiesen müssen sie einmalig gemäht werden. Das Pflücken ist natürlich verboten!

Felsen

Tief haben sich im Erzgebirge die Flüsse in die Berglandschaft eingegraben. So finden sich vom Müglitztal im Osten bis zum Auersberggebiet im Westen immer wieder steile Felsen und wilde Felskuppen, wenn auch nicht so viele wie im benachbarten Elbsandsteingebirge. Besonders sind im Erzgebirge die Greifensteine (Tour 28) und das Katzensteingebiet (Tour 23) zu nennen. Aber auch die Wolkensteiner Schweiz (Tour 25) und das Gebiet um Glashütte (Tour 1) stecken voll spektakulärer Felsen. Zu erwähnen ist schließlich der Topasfelsen Schneckenstein (Tour 45, siehe Geologie). Ein alpiner Wandersteig findet sich gar bei Pockau (Tour 19). Geklettert werden muss aber auf keiner der Wanderungen.

Bergwiese bei Frauenstein (Tour 9).

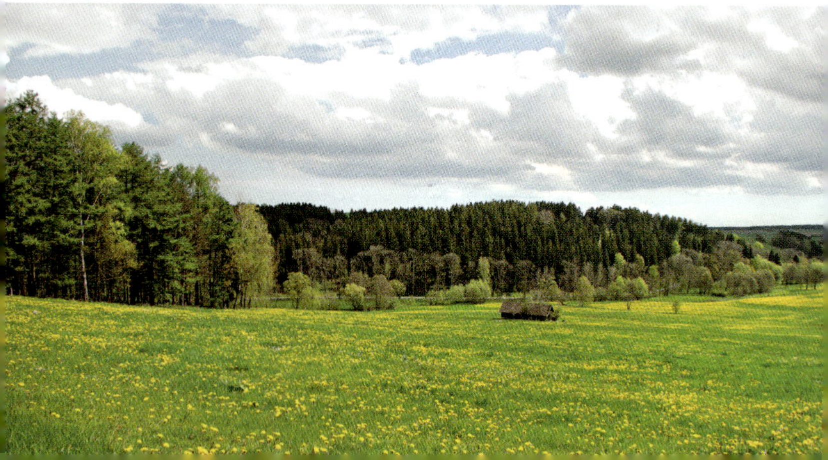

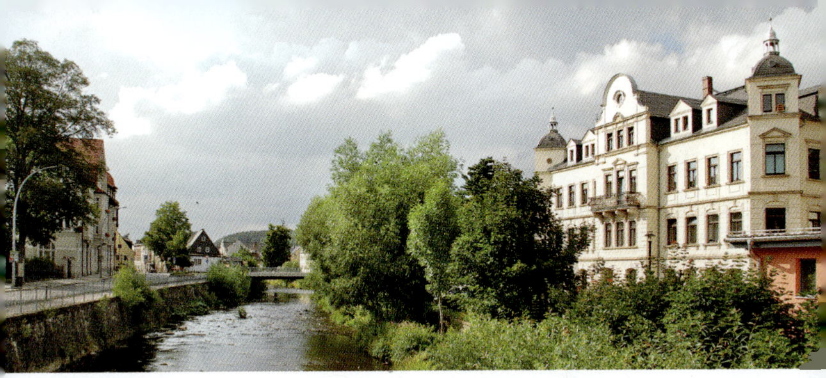

An der Flöha in Olbernhau (Tour 17).

Flüsse

Tief von Flüssen eingeschnittene Täler prägen das Erzgebirge, nicht selten von Süd nach Nord. Die Flüsse bilden die Grenzen zwischen den erzgebirgischen Naturräumen (s. o.), den Tälern folgen oft (kleinere) Bahnlinien. Die wichtigsten Flüsse des Wandergebiets sind von Ost nach West: Müglitz, Wilde und Rote Weißeritz, Freiberger Mulde, Flöha, Preßnitz, Pöhlbach, Zschopau, Schwarzwasser und Weiße Elster. Viele Wanderungen verlaufen hoch über Flusstälern. Längere Strecken am Fluss findet man bei z. B. an der Flöha bei Olbernhau (Tour 16). Der künstlich geschaffene Blauenthaler Wasserfall (Tour 42) ist der einzig nennenswerte im Wandergebiet.

Seen und Talsperren

Das Erzgebirge ist arm an natürlichen Seen. Auf große Wasserflächen braucht der Wanderer dank der vielen Talsperren dennoch nicht zu verzichten. Die schönsten sind die Talsperren Rauschenbach (Tour 10), Cranzahl (Tour 31) und Sosa (Tour 41).

Moore

Moore sind feuchte Gebiete, deren Böden überwiegend aus Pflanzenresten gebildet sind. Im Erzgebirge ist von den verschiedenen Moorarten, d. h. dauernd feuchten Geländen mit charakteristischen Pflanzengesellschaften (s. u.), besonders das Hochmoor vertreten. Obgleich Mitte des 19. Jh. im Erzgebirge die meisten Hochmoore trockengelegt und mit Fichten aufgeforstet wurden, begegnen dem Wanderer doch einige Reste, wie z. B. im Deutscheinsiedler Moorgebiet (Tour 11), am Lehmheider Teich (Tour 15). Auch das Božídarské rašeliniště (dt. Gottesgaber Torfmoor, Tour 35) bei Boží Dar sowie das Hochmoor Kleiner Kranichsee (Tour 40) lohnen den Besuch. Größere Moore mit Lehrpfad sind das Georgenfelder Hochmoor (Tour 4) sowie Stengelhaide und Mothäuser Heide (Tour 21).

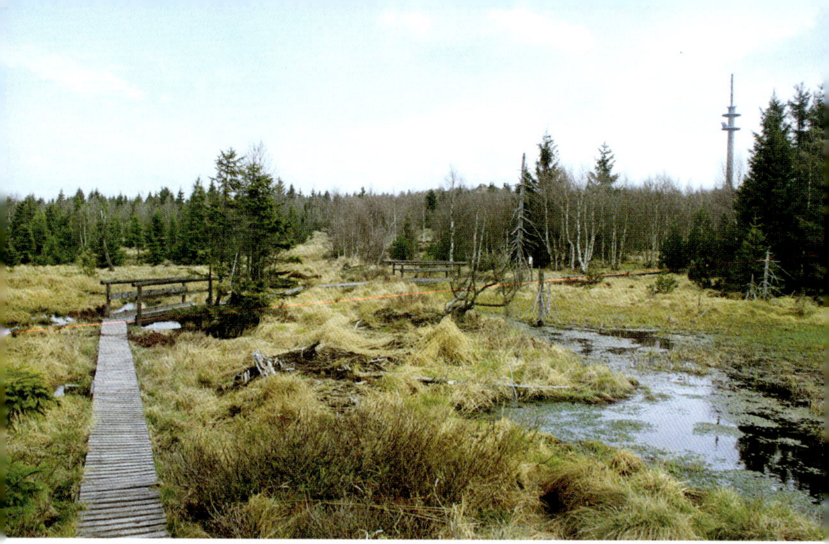

Auf dem Knüppeldamm im Georgenfelder Hochmoor (Tour 4).

Der Torf enthält zu etwa einem Drittel brennbare Substanz. Heute ist der Torfabbau beendet, und es wird versucht, die Moore zu erhalten oder zu regenerieren. Ehemalige Moorgebiete sind heute noch am Bestand von Moorbirken auszumachen.

Wald

Einer der früheren Namen für das Erzgebirge war »miriquidi silva« (lat. für dunkler Wald). Auch heute noch sind ca. 60 % der Fläche des Erzgebirges von Wald bedeckt. Typisch für unser Wandergebiet waren einst Mischwälder aus Rotbuchen, Tannen, Kiefern und Fichten. Rodung für den Holzbedarf des Bergbaus, Köhlerei, Holzkohleproduktion und Export auf Floßgräben zu Salinen, z. B. nach Halle (Saale), Baumsterben durch Luftverschmutzung besonders auf tschechischer Seite (heute kaum noch zu sehen) und intensive Forstwirtschaft bis heute (besonders im Westerzgebirge) haben das Waldbild jedoch wesentlich verändert. Die Wiederaufforstung mit Fichten vor der Wende führte zu Kilometern von dunklen Fichtenwäldern, selten aufgelockert durch Reste alter Buchenwälder. Seit 1990 werden eher Bergmischwälder aus Fichten, Tannen und Buchen nachgepflanzt. Die Wälder erholen sich, wenn auch vereinzelt noch Waldsterben beobachtet werden kann. Leider führte die große Dürre 2018 zur Ausbreitung des Borkenkäfers. Wanderer müssen im Wald nicht nur mit kahlen Stellen, sondern auch mit Baumstämmen auf den Wegen rechnen.

Trotz allem sind heute noch viele naturnahe Mischwälder bzw. Buchenwälder auf Wanderungen zu finden, so z. B. bei Altenberg und Lauenstein (Tour 2), bei Georgenfeld (Tour 4), Hemmschuh (Tour 5), bei Frauenstein (Tour 9) oder bei der Conradswiese nahe Schwarzenberg (Tour 37). Nicht zu vergessen ist die Eberesche, liebevoll »Vugelbeerbaam« oder »Vuuchelbeerbaam« genannt, ein Wahrzeichen des Erzgebirges.
Immer wieder sind im Wald holzgeschnitzte Skulpturen zu sehen (z. B. Tour 28). Auf tschechischer Seite hat sich der Wald oft ehemalige Siedlungsgebiete zurückerobert – geblieben sind deutschsprachige Hinweistafeln, aufgestellt von Angehörigen Vertriebener (z. B. Tour 21).

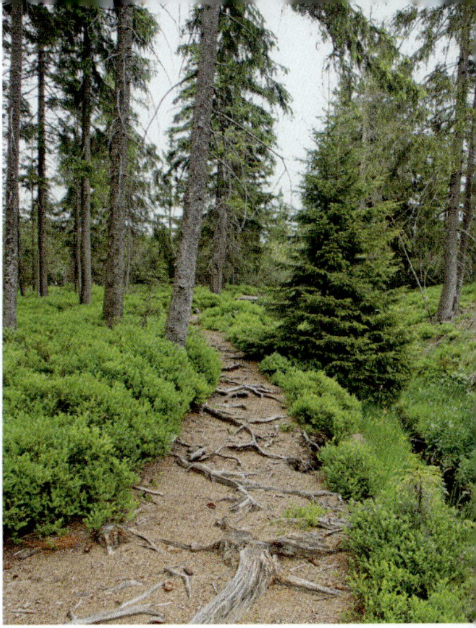

Waldweg am Blatenský příkop (dt. Blattner Graben, Tour 35).

Geologie und Bergbau

Der Name »Erzgebirge« verweist auf einst reiche Erzlager und ist seit dem intensiven Bergbau im 15./16. Jh. in Gebrauch. Im 15. Jh. wurde hier Silber entdeckt und mehrere Städte entstanden, z. B. Marienberg (Tour 20). Der Abbau von Zinn- und Eisenerz folgte. Bis heute begegnet der Wanderer auf Schritt und Tritt Zeugnissen der Bergbau-Vergangenheit, sei es in Form von Schaubergwerken (z. B. Pobershau, Tour 23) und Bergbaulehrpfaden (z. B. Touren 23, 29, 42 und 43) oder bei der Anreise auf der Silberstraße, Sachsens mit über 140 km längster Ferienstraße, die auf den Spuren des früheren Bergbaus auch einige wichtige Städte in diesem Wanderführer streift. Seit 2019 gehört die grenzüberschreitende Montanregion Erzgebirge/Krušnohoří zum UNESCO-Weltkulturerbe. Der Bergmann ist bis heute ein wichtiges Motiv der Volkskunst, z. B. als Räuchermännchen, Nussknacker oder auf einer der vielen dekorierten Hausnummern.
Der Name »Erzgebirge« löste ältere Namen wie Böhmisches Gebirge oder »miriquidi silva« (dunkler Wald) ab und blieb bis heute erhalten, auch wenn die Erze eigentlich nur einen kleinen Teil der reichen Gesteinspalette in unserem Wandergebiet ausmachen. Die vorherrschenden Gesteine im Wandergebiet sind Granite, Phylite, Schiefer, Gneise und Basalte. Letztere sind vulkanischen Ursprungs, so im Mittleren Erzgebirge die Basaltfelsen von Hirtstein (Tour 22), Pöhlberg, Scheibenberg (Tour 30) und Bärenstein

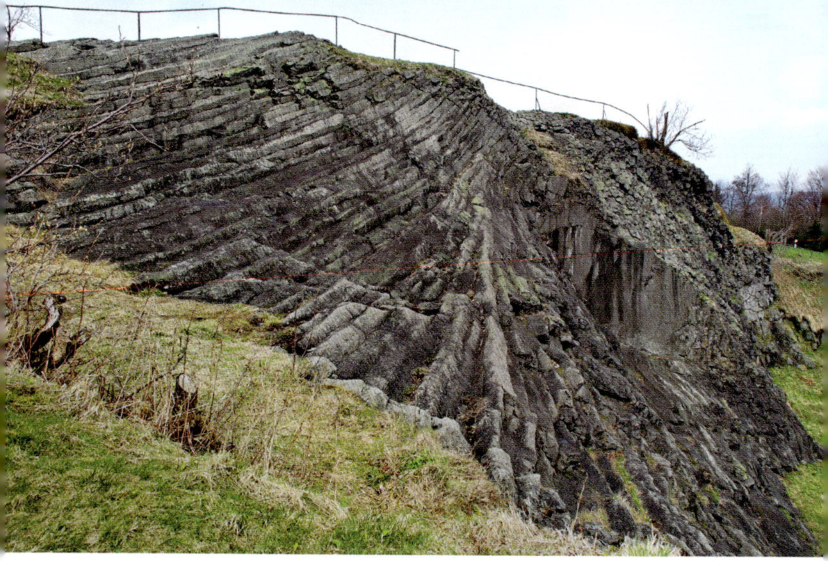

Der Basaltfelsen »Palmwedel« am Hirtstein (Tour 22).

(Tour 31). Im Westerzgebirge ist das Eibenstocker Granitgebiet markant, das sich bis zum Aschberg (Tour 44) erstreckt. Hier wurde bereits um 1500 vor allem nach Zinn und Eisen geschürft. Nach 1945 wurde im Westerzgebirge der inzwischen stillgelegte Uranabbau bedeutsam. Eine Besonderheit im Übergangsgebiet zwischen Westerzgebirge und Vogtland ist der Topasfelsen Schneckenstein (Tour 45). Im Elstergebirge sind im Norden Glimmerschiefer und Gneise, im südlichen Teil Granit zu finden, z. B. auf dem Kapellenberg (Tour 50). Das Osterzgebirge wiederum ist eher von Gneisen und magmatischen Gesteinen (Granite, Granit- und Quarzporphyre) geprägt und grenzt sich deutlich gegen den Quadersandstein der Sächsischen Schweiz ab.

Während die deutsche Seite von einer flachen Nordabdeckung geprägt ist, zerfurcht von tief eingeschnittenen Flusstälern, umfasst das Wandergebiet auf tschechischer Seite große Teile der kargen Kammregionen und fällt nach Süden steil zum Böhmischen Becken ab. Dies ist darauf zurückzuführen, dass während des Tertiärs südlich des heutigen Erzgebirges von Südwesten nach Nordosten Spalten aufrissen, die auf tschechischer Seite zu Einmuldungen führten, das Gebirge selber aber um über 1000 m angehoben wurde. In diese Zeit fällt auch der Vulkanismus beiderseits der Hauptstörungszone. Die heutige Pultscholle ist ca. 30 Millionen Jahre alt.

Klima und Jahreszeit

Im Erzgebirge ist es immer etwas kühler – der Vorteil ist, dass es sich hier auch im Hochsommer wunderbar wandern lässt, wenn es überall sonst zu heiß ist. Die Wandersaison geht im Erz- und Elstergebirge ungefähr von Mai bis Oktober. Im Frühsommer locken die bunt blühenden Bergwiesen, im eher regenarmen Herbst die goldenen Wälder.

Am wärmsten ist es im Juli, allerdings fallen zu dieser Zeit auch die meisten Niederschläge. Besonders viel regnet es dann in den Kammlagen, z. B. auf Fichtel-, Auers- und Aschberg (Touren 33, 40 und 44). Generell begünstigt die erzgebirgische Pultscholle Niederschläge. Am wenigsten regnet es im Osterzgebirge. Der Regen ist wichtig für die Böden und Moore und kann schon ab dem Spätherbst in Form von Schnee niedergehen. Daher gelten die Höhen des Erzgebirges als schneesicher und bieten gute Wintersportmöglichkeiten.

Generell ist das Klima herb, in Kammlagen sogar rau. Daher gibt es im Wandergebiet relativ wenig Ackerbau, sondern eher Weide- und Forstwirtschaft, insbesondere je weiter es nach Westen geht. Häufige Nordwestwinde, denen besonders die Hochflächen ausgesetzt sind, können mit Bewölkung und Nebel wechseln. Die Winde müssen aber nichts Schlechtes sein, denn besonders die Gebirgsluft in den höheren Lagen ist sehr gesund.

Vegetation und Tierwelt

Ursprünglich waren Erzgebirge und Elstergebirge von dichtem Wald bedeckt, der seit dem Mittelalter großflächig gerodet wurde. Ihre Wälder bieten neben Bäumen (siehe S. 20) auch eine artenreiche Bodenflora. Sie besteht in der Krautschicht vorwiegend aus Heidelbeeren, Sauerklee, verschiedenen Farnarten, Flechten und Moosen sowie Heidekraut. Häufig begegnet dem Wanderer im Sommer der Rote Fingerhut, z. B. im Katzensteingebiet (Tour 23). Bisweilen finden sich sogar arktisch-alpine Pflanzen, z. B. der Alpen-Brandlattich im Fichtelberggebiet. Auf den Bergwiesen (siehe S. 18)

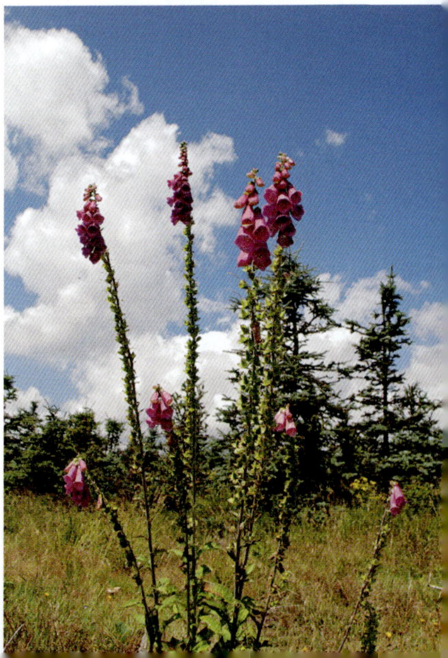

Der Rote Fingerhut ist im Erzgebirge noch weit verbreitet.

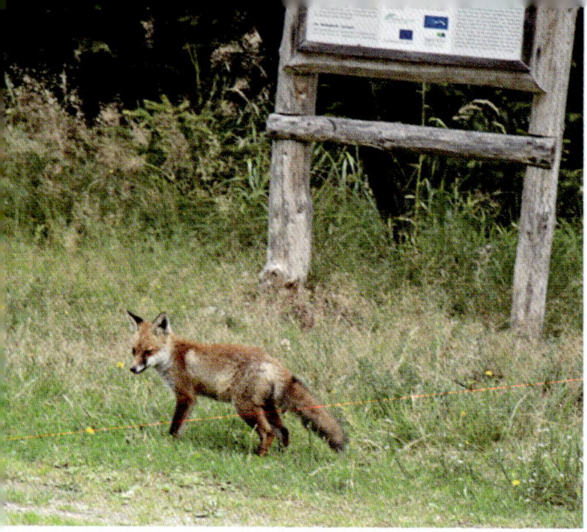

Manchmal ist der Fuchs in der Mothäuser Heide unterwegs (Tour 21).

gedeihen zahlreiche seltene Pflanzen wie die Trollblume. Eine Besonderheit ist der Karpatenenzian am Geisingberg (Tour 2), sein einziges Vorkommen in Deutschland. Der charakteristische Borstgrasrasen wurde allerdings weit zurückgedrängt, selten geworden ist die Orchidee. Eine Bedrohung für die ursprüngliche Vegetation der Bergwiesen sind die Lupinen, eine aus Nordamerika eingeführte Pflanze. Platz- und lichtliebend ist der Holzapfel, der im Osterzgebirge noch als echter Wildbaum vertreten ist (Tour 1). Die Moore bieten Sumpfkiefern, Moorbirken, Moorkiefern, Latschen, Torfmoosen, Moosbeeren und Riedgräsern eine Heimat. Besonders viel ist hierzu auf dem Lehrpfad im Georgenfelder Hochmoor (Tour 4) zu erfahren.

Dem Tierfreund begegnet im Wandergebiet die typische Tierwelt des Waldes. Die heimische Fauna umfasst oberhalb von 650 m ü. d. M. Rotwild, in der Kammregion auch Auer- und Birkwild, häufiger auch wieder Schwarzwild. In den niederen Lagen leben Rehe, Hasen und Füchse. Das Fell des Eichhörnchens ist oft braunschwarz. In den Mooren leben Frösche, Kröten und der Wiesenpieper. Reich vertreten sind überall die Singvögel. Auch sind Schwarz- und Buntspechte häufig anzutreffen, seltener Uhu und Schwarzstorch. Vereinzelt ist an Flussufern der Eisvogel zu sehen. Die Bergwiesen bieten zahllosen Insekten ein Zuhause.

Der Naturpark Erzgebirge/Vogtland

Der größte Teil des hier beschriebenen Wandergebiets liegt im Naturpark Erzgebirge/Vogtland, der sich auf ca. 120 km entlang der sächsisch-böhmischen Grenze von Rechenberg-Bienenmühle (Tour 8) und Frauenstein (Tour 9) im Osten bis nach Bad Elster (Tour 48) und Bad Brambach (Tour 50) im Westen erstreckt. Ausgenommen sind die Touren auf tschechischer Seite und in den niederen Lagen des Erzgebirges (unter 500 m) sowie der Ostteil des Osterzgebirges. Der Naturpark bedeckt eine Fläche von ca. 1495 km^2 und umfasst 181 Flächennaturdenkmäler, 45 Naturschutzgebiete und 14 Landschaftsschutzgebiete. Um die Entwicklung und Pflege des Gebietes kümmert sich ein Zweckverband. Dazu gehört neben Naturschutz und Landschaftspflege auch die Wahrung kultureller Eigenarten wie z. B. der Erhalt der historischen Bergbaugebiete.

Land und Leute

Nachdem die Erzvorkommen erschöpft waren, suchten sich die Bergarbeiter im Erzgebirge neue Verdienstmöglichkeiten durch Heimarbeit. Holz wurde als Rohstoff zur Herstellung von Holzspielzeug und weihnachtlichen Holzfiguren genutzt, wofür noch heute besonders Seiffen und Olbernhau berühmt sind. Wenngleich sich die einzigartige Stimmung der Erzgebirgsweihnacht nur in den Wintermonaten mit Schnee erfahren lässt, so begegnen dem Wanderer doch auf vielen Wegen Spuren erzgebirgischer Weihnachtstradition, so z. B. Nussknacker in Neuhausen (Tour 10), Pyramide und Schwibbogen in Johanngeorgenstadt (Tour 40), Räuchermännchen, Bergmann, Engel und vieles mehr in Seiffen (Touren 11 und 13). Eine schöne Übersicht zur Holzkunst gibt es im Museum in Olbernhau (Touren 17 und 18). Auch die Frauen mussten zum Unterhalt der Familien beitragen und taten dies häufig durch Klöppeln. Wichtige Produktions- und Handelsstätten für erzgebirgische Klöppelerzeugnisse sind Annaberg (Tour 29) und Schneeberg (Tour 43). Um im Winter Heizkosten zu sparen, traf man sich in »Hutzenstuben«, wo man beim »Hutzenabend« neben der Arbeit sang und sich Geschichten erzählte. Auch Männer waren dabei, die schnitzten oder musizierten. Heute laden etliche Gasthöfe zu »Hutzenabenden« ein, geselligen Abenden mit Musik, Unterhaltung und Essen.

Auch die Bergparaden gehören zu den bergmännischen Bräuchen, z. B. zum Bergstreittag in Schneeberg (Tour 43) am 22. Juli (St. Magdalenen). Gegrüßt wird traditionell mit dem Bergmannsgruß »Glück auf!«; ein »Grüß Gott!« kennt das Erzgebirge nicht. Auffallend sind auch die hübschen Hausnummern, die oft mit einem Bergmann verziert sind.

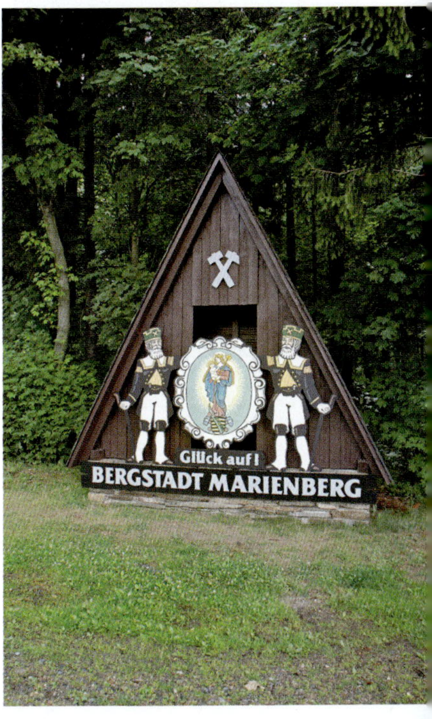

So wird man in der Bergstadt Marienberg begrüßt: das Wappen mit der Schutzpatronin Maria, umrahmt von Bergmännern (Tour 20).

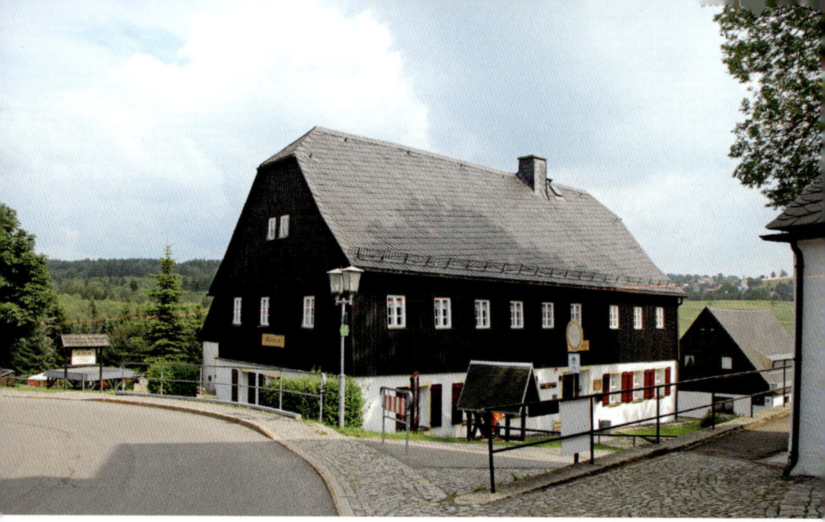

Das Haus der erzgebirgischen Tradition in Deutschneudorf (Tour 13).

Dem Wanderer wird im Erzgebirge immer wieder der Volksdichter und Heimatsänger Anton Günther (1876–1937) begegnen, z. B. in Form von Weg- und Höhennamen sowie Gedenksteinen (Touren 13, 16, 25, 31, 33 und 35). Sein westerzgebirgischer Dialekt wird von manchen als sprachlicher Maßstab des Erzgebirgischen Dialekts an sich angesehen. Die Mundart im Wandergebiet ist keinesfalls mit dem Sächsischen gleichzusetzen, weder das Erzgebirgische noch das Vogtländische. Das liegt daran, dass die ersten Siedler im Wandergebiet aus der Oberpfalz und dem Fränkischen kamen. Untereinander sind die Mundarten im Wandergebiet nicht einheitlich. Während die Sprache im Elstergebirge bis etwa Markneukirchen noch oberpfälzisch-nordbayrisch geprägt ist, findet man bei Klingenthal schon das Südostvogtländische. Das Erzgebirgische (Arzgebirgisch) teilt man in West- und Osterzgebirgisch ein, wobei Letzteres schon ein Übergangsdialekt zum Meißischen ist.
Weitere wichtige Persönlichkeiten des Wandergebiets sind der berühmte Orgelbauer Gottfried Silbermann (1683–1753, Tour 9) und der erzgebirgische Volksheld Karl Stülpner (1762–1841, Tour 26).
Insgesamt ticken die Uhren im Erz- und Elstergebirge langsamer, Hektik ist dem Erzgebirgler fremd. Lassen Sie sich darauf ein und finden Sie beim Wandern Ruhe und Entschleunigung. Grüßen Sie immer freundlich andere Wanderer. Auch wenn auf der tschechischen Seite viele der deutschen und/oder englischen Sprache mächtig sind, freut sich Ihr Gegenüber doch besonders über ein »Dobrý den!« (gesprochen [dobri den], dt. »Guten Tag!«).

Informationen und Adressen

Verkehr

Anreise: Nördlich des Wandergebiets verlaufen die Autobahnen A 4 und A 72, die gut mit dem übrigen deutschen Autobahnnetz verbunden sind. Bahnreisende fahren nach Dresden oder Chemnitz und steigen dort in einen der kleineren Züge oder Busse um, die ins Erzgebirge fahren (Fahrpläne unter www.bahn.de). Flugreisende fliegen nach Dresden.

Öffentlicher Nahverkehr: Das Busnetz in Erz- und Elstergebirge ist unterschiedlich gut ausgebaut. Während sich mancherorts unzählige Möglichkeiten bieten, z. B. von Altenberg oder Olbernhau aus (Osterzgebirge und Mittleres Erzgebirge), sind manche Gegenden nur schwer mit öffentlichen Verkehrsmitteln zu erreichen. Daher sollte man seine Busfahrt vorher planen, z. B. unter www.vms.de. Verlassen Sie sich aber nicht hundertprozentig auf die Angaben aus dem Internet und prüfen Sie die Fahrzeiten noch einmal vor Ort nach. In der Regel sind die Busverbindungen unter der Woche besser als am Wochenende. Sonderlinien für Wanderer gibt es nicht. Tagesfahrkarten können preiswerter sein als Einzelfahrscheine. Die angegebenen Busverbindungen sind derzeit (Sommer 2021) möglicherweise coronabedingt reduziert. Normalerweise verkehren mehr Busse im Wandergebiet.

Die Fichtelbergbahn.

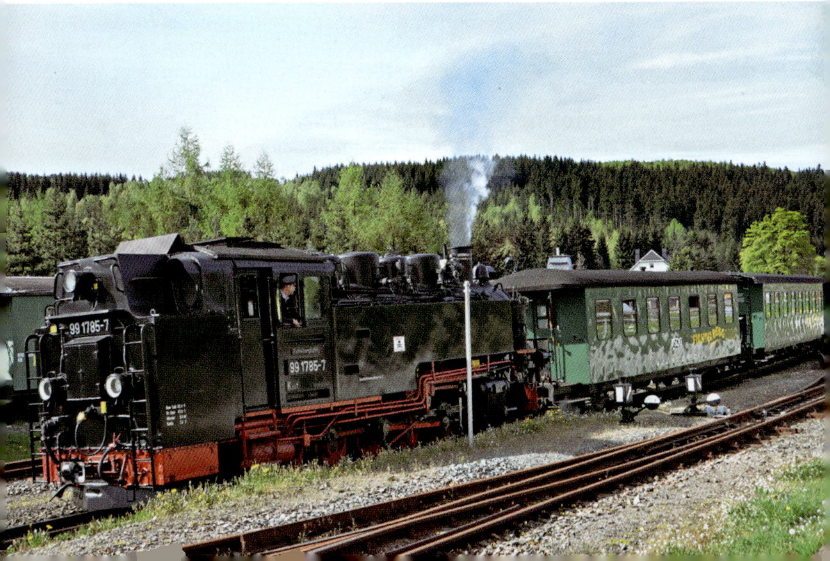

In manche Täler fährt auch der Zug. So sind Ausgangs- und Endpunkte von Wanderungen bisweilen auch per Bahn erreichbar. Eisenbahnfreunde kommen auch mit einer der Nostalgiebahnen voll auf ihre Kosten, die allerdings nicht ständig fahren: die Preßnitztalbahn (Tour 22), die Erzgebirgische Aussichtsbahn (Tour 30) und die Fichtelbergbahn (Tour 32 und 33).
Die Wanderungen in Tschechien sind mit Bus und Bahn am besten aus Tschechien selbst zu erreichen. ÖPNV-Auskünfte (auch auf Deutsch) erhält man unter https://idos.idnes.cz/de.
Anfahrt mit dem eigenen Auto: Alle Wandertouren sind mit dem eigenen Auto erreichbar. Parkmöglichkeiten vor Ort sind vorhanden, meist kostenfrei (allerdings hohe Gebühren in Seiffen).

Über die Grenze

Die Tschechische Republik gehört zum Schengen-Raum. Beim Grenzübertritt genügt für EU-Bürger ein mindestens für die Dauer des Aufenthalts gültiger Personalausweis oder Reisepass. Nähere Informationen findet man z. B. auf der Website des Auswärtigen Amtes (D), www.auswaertiges-amt.de.

Unterkunft

Im Erzgebirge und Elstergebirge laden zahlreiche Hotels, Pensionen und Ferienwohnungen sowie einige Campingplätze zum Übernachten ein. Weniger verbreitet sind Herbergen (Hostels). Auskünfte erhalten Sie im Internet, bei Touristeninformationen und in Reisebüchern.
Die Unterkünfte auf tschechischer Seite sind in der Regel preiswerter bei gleicher Qualität. Landeswährung ist die tschechische Krone. In Restaurants ist es oft möglich, auch in Euro zu bezahlen, dann aber zu einem ungünstigeren Wechselkurs. Hütten zum Übernachten gibt es im Wandergebiet nicht.

Ausgewählte Informationsstellen zum Wandern

Im Erzgebirge gibt es zahlreiche Touristeninformationen (Fremdenverkehrsämter), die auch über das Wandern informieren, hier eine kleine Auswahl:

- Tourist-Information Annaberg-Buchholz, Buchholzer Straße 2, 09456 Annaberg-Buchholz, Tel. +49 3733 19433, www.annaberg-buchholz.de
- Tourist-Information Greifensteine, Greifensteinstraße 44, 09427 Ehrenfriedersdorf, Tel. +49 37346 6870, www.greifensteine.de
- Tourist-Information Olbernhau, Grünthaler Straße 20, 09526 Olbernhau, Tel. +49 37360 689866, www.olbernhau.de
- Museum & Gästebüro Schloss Wolkenstein, Schlossplatz 1, 09429 Wolkenstein, Tel. +49 37369 87123, www.stadt-wolkenstein.de
- Bürger- und Tourismusbüro Sayda, Am Markt 1, 09619 Sayda, Tel. +49 37365 97222, www.sayda.eu

Informationen rund ums Wandern in der Region erhält man auch beim Tourismusverband Erzgebirge unter www.erzgebirge-tourismus.de/wandern.

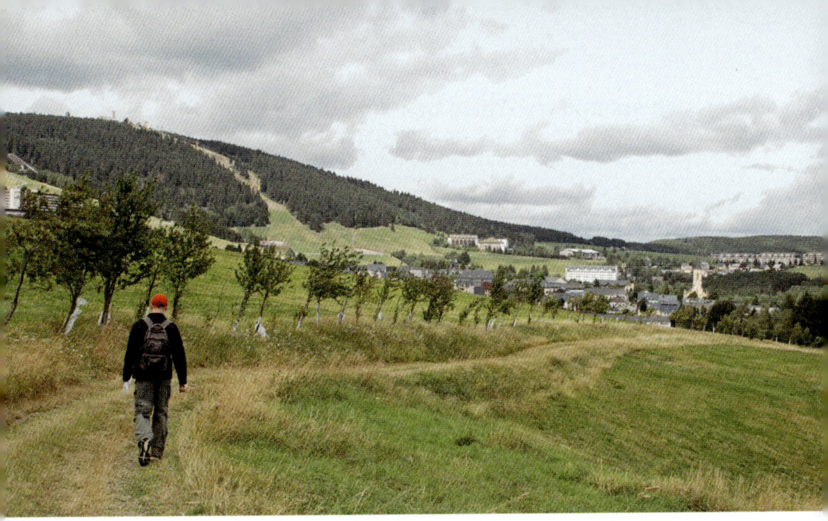

Abstieg nach Nové Domy mit Blick auf den Fichtelberg (Tour 34).

Wer weiter wandern will ...

kann im Erzgebirge auch einen der Fernwanderwege nutzen, die in diesem Wanderführer manchmal gestreift werden. Dies sind die folgenden, die ersten drei mit Gepäcktransfer:

- Kammweg Erzgebirge-Vogtland (Kennzeichnung: KAMM, Geising – Blankenstein, Thüringen, 289 km). Entlang der Kammlinie durch das deutsche Erzgebirge mit vielen Sehenswürdigkeiten am Wegesrand.
- Zschopautal-Wanderweg (Oberwiesenthal – Döbeln, ca. 130 km). Entlang der Zschopau, die am Fichtelberg als kleines Bächlein entspringt.
- Vogtland Panorama Weg® (VPW, Rundwanderweg, 225 km). Der Südzipfel führt durch das Elstergebirge.
- Anton-Günther-Weg (Balkenmarkierungen in rot, gelb, blau und grün, Johanngeorgenstadt – Potůčky, 70 km), grenzüberschreitend, zu Ehren des erzgebirgischen Heimatsängers und Mundartdichters Anton Günther.
- Internationaler Bergwanderweg der Freundschaft Eisenach–Budapest (EB, Eisenach – Budapest, 2690 km). Im Wandergebiet von Lauenstein nach Adorf.
- Europäischer Fernwanderweg E3 (E3, Istanbul – Santiago de Compostela, 6950 km). Im Wandergebiet von Lauenstein nach Mühlleithen; mit Variante auf tschechischer Seite.
- Wanderweg Deutsche Einheit (WDE, Görlitz – Aachen, ca. 1080 km). Im Wandergebiet von Altenberg nach Erlbach; überkreuzt sich oft mit dem EB.

Wer sich auf andere Weise beschäftigen möchte ...
findet im Erzgebirge zahlreiche Gelegenheiten. Neben Fahrten mit einer nostalgischen Eisenbahn sind vor allem folgende Möglichkeiten zu nennen:

Sport und Erholung

Radfahren: Das Erzgebirge verfügt über eine Vielzahl an ausgeschilderten Radwanderwegen unterschiedlicher Schwierigkeitsgrade. Generell ist das Radeln in den Flusstälern gemütlicher, z. B. im Zschopautal oder Schwarzwassertal. Mehr Kondition ist gefragt, wenn Berge mit dabei sind, z. B. bei der Fichtelberg-Tour. Die Mitnahme von Fahrrädern in Zügen und Bussen des Verkehrsverbunds Mittelsachsen und Verkehrsverbunds Vogtland ist kostenlos. Im Verkehrsverbund Oberelbe (östlich von Frauenstein, Tour 9) lässt sich gegen eine geringe Gebühr eine Fahrradtageskarte erwerben.
Mountainbiken: Das Erzgebirge ist auch bei Mountainbikern sehr beliebt. So führt von und nach Oberwiesenthal der Rundweg »Stoneman Miriquidi« über 162 km, 4400 Höhenmeter, neun Gipfel und durch zwei Länder. Bei Seiffen gibt es jährlich den Erzgebirgs-Bike-Marathon (EBM) auf einer 28 km langen Tour. Im Erzgebirge gibt es noch viele weitere ausgewiesene Mountainbikestrecken.
Wellness: Wer passive Erholung bevorzugt, findet besonders in den Kurorten des Elstergebirges mit ihren Radonquellen dazu Gelegenheit. Besonders schön ist Bad Elster (Tour 48), gefolgt von Bad Brambach (Tour 50). Im Mittleren Erzgebirge ist Warmbad zu nennen (Tour 25). Kneipp-Becken finden sich auf den Touren 14, 32 und 41, Barfußpfade auf den Touren 14, 29, 41 und 47. Des Weiteren bieten viele Hotels Wellness-Wochenenden an, auch mit Wildkräuterwanderungen, Heilfasten und Entschlackungskuren.

Städte und Orte

Im Wandergebiet punkten die Städte Annaberg-Buchholz, Schneeberg und Schwarzenberg mit schönen Altstädten, letztere auch mit Schloss. In Seiffen lassen sich Stunden beim Durchstöbern der vielen Läden für Holzkunst verbringen. Und wer weiter fahren will: Vom Osterzgebirge sind Dresden und Freiberg, vom Mittleren Erzgebirge Chemnitz und vom Westerzgebirge und Elstergebirge Plauen und Zwickau in erreichbarer Nähe. Auf tschechischer Seite lohnt sich ein Besuch z. B. von Karlovy Vary (dt. Karlsbad), Klášterec nad Ohří (dt. Klösterle an der Eger), Ostrov nad Ohří (dt. Schlackenwerth), Chomutov (dt. Komotau) und Teplice (dt. Teplitz).

Burgen und Schlösser

Auf etlichen Wanderungen kommt man an Burgen und Schlössern vorbei, die sich auch von innen besichtigen lassen, so z. B. Schloss Lauenstein (Tour 2), Burg Frauenstein (Tour 9), Burg Wolkenstein (Tour 25), Burg Scharfenstein (Tour 26), Schloss Schlettau (Tour 30) und Schloss Schwarzenberg

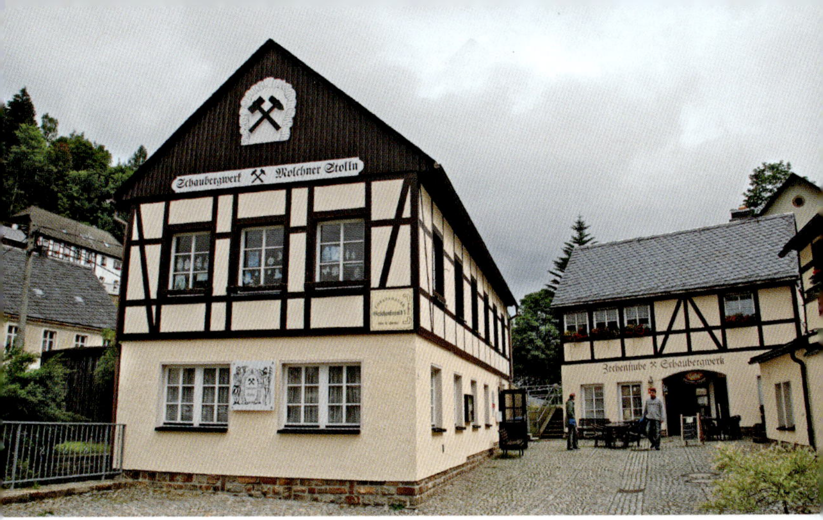

Am Schaubergwerk in Pobershau (Tour 23).

(Tour 37). Auf tschechischer Seite ist hier die Burgruine Rýzmburk (dt. Riesenburg) zu nennen (Tour 7). Wer »verblichenen Glanz« nicht scheut, findet in der böhmischen Ebene eine Fülle schönen Barocks: Schlösser, Kirchen und Klöster besonders in den einst durch Silber, Zinn, Kupfer, Blei und Eisen reich gewordenen Orten.

Museen und Besucherbergwerke

Nur wenige ländliche Region weisen so viele Museen auf wie das Erzgebirge. In zahlreichen Orten erhält der Gast in der Unterkunft kostenlos die »Gästekarte Erzgebirge«, bei deren Vorlage für die Dauer des Aufenthalts bei touristischen Sehenswürdigkeiten Rabatt gewährt wird (www.erzgebirge-tourismus.de/gaestekarte).

Zu empfehlen ist u. a. der Besuch der Heimatmuseen in Olbernhau (Touren 16, 17, 18), Annaberg-Buchholz (Tour 29) und Schneeberg (Tour 43). Sehenswerte Besucherbergwerke finden sich in Pobershau (Tour 23) und Annaberg-Buchholz (Tour 29), eine ganze Hüttenlandschaft ist auf dem Gelände der Saigerhütte (Tour 16) zu besichtigen. Außerdem lohnen das Uhrenmuseum Glashütte (Tour 1), das Spielzeugmuseum Seiffen (Touren 11 und 13) und das Stickereimuseum in Eibenstock (Tour 42). Hinweise auf mehr interessante Museen sowie Adressen und weitere Informationen finden Sie bei den Kurzinfos der Touren in der Kategorie »Tipp(s)«.

Nachfolgende Doppelseite: Weite Landschaft bei Sylda (Tour 14).

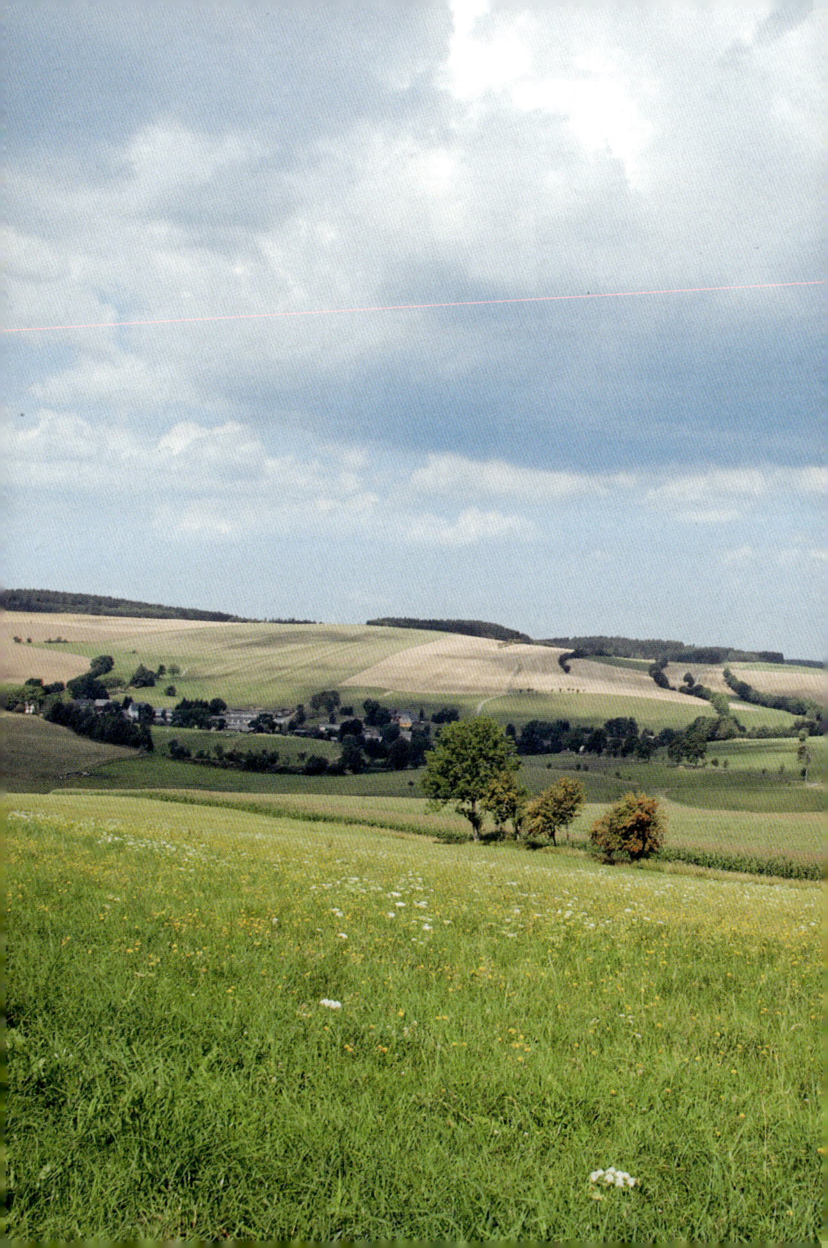

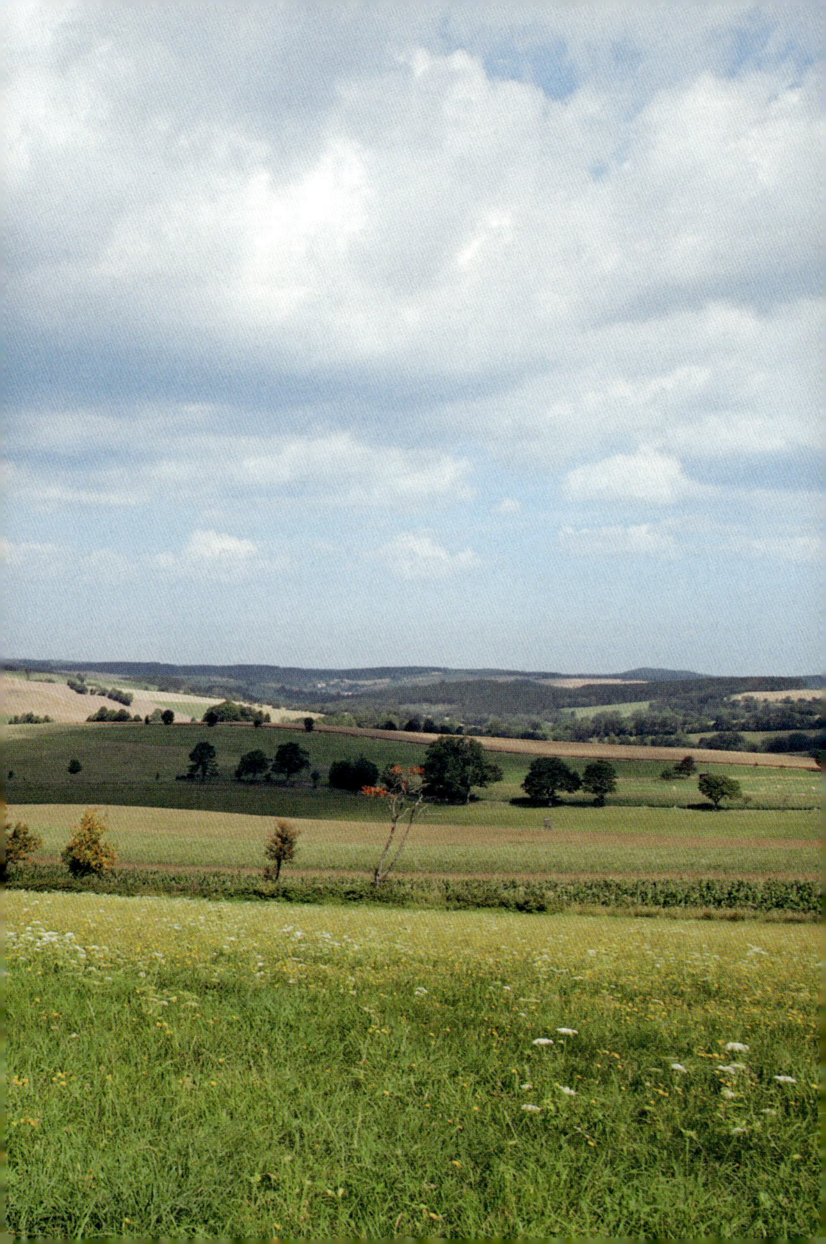

TOP **1**

Rund um Glashütte

5.30 Std.

Erzgebirge pur im Müglitztal

Rund um den traditionellen Uhrenort Glashütte führt diese kurzweilige Wanderung. So stellt man sich das Erzgebirge vor: Nadelwald, Moos und Heidelbeeren. Auf lauschigen kleinen Waldpfaden geht es über das Felsentor zur Sternwarte, hinunter in die Täler von Müglitz und Brießnitzbach, an Felsen vorbei und durch idyllischen Wald. Im zweiten Teil wandern wir auf Panoramawegen zu spektakulären Aussichtsplätzen. Den Auftakt bildet die Kalkhöhe, wo auch ein Holzapfel gepflanzt wurde. Der stark gefährdete Baum ist als einzige einheimische Apfelart im Osterzgebirge noch relativ stark verbreitet, weswegen man es auch Holzäppelgebirge (Holzapfelgebirge) nennt.
Glashütte ist für seine edlen Präzisionsuhren weltberühmt. 1845 gründete Ferdinand Adolph Lange hier die erste Uhrenfabrik Deutschlands, die der Stadt ab 1875 das Auskommen sicherte und damit den früheren Bergbau ablöste. Das Deutsche Uhrenmuseum zeigt die Geschichte der Uhrmacherei in Sachsen von den Anfängen bis heute. Nicht jeder kann sich jedoch eine Uhr aus Glashütte leisten, denn hergestellt wird nur exklusive Luxusware.

Ausgangspunkt: Bahnhof in Glashütte, 324 m. Mit der Regiobahn Richtung Heidenau von Altenberg nach Glashütte (ca. alle 2 Std.). Parken im Bereich des Ferdinand-Adolph-Lange-Platzes oder der Altenberger Straße (Navi: Ferdinand-Adolph-Lange-Platz, Glashütte).
Höhenunterschied: 500 m.
Anforderungen: Kurze steile Auf- und Abstiege. Überwiegend deutliche und ausgeschilderte Wege, vereinzelt unklare Pfade oder weglos.
Einkehr: Keine Möglichkeit.
Tipp: Deutsches Uhrenmuseum Glashütte in der einstigen Uhrmacherschule, Schillerstr. 3a, 01768 Glashütte, Mo./Di. geschl.
Variante: Wer abkürzen möchte (z. B. mit Kindern), geht nach dem Eselsteig (3) zurück zum Ausgangspunkt.
Karte: GeoSN 1:25.000, Blatt 37/38.

Beim Bahnhof in **Glashütte (1)** gehen Bahnfahrer beim Ausgang in Fahrtrichtung Kurort Altenberg rechts und laufen über die Bachbrücke. Autofahrer wenden sich dort an der Durchgangsstraße beim Zebrastreifen der Unterführung zu, dann ebenfalls über die Bachbrücke. Dahinter ist links einzubiegen. Es geht vorbei an einer Unterführung, bald ist das erste Wanderzeichen zu sehen, der gelbe Punkt, der uns auf einem großen Teil der Wanderung eine zusätzliche Orientierung bietet. An hübschen Holzhäusern vorbei schreiten wir aufwärts. An der Kindertagesstätte Sonnenuhr laufen wir links vorbei und auch am Spielplatz.
Kurz darauf geht es rechts hinauf, dem Wanderzeichen folgend in ein Waldstück. In Serpentinen führt unser Weg zum **Felsentor (2)**, auch »Ochsenauge« genannt. Oben folgen wir weiter dem Hauptweg, erst nach rechts, dann

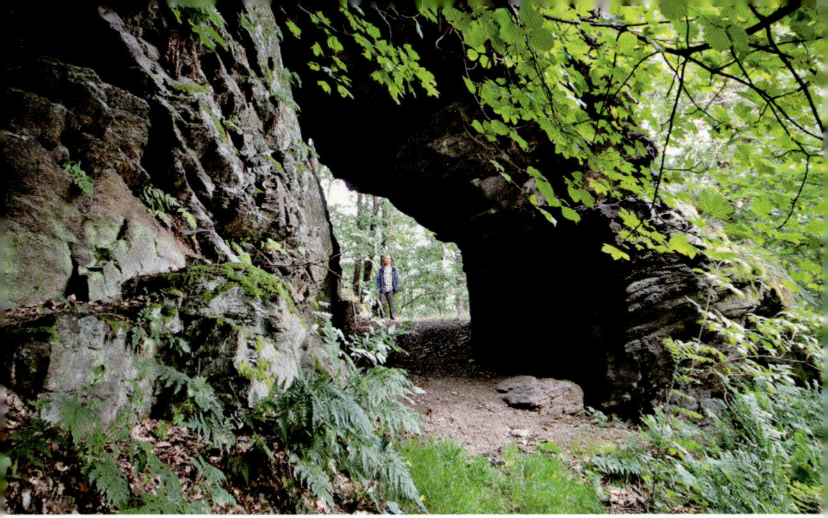

Am Felsentor.

nach links. Der schöne Waldweg geleitet uns zur Sternwarte. Dort gehen wir rechts die Straße Richtung Johnsbach hinunter, für kurze Zeit wird es steil. Vor dem Kasten der Wasserversorgung biegen wir links ein. Im Auf und Ab wandern wir zu einem Abzweig und dort geradeaus weiter, dann abwärts und an einem weiteren Abzweig rechts hinunter, dann links, dem gelben Punkt folgend. Nach einem Bach ist rechts einzubiegen.
In der Siedlung geht es an der T-Kreuzung links und nach dem Haus Nr. 11 erneut links. Wieder begleitet uns der gelbe, bald auch der rote Punkt. Später kommen wir an Felsen vorbei und genießen den angenehmen Weg. An einer Gabelung laufen wir mit den Wanderzeichen links hoch. Nach einiger Zeit mündet er in einen geschotterten Weg, der nach links schwenkt. Wir biegen gleich darauf scharf rechts ein. An der T-Kreuzung geht es rechts zur Straße, dort links und nach ca. 150 m rechts über die Müglitz-Brücke.
Dahinter steigen wir die Treppen hinauf. Der kleine Pfad ist erst steil, dann wieder ebener. Bisweilen ist er undeutlich und zugewachsen, wird aber wieder breiter. Und immer geht es aufwärts. Bevor der Hauptweg eine

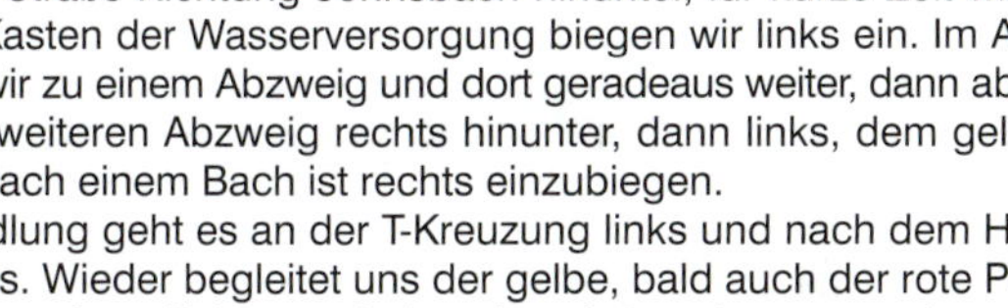

deutliche Linkskurve macht, ist schräg rechts abzubiegen. Zunächst gehen wir scheinbar weglos parallel zum Zaun, doch bald ist wieder ein deutlicher Weg erreicht. An der T-Kreuzung halten wir uns links und folgen dem **Eselsteig (3)** aufwärts und an Felsen vorbei. An der T-Kreuzung halten wir uns rechts, dann geradeaus und biegen unmittelbar vor Schildern links in einen schmalen Pfad ein. An der Kreuzung geht es mit dem gelben Punkt geradeaus und unten am Brießnitzbach wieder links.

Wir überschreiten die Bachbrücke und laufen kurz links an der Straße entlang (Abkürzer biegen rechts in die Straße ein und folgen dann der Hauptstraße schräg links zurück zum Ausgangspunkt). Kurz danach gehen wir mit dem gelben Punkt schräg rechts, bald biegen wir rechts ein. Der Weg führt in Serpentinen aufwärts. Wir wandern am Schild »Flächennaturdenkmal« links weiter. Der ebene Weg führt über eine Wiese und dann durch Wald. An einem Haus geht es geradeaus hinunter, durch eine Siedlung. Vor der Durchgangsstraße geht es links (Folgenhang) und bei Haus Nr. 8 schräg rechts zur Straße.

In der Linkskurve biegen wir schräg rechts ein (Wanderzeichen gelber Punkt) und folgen dem Weg geradeaus zu einer Wiese. Dort halten wir uns schräg links und nutzen den ggf. leicht zugewachsenen Pfad am Waldrand, dann geht es in den Wald. (Achtung, die Ausschilderung weist abweichend nach rechts zum Wittichkreuz!) Vor dem **Wittichkreuz (4)** ist rechts einzubiegen. Wir kommen am Rastplatz »Folgenhang-Blick Zur Welsche« vorbei. An der

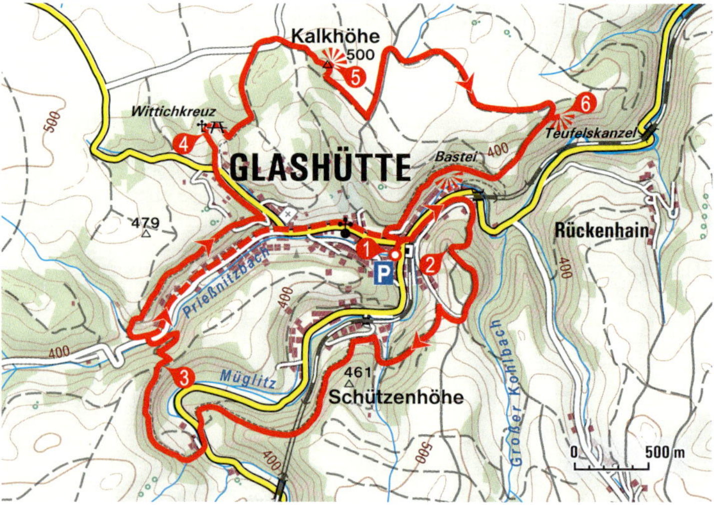

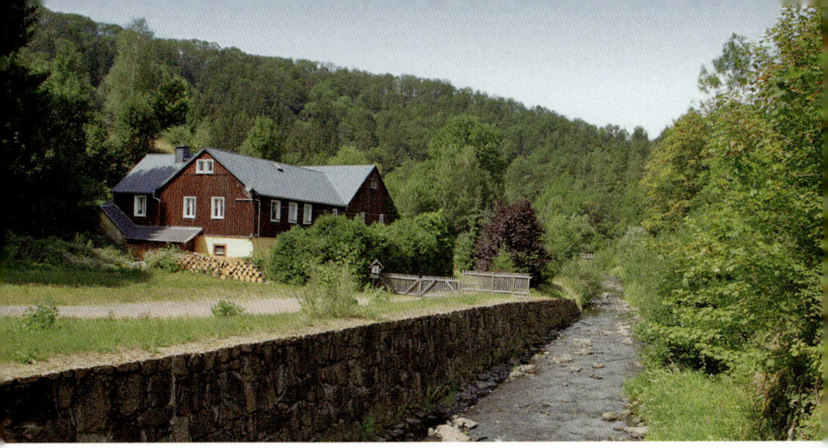

Im Müglitztal.

T-Kreuzung halten wir uns rechts. An der nächsten Kreuzung biegen wir links in den mit gelbem Punkt gekennzeichneten Pfad ein, an der T-Kreuzung dann links weiter aufwärts in den breiteren Weg. Oben laufen wir an der Schranke vorbei und bleiben auf dem Hauptweg. Hier bietet sich eine weite Aussicht.
An der Straße halten wir uns rechts, so auch am Parkplatz. An der Gabelung biegen wir links in den Pfad ein, dann geradeaus. Der »gelbe Punkt« wird verlassen. Der schmale Pfad führt geradeaus zum Aussichtspunkt **Kalkhöhe (5)** mit Rastplatz, Bänken und einem Wildapfelbaum (Holzapfel). Wir gehen den Weg hinter den Bänken weiter, an der T-Kreuzung links, in bisheriger Richtung.
An der Kreuzung verlassen wir den gelben Punkt zu Gunsten des Wanderzeichens gelber Balken und wandern links, an der nächsten Kreuzung geradeaus weiter. Bei Bäumen geht es rechts ohne Wanderzeichen weiter auf dem Panoramaweg. Unser Weg mündet in einen anderen. Am Waldbeginn ist rechts einzubiegen (Achtung, weiter am linken Wiesenrand). Nach wenigen Metern bietet sich links ein Abstecher zur **Teufelskanzel (6)** mit schöner Aussicht und einer Bank an. Im Anschluss setzen wir unseren Weg in der bisherigen Richtung fort, im Wald immer geradeaus, schließlich auch weglos über eine feuchte Wiese. Zur Orientierung dient ein gelber Pfeiler, dort ist rechts einzubiegen.
Wir wandern weiter am Waldrand entlang und biegen dann in den Waldpfad ein; unsere Wanderzeichen sind jetzt gelber und blauer Punkt. Wir kommen wieder an Felsen vorbei, dann führt links ein Abstecher zum Aussichtspunkt Bastei. Wir bleiben auf dem Hangweg, laufen abwärts und folgen schließlich dem kleinen gepflasterten Weg geradeaus. Beim Deutschen Uhrenmuseum geht es links zurück zum Bahnhof **Glashütte (1)**.

2 Von Altenberg nach Lauenstein

5.00 Std.

Bergwiesen, Schloss und Wildpark

Um Altenberg und Lauenstein prägen offene Landschaft, blühende Bergwiesen und naturnahe Bergmischwälder die sächsische Mittelgebirgslandschaft. Hervorzuheben sind die Geisingwiesen, die wegen ihrer artenreichen, einzigartigen und oft gefährdeten Wiesenblumenvorkommen seit 1925 unter Schutz stehen, weitere erhaltenswerte Bergwiesen sind im Naturschutzgroßprojekt »Bergwiesen im Osterzgebirge« erfasst.

Von Altenberg, einst berühmt für den Zinnerzbergbau und heute Wintersportzentrum, wandern wir zum markant geformten Geisingberg, 824 m, einem ehemaligen Vulkan. Dort lässt sich der Blick über das Erzgebirge bis hin zur Sächsischen Schweiz genießen. Über Wiesen und durch Wald geht es nach Lauenstein im oberen Müglitztal, wo uns auf Felsen Schloss Lauenstein grüßt, ein Kleinod sächsischer Renaissancearchitektur. Anschließend geleitet uns das Rotwassertal zum Wildpark Osterzgebirge mit zahlreichen einheimischen Waldtieren und weiter nach Geising. Der Rückweg folgt dem Aschergraben, einem wichtigen Zeugnis des früheren Bergbaus. Zum Abschluss der Tour lässt sich in Altenberg das Bergbaumuseum besichtigen.

Der Geisingberg mit dem Louisenturm.

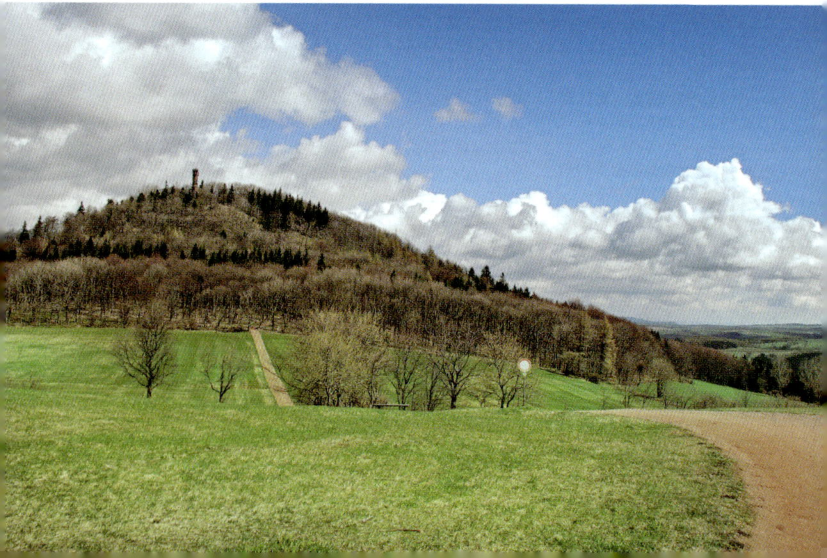

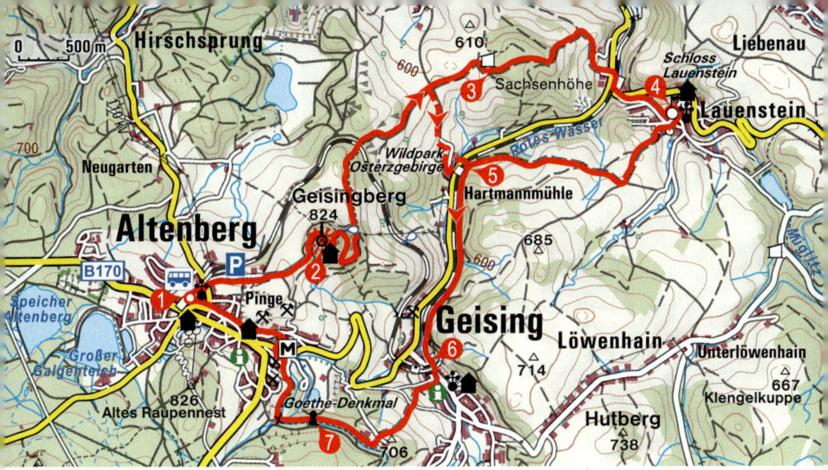

Ausgangspunkt: Bahnhof in Altenberg, 754 m (nahe Dippoldiswalder Straße). Bus 360 von/nach Dresden (ca. stündlich). Autofahrer können die Runde auch am Wanderparkplatz in der Neuen Bärensteiner Straße beginnen. Ansonsten im Bereich des Bahnhofs einen der (kostenpflichtigen) Parkplätze nutzen (Navi: Neue Bärensteiner Straße oder Am Bahnhof 1, Altenberg).
Höhenunterschied: 520 m.
Anforderungen: Überwiegend ausgeschildert, zwischenzeitlich kurze steile Auf- und Abstiege. Befestigte und unbefestigte Wege.
Einkehr: Zum Erzgebirge oder Bergglöck'l in Altenberg; Bergbaude Geisingberg (Mi./Do. Ruhetag); Schlosscafé Falknerstüb'l (Mo. Ruhetag) in Lauenstein; Ratskeller (Mi. Ruhetag) in Geising.
Tipp: Bergbaumuseum Altenberg, Mühlenstr. 2, 01773 Altenberg, Fr. Ruhetag.
Variante: Ca. 500 m vor der Sachsenhöhe (3) lässt sich der Weg zum Wildpark abkürzen. Die Tour reduziert sich so auf ca. 13 km, 3.00 Std.; dann ist sie auch für Kinder geeignet.
Karte: GeoSN 1: 25.000, Blatt 38.

Vom Bahnhof in **Altenberg (1)** gehen wir zunächst in Richtung Supermarkt, dann rechts vor diesem hinauf und an der Straße links. Vor den Gleisen ist rechts in die Neue Bärensteiner Straße einzubiegen. Wir kommen am Wanderparkplatz vorbei, dem Ausgangspunkt für Autofahrer. Vor einer Rechtskurve ist kurz links, dann gleich wieder rechts in den Feldweg einzubiegen. An der Kreuzung geht es links, bei Waldbeginn geradeaus. Dann halten wir uns links und folgen dem Kammweg.
Oben auf dem **Geisingberg (2)** bietet sich eine schöne Aussicht, besonders bei Besteigung des Louisenturms. Ohne Abstecher biegen wir vor der Bergbaude links ein und laufen den steinigen Weg hinunter. An der T-Kreuzung geht es rechts, wir verlassen den Kammweg und folgen dem grünen Balken. Unten an der nächsten T-Kreuzung halten wir uns links und nutzen den Weg ohne Wanderzeichen. Bald geht es an einem Teich und dem Gelände der Natur- und Heimatfreunde Niedersedlitz vorbei.

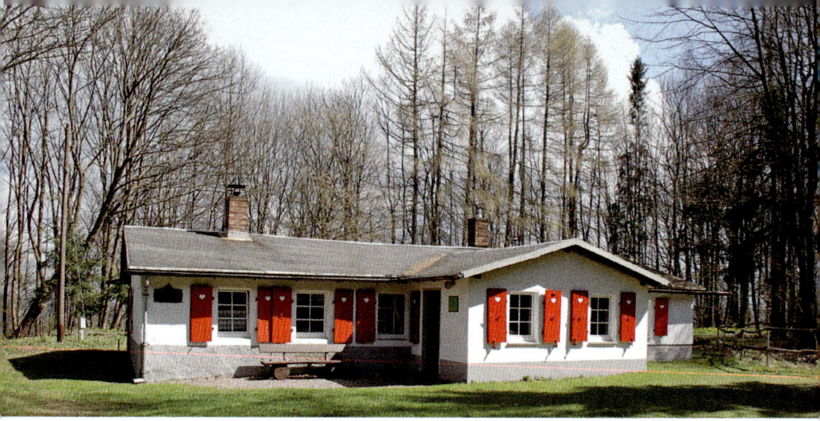

Haus der Natur- und Heimatfreunde Niedersedlitz.

Hinter der Hütte laufen wir bei Wanderzeichen rechts hinunter und halten uns an der T-Kreuzung links. Nun ist dem grünen Punkt in Richtung Bärenstein zu folgen. Es geht geradeaus, wir laufen über eine der berühmten Wiesen, an der Kreuzung geradeaus, dann wieder in den Wald, dort dem grünen Punkt nach. Am Abzweig geht es rechts, weiter der Markierung nach. Wir kommen über Gleise, halten uns an der T-Kreuzung rechts und erfreuen uns an Panoramablicken. Wir erreichen eine Kreuzung. Wer die Tour abkürzen will, geht hier rechts hinunter zum Wildpark. Alle anderen gehen geradeaus zu einem Abzweig und dort rechts (Rundweg Sachsenhöhe, Bergbaulehrpfad), vorbei an der Schutzhütte und geradeaus in den **Wald** bei der **Sachsenhöhe (3)**. An der Gabelung halten wir uns links und folgen weiter dem Bergbaulehrpfad, so auch links an einem Hain (Hauptweg). Nach einem Hochsitz wird der Lehrpfad verlassen, wir folgen dem unmarkierten Hauptweg. An einem Abzweig geht es schräg links, der nun bald schmaler werdende Weg führt aus dem Wald heraus.
Über eine Wiese wandern wir abwärts, weiter unten bei Wegweisern rechts nach »Lauenstein Bahnhof«. An der Gabelung wandern wir links weiter und bei Häusern immer weiter hinab. Unten geht es über die Straße zum Bahnhof Lauenstein. Dann in Richtung des Unternehmens Spinner, dort links und gleich die Straße rechts hoch. Geradeaus bietet sich bald ein schöner Blick auf das Schloss. An einem Platz führt links ein Abstecher zum **Schloss Lauenstein (4)**.
Nach dem Abstecher geht es am Platz geradeaus (Wanderzeichen grüner Punkt) und die Straße rechts der Bibliothek hinauf, die eine Linkskurve macht und bald in einen Feldweg übergeht. Wir wandern immer geradeaus weiter, schöne Wiesen grüßen rechts und links. An der Gabelung verlassen wir den grünen Punkt und halten uns links. An der Kreuzung biegen wir

rechts ein und folgen dem gelben Punkt. An zwei Gabelungen laufen wir rechts weiter, jeweils dem grünen Punkt folgend, an der zweiten geht es zu Bäumen. Bei einer Bank laufen wir abwärts und nutzen den Pfad zwischen Bäumen. Weiter unten wandern wir geradeaus und gelangen wieder in den Wald. An einem Abzweig geht es geradeaus, wir folgen dem grünen Punkt. Bald ist ein Abstecher zum Wildpark Osterzgebirge möglich, indem man am Gleisübergang die Bahntrasse quert, geradeaus zum Parkplatz geht, dort links und dann rechts zum Eingang.
Die Fortsetzung unseres Weges aber führt am **Abzweig Wildpark (5)** vor den Gleisen nach links. Er verläuft ca. 2 km parallel der Gleise, vorbei am Haltepunkt Hartmannmühle. Es ist ein angenehmer Weg, trotz der Nähe zur Straße. Wir kommen an Stollen, Zeugen des einstigen Bergbaus, vorbei. Bei der Sandmühle geht es über die Gleise und dann links des rauschenden Bachs Rotes Wasser weiter. An einem Bahnübergang laufen wir geradeaus weiter, so auch bei der Bachbrücke in **Geising (6)**. Wo der Bach Schwarzwasser einfließt, geht es an der Engen Gasse geradeaus, ein hübsches Gässchen. Vor der Schlosserei Kadner gehen wir rechts, über den Bach, scharf links und dann links des Bachs weiter. Nach Haus Nr. 14 halten wir uns rechts und laufen den Kellerbergweg hinauf, ein kurzes Stück wird es steil. Unterwegs lohnt ein Blick zurück auf Geising.
Weiter oben halten wir uns an der Kreuzung links und folgen dem Goldhahnweg. An der Kreuzung geht es geradeaus (leicht links versetzt). Der Weg schwenkt nach rechts, ein Teerweg ist zu überqueren. Nach einem Haus biegen wir an der Kreuzung rechts ein und wandern nun an einem Kanal entlang. Der Aschergrabenweg wurde bereits 1452/58 erwähnt. Immer geht es geradeaus, vorbei am **Goethe-Denkmal (7)**. Der naturforschende Goethe betrieb 1813 in der Gegend geologische Studien. Rechter Hand ist bald der Geisingberg zu sehen. Am Ende des Grabenwegs halten wir uns rechts und folgen dem Wanderzeichen grüner Diagonalbalken (Schild »Bergbaumuseum«). Bald geht es links des Grabens weiter. Bei einem Gebäude führt uns das Wanderzeichen geradeaus weiter.
An der Straße gehen wir erst links zu Garagen, dann rechts zum Parkplatz. Nun halten wir uns schräg links in den Bergbauweg (Wanderzeichen Kammweg). Er führt uns rechts an der Gaststätte Zum Erzgebirge vorbei, immer geradeaus zurück zum Bahnhof von **Altenberg (1)**.

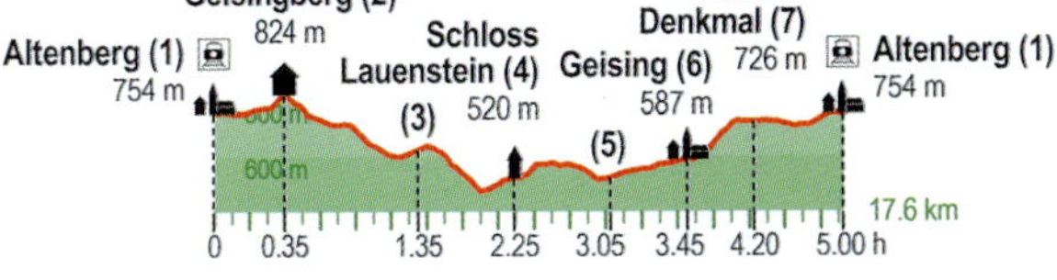

3 Auf den Komáří hůrka, 807 m, mit dem Mückentürmchen

5.00 Std.

Von einer Burg steil hinauf auf einen Aussichtsberg

Die Aussicht vom Komáří hůrka gilt als eine der schönsten der Region – das beliebte Ausflugsziel ist ein Muss im böhmischen Osterzgebirge! Daher fährt auch ein ca. 2,5 km langer Sessellift hinauf. Wir aber wollen den Berg erwandern. Die steile Südseite vom böhmischen Becken aus garantiert uns ein sportliches Erlebnis. Von der Burg Krupka geht es durch den Wald steil hinauf, vorbei an Zeugnissen des bis ins 19. Jh. hinein betriebenen Bergbaus, ins kleine Örtchen Horní Krupka. Dann entspannen wir auf dem bequemen Weg zum Komáří hůrka und genießen die Aussicht. Der Abstieg erfolgt zunächst durch Wiesen, dann wieder durch Wald, vorbei an einem schönen Teich mit Rastplatz. Das letzte Stück führt am Rand von Krupka entlang.

Ausgangspunkt: Krupka, Bushaltestelle »Krupka škola«, 295 m. Von Zinnwald-Georgenfeld Wendeplatz mit dem Bus 398 nach Teplice (ca. alle 2 Std.), weiter mit dem Bus 401/431 nach »Krupka škola« (ca. stündlich). Parkplatz in der Straße Husitská, Ecke Mlýnská, unterhalb der Burg Krupka (Navi: Mlýnská 1, Krupka). Autofahrer laufen kurz die Straße hinunter und biegen dann scharf rechts in den mit blauem Balken markierten Weg ein, weiter wie unten beschrieben.
Höhenunterschied: 600 m.
Anforderungen: Anstrengender und Orientierungssinn erfordernder Aufstieg nach Horní Krupka, danach leicht zum Komáří hůrka. Der Abstieg ist zunächst einfach, es folgen kurze schwierige Stücke. Im Tal wieder leicht. Wege nur teilweise ausgeschildert, abwechselnd mehr oder weniger deutliche Pfade und breitere Wege. Freunde von steilen Aufstiegen kommen hier voll auf ihre Kosten.
Einkehr: Restaurant (mit Terrasse) Penzion Růžový Hrádek auf der Burg Krupka; Komáří Vížka auf dem Komáří hůrka.
Karte: SHOCart 1:40.000, Nr. 408.

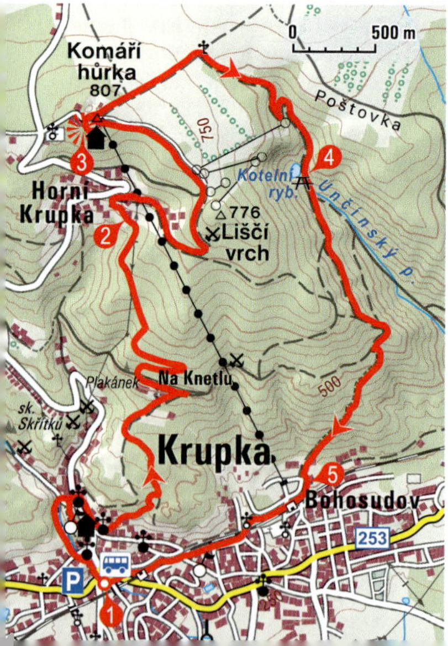

Von der Bushaltestelle »Krupka škola« in **Krupka** (**1**, dt. Graupen) wenden wir uns zur Durchgangsstraße und nutzen geradeaus die aufwärtsführende Straße (Husitská). Nach der Kirche biegen wir links in den mit blauem Balken markierten Weg ein, die Autofahrer stoßen von rechts zu. Am Bach entlang wan-

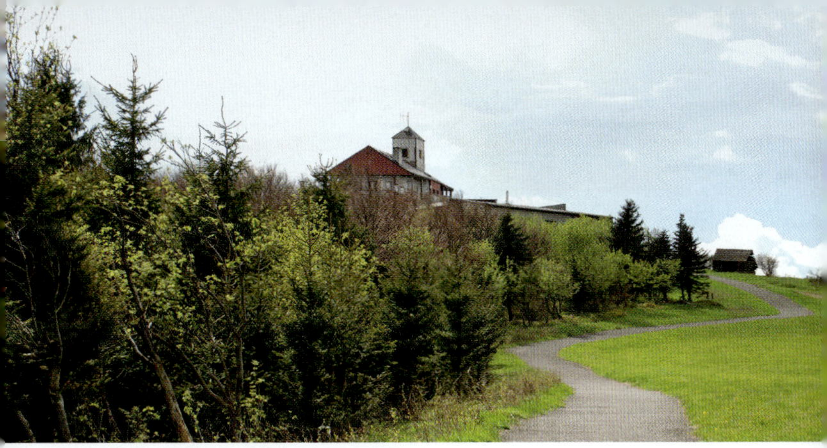

Hinauf zum Mückentürmchen.

dern wir aufwärts. An einem kleinen Parkplatz biegen wir rechts zur Burg ein, deren Besuch der schönen Aussicht wegen lohnt. Eine Gaststätte bietet Gelegenheit zur ersten Stärkung. Nach dem Abstecher geht es wieder zurück und am Parkplatz scharf links, unter der Brücke hindurch. An der Straße ist rechts einzubiegen. Es geht an der großen Kirche vorbei, dann schräg links und an einer kleineren Kirche vorbei. An der Gabelung erneut links, Schilder mit der Aufschrift »Modrý Okruh« (dt. blauer Pfad) dienen zusätzlich der Orientierung. Vor einem Gebäude laufen wir links hoch, dann an der Garage des letzten Hauses geradeaus in den grasbewachsenen Pfad.
Nun geht es auf einem idyllischen Weg steil aufwärts. Weiter oben halten wir uns links, weiterhin dem Modrý Okruh folgend. An der T-Kreuzung biegen wir rechts ein, ggf. ist hier als Wanderzeichen eine blaue Schnecke zu sehen. An zwei Abzweigen geht es geradeaus, das Wanderzeichen blaue Schnecke wird wieder verlassen. An der Gabelung ist links der roten Schnecke zu folgen. An der nächsten Gabelung geht es wieder links, jetzt wird auch die rote Schnecke verlassen. Bei einem Gartenhaus biegen wir rechts ein und folgen einem mit grünem Balken gekennzeichneten, gut ausgebauten Weg.
Schließlich geht es an Häusern vorbei und durch eine Schranke. An der T-Kreuzung führt ein Abstecher geradeaus zu Komín I (dt. Schornstein 1), einem Zeugen des früheren Bergbaus. Ohne Abstecher ist – den grünen Balken verlassend –

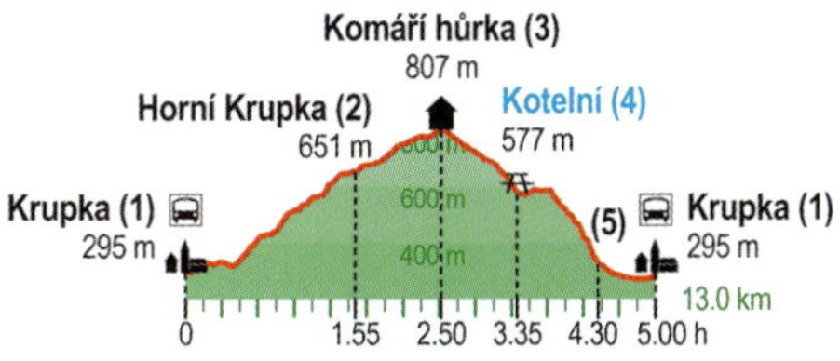

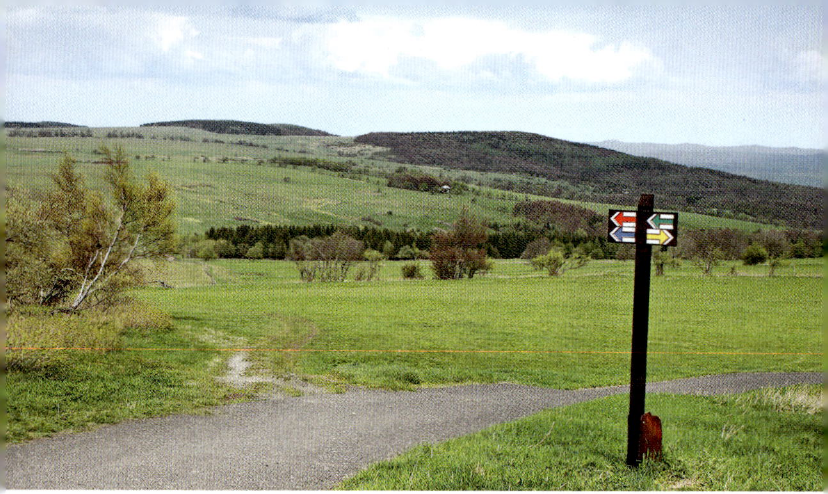

Beim Abstieg vom Mückenberg.

links einzubiegen. Jetzt ist Orientierungssinn gefragt. Nach knapp einem halben Kilometer halten wir uns scharf rechts zur Futterkrippe (mit aufgesetzter Hütte). Rechts wird der Blick auf Krupka frei. An der Hütte gehen wir geradeaus. Der Weg schwenkt schräg links hinauf. Bei Felsbrocken geht es links, zunächst leicht abwärts. Erst säumen Moorbirken, dann Buchen den Weg. An einer Steinmauer ist rechts hinauf einzubiegen, der Weg wird nun undeutlich. Weiter oben halten wir uns links, laufen weiter an der Steinmauer entlang. An der T-Kreuzung wandern wir links weiter, bald an Steinhaufen vorbei, leicht abwärts. Nun wird der Weg zum Pfad.

Die Häuser von **Horní Krupka** (**2**, dt. Obergraupen) werden sichtbar. Im Ort laufen wir geradeaus weiter. Der Weg führt an Häusern vorbei und schwenkt nach links. An der Straße ist rechts und gleich wieder schräg rechts einzubiegen. Nun folgen wir eine Weile dem gelben Balken. Wir unterschreiten einen Sessellift und bleiben immer auf dem Hauptweg. An einem Abzweig geht es geradeaus. An der Gabelung halten wir uns links, weiterhin dem Wanderzeichen gelber Balken folgend. Der Weg schwenkt scharf nach links. Bei Hütten und einem Skilift biegen wir links in den geteerten Hauptweg, der uns zum **Komáří hůrka** (**3**, dt. Mückenberg) mit dem weithin sichtbaren Mückentürmchen führt, einem ehemaligen Anläuteturm des Bergbaus, der heute Teil der Gaststätte ist. Nachdem wir die Aussicht genossen haben, gehen wir wieder ein Stück zurück und am Abzweig mit dem Wanderzeichen schräg links über die Wiese. Wir folgen weiter dem grünen Balken, der uns ca. 50 m vor einem großen Kreuz rechts in den Wald bringt. Stets dem Hauptweg folgend ist vor dem Lift scharf links abzubiegen, dann scharf rechts, am Bach abwärts. Wir erreichen den Teich **Kotelní (4)** mit einladendem Rastplatz. Dann halten wir uns schräg links, weiterhin dem grünen Balken folgend. Anschließend wandern wir schräg rechts aufwärts, nach einem steilen Stück abwärts an der T-Kreuzung rechts und durch eine scharfe Rechtskurve. Gleich geht es scharf nach links, dann wieder nach rechts; dabei verlassen wir den grünen Balken. Wir folgen nun immer dem Hauptweg, biegen aber an einer Gabelung rechts ein. Steil und holprig führt der Weg hinab ins Tal. An einer Gabelung geht es rechts. Der Weg wird bald besser. An einem Abzweig halten wir uns geradeaus und erreichen einen Hohlweg, der wegen des vielen Laubes ggf. schlecht zu gehen ist.

50 m vor einem Zaun wandern wir rechts weiter, dann gleich wieder links. Wir laufen rechts vom Grundstück ins Tal. Bei den ersten Häusern von **Bohosudov** (**5**, dt. Mariaschein), einem Ortsteil von Krupka, geht es an der Kreuzung geradeaus, dann schräg rechts. Das Wanderzeichen blauer Balken wird sichtbar. Wir gehen an einem Parkplatz vorbei und geradeaus über eine Kreuzung hinweg. Nun ist auch der gelbe Balken zu sehen.

Wir gelangen zu einem deutschsprachigen Kreuzgang auf dem Kalvarienberg aus dem 18. Jh. An seinem Ende halten wir uns links, am Teerweg wieder links und über den Bach. Nach Gleisen ist rechts einzubiegen, nach einer Weile kreuzen wir die Gleise erneut. An zwei Gabelungen folgen wir jeweils links dem gelben Balken, an der Straße halten wir uns rechts. Am Platz (Ecke Na Hamrech/Bohosudovská) ist die Bushaltestelle »Krupka škola« in **Krupka (1)** erreicht.

Blick auf die Kirche in Krupka.

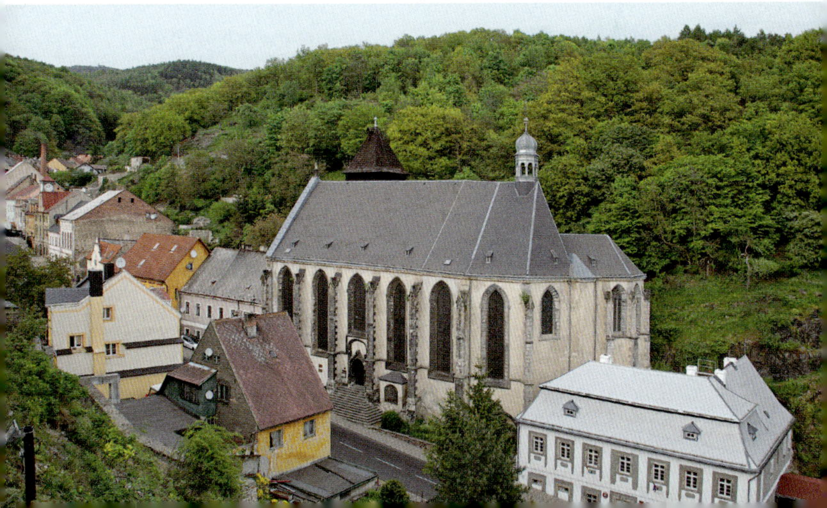

4 Georgenfelder Hochmoor und Kahleberg, 905 m

3.00 Std.

Durch Moor zum höchsten Gipfel des sächsischen Osterzgebirges

Der Name Zinnwald im Ortsnamen Zinnwald-Georgenfeld deutet auf Zinnvorkommen hin – Georgenfeld entstand im 17. Jh. für die zugezogenen Bergleute als Siedlung. Von der aus mehreren Bergmannssiedlungen entstandenen Gemeinde geht es zunächst zu den Porphyrklippen der Lugsteine (896 bzw. 897 m), wo der Kamm des Osterzgebirges ausnahmsweise auf deutscher Seite verläuft. Ebereschen, von Einheimischen »Vuuchelbeerbaam« genannt, bilden hier einen naturnahen Wald. Weiter geht es zu einem bis weit ins Böhmische hineinragenden Moorgebiet, zu dem das kleine, aber feine Georgenfelder Hochmoor gehört. Hier bekommt man auf einem 1,2 km langen Knüppeldamm mit vielen Erläuterungstafeln einen Eindruck von der einst großen Moorfläche. Bald ist der Kahleberg, ein hervorragender Aussichtspunkt, erreicht. Ganz kahl ist er nicht mehr – auf dem höchsten Gipfel des sächsischen Osterzgebirges wächst der Wald wieder nach. Der Rückweg erfolgt auf lauschigen Waldwegen. In Zinnwald-Georgenfeld grüßt die eindrucksvolle Exulantenkirche aus der Ferne.

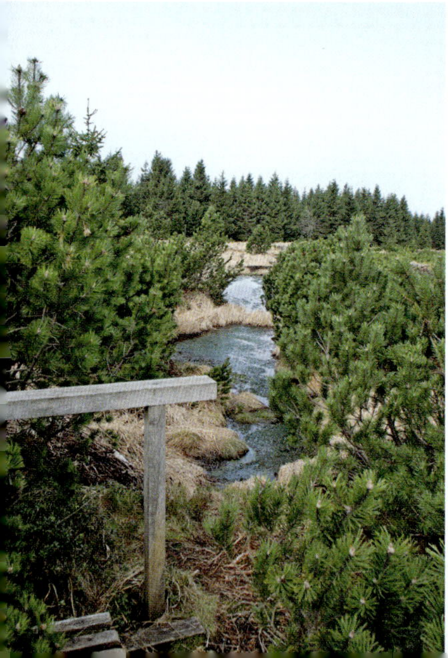

Ausgangspunkt: Zinnwald-Georgenfeld (Ortsteil Georgenfeld), Teplitzer Straße, 820 m. Bus 398 von Altenberg nach »Zinnwald, Zum Lugstein« (ca. alle 2 Std.). Parkplatz gegenüber der Haltestelle (Navi: Teplitzer Str. 29, Georgenfeld).
Höhenunterschied: 200 m.
Anforderungen: Teilweise ausgeschildert, kurze steile Auf- und Abstiege, insgesamt geringe Höhenunterschiede. Teilweise unbefestigte Waldwege. Ab dem Kahleberg längere Zeit auf einem schmalen Waldpfad, streckenweise mit vielen Wurzeln.
Einkehr: Lugsteinbaude bei den Lugsteinen; Kahlebergbaude (Mi. Ruhetag) auf dem Kahleberg.
Hinweis: Der Eintritt zum Knüppeldamm im Georgenfelder Hochmoor kostet eine geringe Gebühr.
Karte: GeoSN 1: 25.000, Blatt 38.

Im Naturschutzgebiet Georgenfelder Hochmoor.

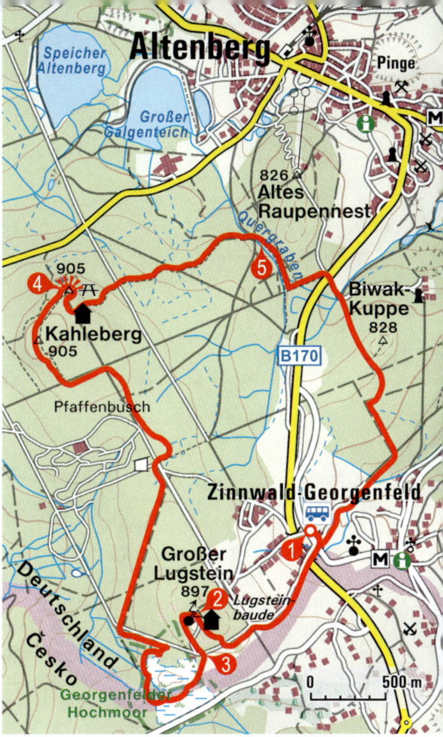

Von der Bushaltestelle »Zum Lugstein« bzw. dem Parkplatz in **Zinnwald-Georgenfeld (1)** gehen wir in Richtung Ort und biegen rechts in den Hochmoorweg ein. Oben halten wir uns schräg links in den geteerten Weg. Nach ca. 200 m biegen wir nach rechts zum Kleinen Lugstein ab. Ein lohnender Abstecher führt links hinauf zum ersten Aussichtspunkt.

Ohne Abstecher halten wir uns geradeaus in Richtung Funkturm. Wir laufen rechts an der **Lugsteinbaude (2)** vorbei und biegen am Ende des Zauns links ein. Immer ist dem Pfad am Zaun entlang zu folgen. Bald kommen wir links an den roten Porphyrklippen des Großen Lugsteins vorbei, dann ist erneut links einzubiegen. An der T-Kreuzung geht es kurz links und dann gleich rechts zum Eingang zum **Georgenfelder Hochmoor (3)**. Wir folgen immer dem Knüppeldamm und erfahren auf zahlreichen Tafeln spannende Einzelheiten, besonders zur Pflanzenwelt. Wer das Hochmoor nicht besichtigen möchte, biegt an der T-Kreuzung rechts ab und geht am Ausgang des Hochmoors geradeaus weiter. Am Ausgang halten wir uns links und nach ca. 300 m an der ersten Kreuzung rechts. Wir wandern nun für etwa einen Kilometer geradeaus, ein schöner Weg, der erst stetig aufwärts, dann wieder leicht abwärts führt. Bei der Schranke gehen wir schräg links, an der Kreuzung mit einer Schutzhütte rechts und dann gleich wieder links. Falls der eingeschlagene Weg zu feucht sein sollte, geht man zurück zur Kreuzung und nimmt dort rechts den weniger attraktiven Parallelweg bis zu einem geteerten Weg, in den links einzubiegen ist.

Andernfalls folgen wir dem eventuell (leicht) feuchten Weg immer geradeaus. Nach einer Kreuzung beginnt der ausgeschilderte Kammweg. Wir laufen weiter geradeaus, biegen dann aber links in einen geteerten Weg ein. An der ersten Kreuzung stößt die Alternativroute von links dazu; ca. 250 m nach der Kreuzung geht es nach rechts. Hier beginnt ein lauschiger Pfad über

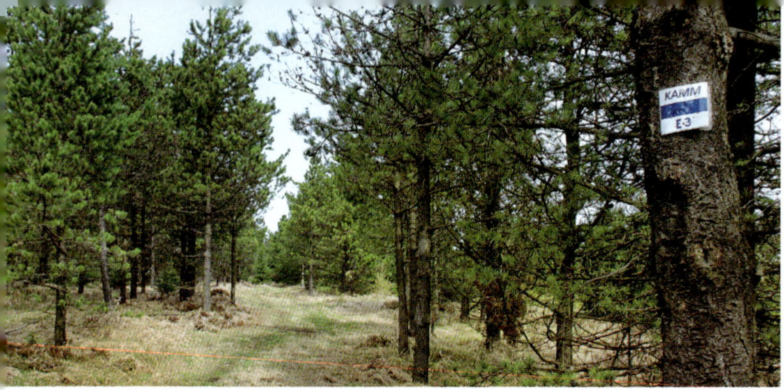

Kammweg auf dem Kahleberg.

Wurzeln und Steine. In der Rechtskurve ist der höchste Punkt erreicht. Bald kommen wir zum Aussichtspunkt auf dem **Kahleberg (4)**. Bänke und Gastronomie laden zur Rast ein.

Nachdem wir die Aussicht genossen haben, folgen wir rechts der Baude erneut ein Stück dem Kammweg, den wir an der nächsten Kreuzung links wieder verlassen. Steinig geht es abwärts und an einem Teerweg geradeaus in den Waldpfad, der bald viele Wurzeln zeigt. An einem Schotterweg gehen wir geradeaus weiter. Der lauschige Pfad ist anfangs eventuell feucht, da hier einst auch Moorgebiet war. Am nächsten Schotterweg halten wir uns rechts zur großen Kreuzung. Es geht über die Brücke und dann rechts in bisheriger Richtung, links am **Quergraben (5)** entlang. An der ersten Brücke wandern wir geradeaus weiter, bei der zweiten biegen wir links in den Pfad ein. Vor der Straße halten wir uns rechts, queren die B 170 und nehmen dahinter die Schwarzwasserstraße; linker Hand grüßt eine artenreiche Bergwiese. In der Linkskurve nutzen wir geradeaus den Mauswieselweg und folgen immer dem Hauptweg.

Nach dem Abzweig zur Biwak-Kuppe geht es an der ersten Kreuzung geradeaus, an der nächsten rechts und an der T-Kreuzung links. Nun laufen wir abwärts. Wieder wird eine T-Kreuzung erreicht, an der wir uns rechts halten. Bald wird das Wanderzeichen roter Balken sichtbar. Im Ort wird links der Blick auf die schöne Exulantenkirche von **Zinnwald-Georgenfeld (1)** mit ihrer Holzverkleidung im oberen Teil frei. An der Durchgangsstraße geht es links zur Bushaltestelle, rechts zum Parkplatz.

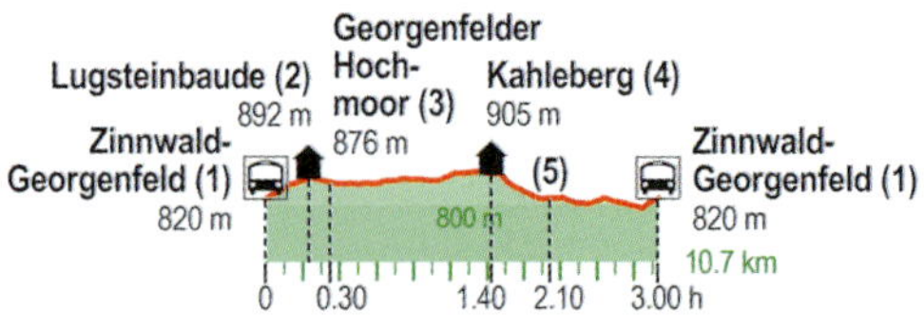

2.30 Std.

Zum Hemmschuh, 847 m

5

Unterwegs in einem ruhigen Naturschutzgebiet

Von Rehefeld-Zaunhaus geht es ins Tal der in Böhmen entspringenden Wilden Weißeritz (siehe Tour 6) und bald vorbei an den Böhmischen Wiesen, die auf tschechischer Seite allerdings aufgeforstet sind. Auf deutscher Seite wachsen vor allem im hinteren Bereich seltene Pflanzen.
Der Holperbach führt uns nach Neurehefeld, wo der Aufstieg auf den Hemmschuh beginnt. Während sich hier im Winter Skifahrer und Rodler tummeln, kann man in der Wandersaison viel Ruhe genießen. Rund um den Gipfel ist einer der höchstgelegenen Buchenwälder Sachsens heimisch, mit zahlreichen Vögeln wie dem Schwarzspecht. Der Rückweg erfolgt zunächst im Wald, ab der Rehefelder Talweitung dann hoch über weiten Bergwiesen vorbei am ehemaligen Jagdschloss.

Ausgangspunkt: Rehefeld-Zaunhaus, Bushaltestelle »Rehefeld, Grenzweg«, 695 m. Bus 373 von/nach Altenberg (nur Mo. bis Fr., ca. stündlich). Parkplatz anbei (gegenüber der Straße Am Donnerberg, Navi: Talstraße 5, Altenberg).
Höhenunterschied: 250 m.
Anforderungen: Deutliche Wege, überwiegend ausgeschildert. Kurze steile Anstiege, sonst moderate Steigungen. Kurz an der Straße entlang.
Einkehr: Unterwegs keine. In Neurehefeld lässt sich ein Abstecher über die Grenze zu den zahlreichen Gaststätten in Horní Moldava (dt. Moldau) machen.
Hinweis: Da Rehefeld-Zaunhaus einer der kältesten und schneesichersten Orte Sachsens ist, sollte die Wanderung erst ab dem späten Frühjahr erfolgen.
Karte: GeoSN 1: 25.000, Blatt 38.

Von der Bushaltestelle in **Rehefeld-Zaunhaus (1)** geht es zur Straßenkurve und dort geradeaus in den als Sackgasse ausgewiesenen Weg mit den Wanderzeichen blauer und roter Balken. Am Ende der Straße laufen wir rechts über die Brücke und halten uns an der Schutzhütte links. Das Naturschutzgebiet Hemmschuh beginnt. Wir folgen dem Radweg am Waldrand durch das Tal der Wilden Weißeritz, links grüßen die Böhmischen Wiesen. Bald fließt der Holperbach ein, in dessen Tal wir immer weiter geradeaus wandern. Nach ca. 2 km geht es bei den ers-

Im Holperbachtal.

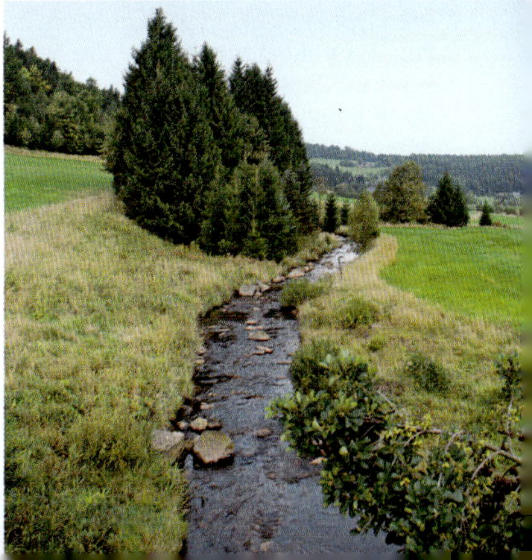

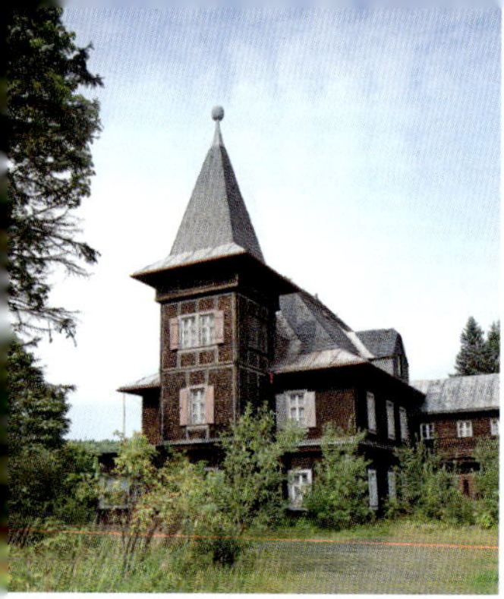

Das Jagdschloss.

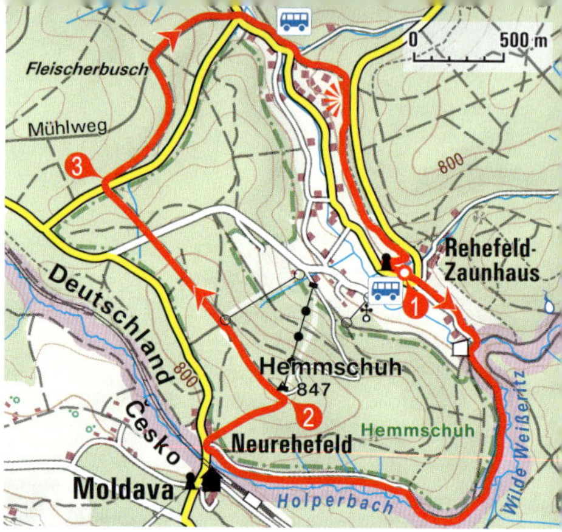

ten Häusern von Neurehefeld scharf rechts in den Turmsteig. Erst säumen Fichten, dann Buchen – die im Naturschutzgebiet am weitesten verbreitete Baumart – den Weg. Oben auf dem Gipfel des **Hemmschuhs (2)** halten wir uns links und an einer Gabelung rechts. Nun ist immer geradeaus bergab durch den Wald zu laufen.

Auch an der ersten Straße wandern wir geradeaus. Nach der Überquerung der zweiten Straße geht es schräg rechts in den Reitsteig im **Fleischerbusch (3)**. Anfangs liegt auf dem Weg grober Schotter. Dieser endet jedoch bald und wir wandern auf einem schönen Waldweg weiter. An der T-Kreuzung halten wir uns rechts und werden bald begleitet vom Wanderzeichen gelber Balken. An der Straßenkreuzung geht es kurz geradeaus an der Straße entlang, bald an der Bushaltestelle »Rehefeld, Herklotzmühle« vorbei. Kurz nach einer Brücke lassen wir die Straße hinter uns und gehen geradeaus, dann links der Wiese steil hinauf. Weiter oben geht es auf dem mit grünem Punkt markierten Rundweg, zunächst auf dem geteerten Weg geradeaus, dann kurz vor der Straße rechts. Bald bietet sich über Bergwiesen ein schöner Blick ins Tal.

Nach einem Aussichtsplatz heißt der Weg Hühnerleitenweg. Kurz gehen wir nun an der Straße entlang, vorbei am 1870/71 errichteten Jagdschloss, und dann rechts in die Talstraße. Unten biegen wir links in die Straße ein und erreichen die Bushaltestelle in **Rehefeld-Zaunhaus (1)**.

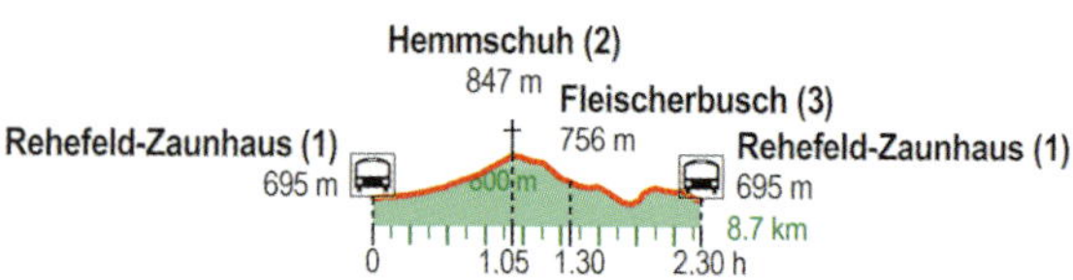

4.30 Std.

Von Moldava in den Naturpark Loučenská hornatina

6

Durch einsame Landschaften in Tschechien

Das jenseits der Grenze gelegene Moldava ist ein weit verstreuter Gebirgsort. Vom belebten oberen Ortsteil Horní Moldava folgen wir den Spuren des Glasmacherlehrpfads zunächst durch Wald und Wiesen, dann durch die historische Ortsmitte Moldavas, Dolní Moldava. Im weiteren Verlauf kommen wir erst am Quellgebiet der Freiberger Mulde (hier Moldavský potok), dann an einem Moor im Povodí Flájského potoka, dem Flussgebiet der Flöha, vorbei, das Teil des Naturparks Loučenská hornatina ist. Schließlich geht es durch das Tal der Divoká Bystřice, die auf Deutsch Wilde Weißeritz heißt und bei Nové Město entspringt. Diese recht lange, aber nicht allzu anstrengende Tour punktet nicht mit aufregenden Höhepunkten, sondern mit herrlicher Abgeschiedenheit und Ruhe.

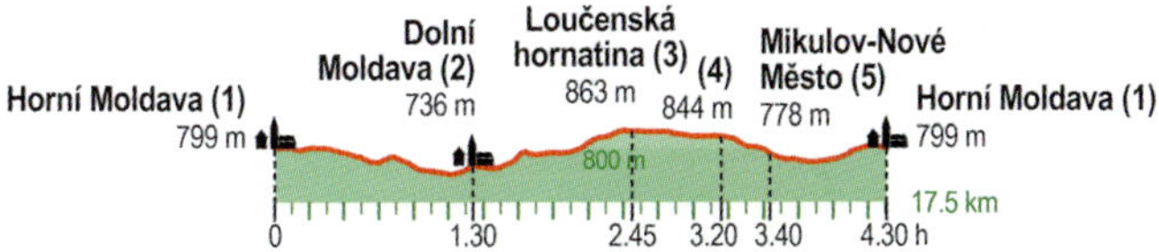

Ausgangspunkt: Parkplatz in Horní Moldava, 799 m. Anfahrt von Neurehefeld über die Grenze und dann rechts (Navi: Moldava 30, Moldava). Ungünstig mit öffentlichen Verkehrsmitteln. Bus 373 von Altenberg nach Rehefeld-Zaunhaus Abzw. Neurehefeld, Altenberg, von dort in ca. 25 Min. zu Fuß über den Grenzübergang. Wer von Tschechien aus anreist, kann in Most den Zug nach Horní Moldava (Moldava v Krušnych horách) nehmen (ca. alle 4 Std.), dann vor zur Straße, dort links.

Höhenunterschied: 300 m.

Anforderungen: Eine der flachsten Wanderungen im Erzgebirge. Nur teilweise ausgeschildert; Schilder vom Glasmacherlehrpfad z. T. verschwunden. Orientierungssinn nötig. Wechsel von Pfaden und breiteren Wegen.

Einkehr: Restaurace U Bizona (Mo. Ruhetag) in Dolní Moldava; diverse Gaststätten in Horní Moldava.

Karte: SHOCart 1:40.000, Nr. 408.

Im oberen Ortsteil von Moldava (dt. Moldau), **Horní Moldava (1)**, gehen wir vom Parkplatz zur Straße, dort rechts und dann vor dem Denkmal wieder rechts auf einen Teerweg. Bei einigen Häusern geht es rechts hinunter, an der T-Kreuzung links und dann immer geradeaus, nach einem Haus auf einem grasbewachsenen Weg. Mit etwas Glück sind hier Wanderzeichen vom Glasmacherlehrpfad zu entdecken. Auch wenn vom Glasmacherlehrpfad nur sporadisch Tafeln zu sehen sind, ist der Abschnitt sehr lohnend, da er durch schöne Natur führt.

An einem auf Stein stehenden Holzkreuz ist rechts abzubiegen. Erst geht es am Waldrand entlang, dann in den Wald, wo links einzubiegen ist. Das Wanderzeichen Quadrat mit weißer und roter Ecke bietet eine zusätzliche Orientierung. An einer Gabelung geht es links aus dem Wald hinaus, zunächst in einen Wiesenweg. Wieder halten wir uns rechts und im Wald an der T-Kreuzung links. Bald ist links dem Wanderzeichen »Glasmacherlehrpfad« zu folgen. Dann geht es wieder rechts und am Waldrand geradeaus in den Wiesenweg.

Weiter oben wandern wir an der Kreuzung geradeaus. Der Weg schwenkt schräg rechts ein, das Wanderzeichen »Glasmacherlehrpfad« ist jetzt häufiger zu sehen. Wir gehen rechts an einem ersten Teich vorbei, am Ende links und wieder rechts (links ist ein Rastplatz). Am zweiten Teich kommen wir links vorbei. Den Teerweg gehen wir links hoch und halten uns am Abzweig links Richtung **Dolní Moldava (2)**. Dort folgen wir der Dorfstraße geradeaus, vorbei an der ersten Bushaltestelle und der Gaststätte. Vor der zweiten Bushaltestelle geht es rechts und vor den Gebäuden wieder links. Wir passieren längliche Bauten und biegen rechts in den ersten Weg ein, gleich links über die Brücke und laufen dann eine Weile geradeaus, an einem Abzweig schräg links. Nach einem Haus geht der Weg in einen Waldweg über. Wieder ist sporadisch das Wanderzeichen rot-weißes Quadrat zu sehen.

An einer Kreuzung biegen wir links ein und kommen an einem Haus vorbei. Die Strecke führt erst durch Wald, dann wieder ins Freie und an einem weiteren Haus vorbei. Der Weg schlängelt sich, wir bleiben immer auf dem

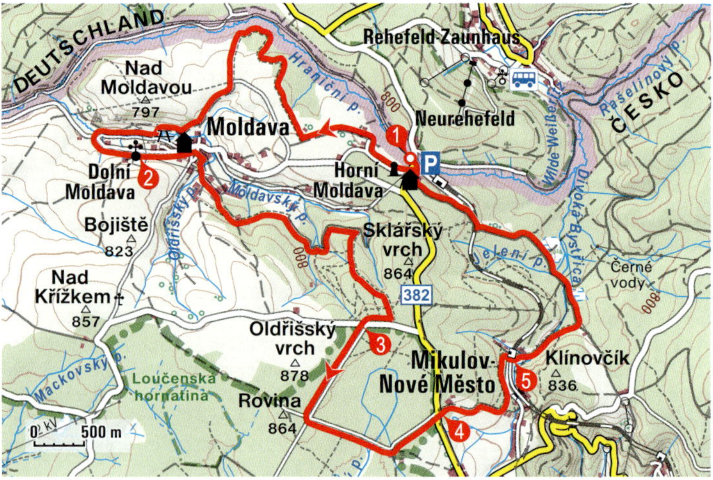

Hauptweg. Wo rechter Hand Heidelbeeren wachsen, ist bald in einer Rechtskurve rechts hinaufzugehen, jetzt ggf. wieder mit dem Wanderzeichen des Glasmacherlehrpfads. Wir sind nun nördlich der Quelle der Freiberger Mulde (hier Moldavský potok) und folgen einem idyllischen, grasbewachsenen Weg, erst geradeaus, weiter oben dann schräg links. Immer ist auf dem Hauptweg zu bleiben, an der Straße schließlich rechts einzubiegen.

Wir wählen links den Weg mit Schranke, Waldstück 413, der Naturpark **Loučenská hornatina (3)** wird betreten. Wir folgen dem geraden Weg ca. einen Kilometer bis zur Kreuzung und biegen dort links ein, Waldstück 426. Der Weg führt an Moorbirken vorbei, ein Hinweis auf das nahe Moor, wo auch die Flöha entspingt. Bei einer Infotafel halten wir uns schräg links, wieder sind Moorbirken zu sehen. Geradeaus geht es zur Straße, die wir an der Bushaltestelle **Myslivna** (**4,** dt. Forsthaus) erreichen. Wir gehen geradeaus über die Straße und rechts an der Pension vorbei.

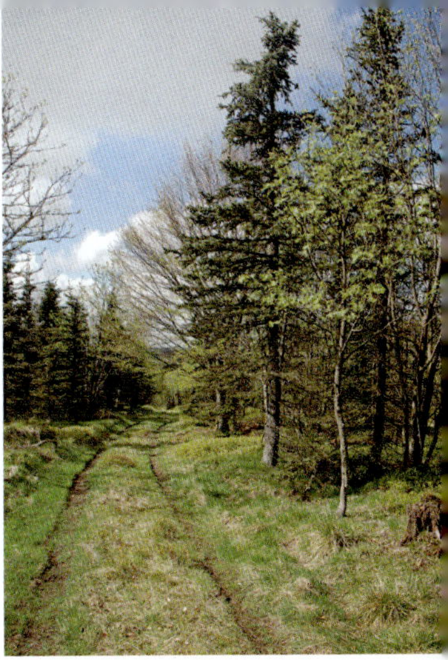

Auf dem Weg zum Moor.

Dann halten wir uns schräg rechts und laufen unter einem Skilift hindurch. Hier bietet sich eine schöne Aussicht. Bald geht es an Häusern vorbei und bei Haus Nr. 61 schräg links, wieder ist das Wanderzeichen rot-weißes Quadrat zu sehen. Unser Weg mündet in einen anderen, wir wandern weiter geradeaus, so auch an der Kreuzung. An der Gabelung halten wir uns rechts, es geht nun abwärts. Nach einer Rechtskurve wird die Bahnlinie überschritten. Am Bahnhofsgebäude von **Mikulov-Nové Město** (**5**, dt. Niklasberg-Neustadt) folgen wir den Wanderzeichen grüner Balken und Glasmacherlehrpfad.

Der Weg schwenkt vor Häusern nach rechts. Es geht über den Bach Divoká Bystřice (dt. Wilde Weißeritz) dann wieder in den Wald. An der T-Kreuzung biegen wir mit dem gelben Balken links ein. Jetzt befinden wir uns auf einem breiten Weg, der zunächst sanft abwärtsführt, teilweise an einem Bach entlang. An einem Abzweig folgen wir der Markierung geradeaus und kommen bald rechts an einem Tümpel vorbei. Ab einem weiteren Abzweig, an dem wir geradeaus weitergehen, begleiten uns auch die Wanderzeichen grüner Balken und Glasmacherlehrpfad. Wieder führt der Weg leicht bergauf.

Nach der Bahnlinie ist kurz rechts, dann schräg links in den grasbewachsenen Weg einzubiegen. An einem Abzweig geht es geradeaus nach **Horní Moldava (1)**. Dort erst rechts, dann links zurück zum Parkplatz.

7 Von Osek in die hohen Berge

6.30 Std.

Vom Nordböhmischen Becken in erzgebirgische Höhen

Auf dieser langen Tour wird einiges geboten. Von Osek, Stadt eines beeindruckenden, 1196 gegründeten Zisterzienserklosters, geht es auf einem Naturlehrpfad durch das Gebiet Salesiova výšina, eine von alten Buchen gesäumte Felsenwildnis aus Quarzit-Sandstein. Hinter Loučná führt ein längeres einsames Stück durch Wald den Bergrücken hinauf. Auf der Höhe wandern wir nach Dlouhá Louka und weiter zum Stropník, einem Berg mit Aussichtsfelsen. Finale Höhepunkte der Wanderung sind die frei zugängliche Burgruine Rýzmburk und ein weiterer idyllischer Naturlehrpfad.

Ausgangspunkt: Bahnhof Osek město, 343 m, Die Anreise mit öffentlichen Verkehrsmitteln ist von Deutschland aus ungünstig, machbar sind die Verbindungen von Olbernhau mit dem Bus 521 nach Litvínov oder von Zinnwald-Georgenfeld Wendeplatz mit dem Bus 398 nach Teplice hlavní nádraži (Bahnhof), dann jeweils weiter mit dem Zug nach Osek, Parken anbei (Navi: Lidická, Osek).

Höhenunterschied: 700 m.
Anforderungen: Markierte und unmarkierte Wege. Diese lange Tour erfordert etwas Ausdauer und Orientierungssinn, besonders auf dem steilen Stück zwischen Loučná und Pod Vlčí horou. Für Kinder ist die Tour zu lang.
Einkehr: Na Fare (nachmittags und abends, Mo. Ruhetag) in Dlouhá Louka; U Hajných (Mo. Ruhetag) beim Bahnhof in Osek; Horal in Osek; diverse weitere Gaststätten in Osek.
Tipp: Besichtigung des Klostergeländes in Osek, Führungen zu jeder vollen Std.
Karte: SHOCart 1:40.000, Nr. 408.

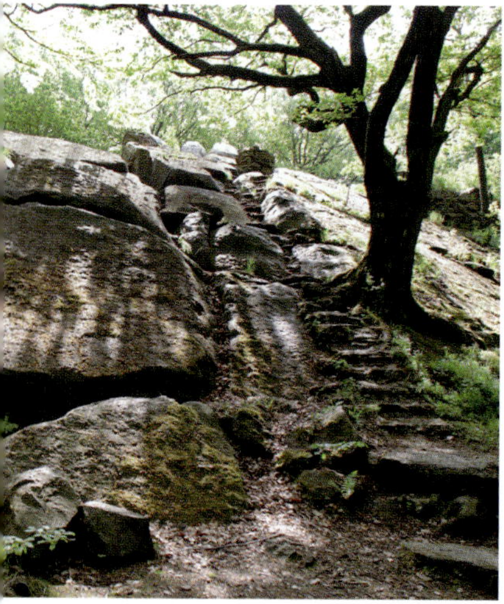

Vom Bahnhof in **Osek** (**1**, dt. Ossegg) gehen wir die Straße entlang (von den Gleisen aus gesehen rechts), die nach links schwenkt, und überqueren die Straße, dann geradeaus und gleich vor der Gaststätte Horal links, dem gelben Balken und dem Naturlehrpfad nach (grüner Diagonalbalken auf weißem Quadrat). Das Schwimmbad liegt rechter Hand. An der Gablung rechts, die Wanderzeichen werden vorläufig verlassen, der See liegt

Felstreppe die Salesiushöhe hinauf.

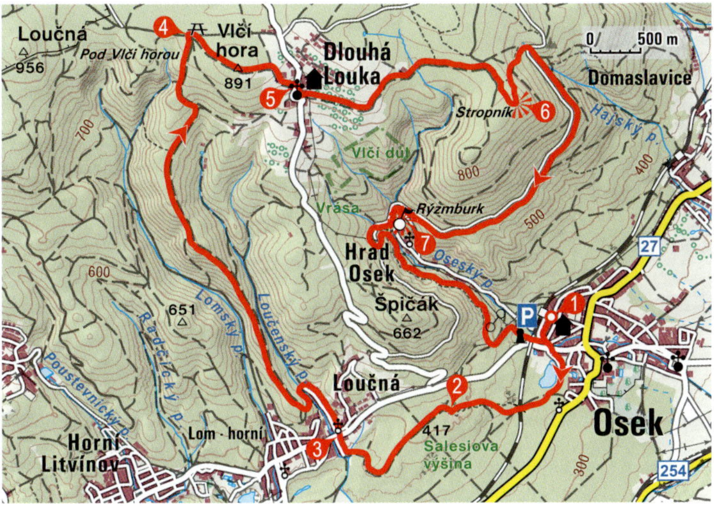

rechter Hand. Im Wald ist schräg links einzubiegen. Wir folgen immer dem Lehrpfad. An der T-Kreuzung geht es schräg rechts, später unter der Bahnlinie hindurch und dann geradeaus. An der Gabelung halten wir uns rechts, nun dem gelben Balken folgend. Stetig führt der Weg aufwärts. An einer Kreuzung gehen wir geradeaus, der Lehrpfad stößt von links wieder dazu, dem wir nun eine Zeit lang folgen. Wir genießen den angenehmen Waldweg. Kleine Felsen säumen den Weg. An der Kreuzung halten wir uns links. Hier sind eindrucksvolle Felsen zu sehen, der Umweg lohnt. Wir folgen dem Lehrpfad, laufen kurz abwärts, dann schwenkt der Weg nach rechts.

An der T-Kreuzung folgen wir dem gelben Balken nach links, wenden uns links zur **Salesiova výšina** (**2**, dt. Salesiushöhe) und dort rechts, weiterhin dem gelben Balken nach, vorbei am Schild nach »Loučná (Bus)«. An der Kreuzung mit der Markierung gelber Punkt gehen wir geradeaus, an der T-Kreuzung links (gelber Balken), bis wir an der nächsten Kreuzung geradeaus wandern und den gelben Balken verlassen. Der Weg führt leicht abwärts und macht nach einer Weile einen weiten Rechtsbogen. Dann schwenkt er wieder nach links. Am Ende einer wasserwirtschaftlichen Anlage biegen wir rechts ein.

An der Straße in **Loučná** (**3**, dt. Ladung) geht es kurz rechts, dann links und vor der Kapelle erneut links. Jetzt folgen wir dem roten Balken und gehen eine Weile geradeaus weiter. Am Ende der Straße ist kurz links, dann scharf links einzubiegen, ohne Wanderzeichen. An der Gabelung rechts hoch, so

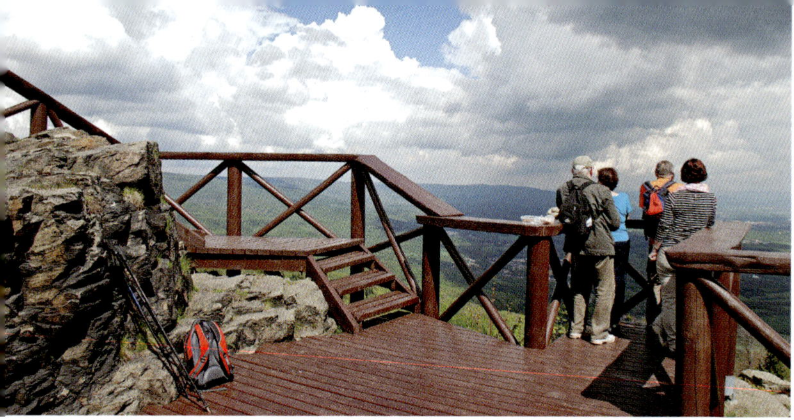

Beim Aussichtsfelsen Stropník.

auch an der nächsten. Beim Querweg biegen wir rechts ein, der Weg führt durch Mischwald. An der Gabelung halten wir uns links in den oberen, schmalen Waldpfad (wer es bequemer mag, bleibt auf dem Hauptweg, beide Wege stoßen später wieder zusammen). Der Höhenrücken wird immer schmaler, Felsen sind zu sehen. Schließlich mündet unser Pfad wieder in den breiteren Parallelweg.

Nun wird es steil; es beginnt ein anstrengendes Stück Weg, auf dem wir zunächst immer dem Hauptweg folgen und für längere Zeit immer geradeaus wandern. Es geht auf und ab und an etlichen Abzweigen vorbei. Nach einer abwärtsführenden Rechtskurve ist bei den Waldstücken 325 und 340 scharf links einzubiegen. Bald geht es wieder steil hinauf und immer geradeaus. Wir kommen an einer Futterkrippe vorbei und laufen an der Gabelung rechts den Hauptweg hoch. Weiter oben wird der Rastplatz **Pod Vlčí horou** (**4**, dt. Fuß des Wolfsbergs) erreicht. Wer mag, kann hier links einen Abstecher zum Berg Loučná (dt. Wieselstein), mit 956 m höchster Berg des Osterzgebirges, unternehmen. Der Weg dorthin (blaue Markierung) ist allerdings befestigt und hat wenig Spannung zu bieten.

Alle anderen biegen ca. 20 m vor dem Rastplatz gleich scharf rechts in den Schotterweg ab und folgen nun dem blauen Balken. Wir kommen am Funkturm von Vlčí hora, 891 m (dt. Wolfsberg), vorbei. An einem Holzkreuz ist rechts abzubiegen, der blaue Balken wird verlassen. Es geht erst rechts an einem Haus vorbei, dann nach links. An der Straße in **Dlouhá Louka** (**5**, dt. Langewiese) ist rechts einzubiegen. Nach der Linkskurve laufen wir an der Gaststätte vorbei. Bei einem Baum, der mit rotem und blauem Pfeil versehen ist, geht es kurz geradeaus, dann schräg links. Bald genießen wir rechter Hand einen schönen Blick. Unser Pfad mündet schließlich in einen anderen Weg, wir wandern geradeaus weiter.

Ca. 100 m vor einem Haus halten wir uns an der Gabelung rechts. An einer Kreuzung geht es geradeaus, jetzt ist für einige Zeit dem grünen Balken zu folgen. Wir kommen rechts an einem Teich vorbei, der Weg ist hier eben und leicht zu gehen. Achtung, in einer Linkskurve geht es geradeaus weiter, dem Wanderzeichen folgend, dann nach rechts. Wo der grüne Balken links vom Hauptweg abgeht, laufen wir kurz geradeaus weiter und gleich darauf an der Gabelung links. Dann halten wir uns links zum **Stropník** (**6**, dt. Stropnitz). Wir genießen die Aussicht vom Felsen.

Wir gehen zurück und gleich nach dem Felsen rechts hinunter, zur Orientierung dient das grüne Dreieck. Achtung, an einem Abzweig ist rechts einzubiegen! Dann ist der grüne Balken zu sehen. Auf angenehmem Waldweg geht es bergab, an der Gabelung links und an einer großen Kreuzung rechts auf einen geteerten Weg, dem nun ca. 4 km leicht abwärts zu folgen ist. Zwischendurch sind auch mal Felsen zu sehen. Nun wird mit dem roten Balken schräg links der Hauptweg verlassen. Nach der Linkskurve führt rechts ein lohnender Abstecher zur **Rýzmburk** (**7**, dt. Riesenburg). Zu sehen sind Türme, Durchgänge und Mauerreste.

Nach dem Abstecher kehren wir wieder nach oben zur Kurve zurück und biegen geradeaus in den Naturlehrpfad ein (leicht rechts versetzt, Wanderzeichen grüner Diagonalbalken auf weißem Quadrat), dem nun eine Weile zu folgen ist. Am breiten Weg geht es links, nach einer Linkskurve dann wieder scharf links und vor dem Zaun rechts in den Naturlehrpfad. Wir überwinden einen Bach ohne Brücke und halten uns an der T-Kreuzung rechts. Immer gehen wir geradeaus, dem Lehrpfad-Wanderzeichen folgend, das uns schließlich an einem Abzweig links hinunter und an der T-Kreuzung nach rechts führt. Nach einiger Zeit wandern wir unter einem Lift hindurch.

Nach einer Linkskurve bei einer Informationstafel halten wir uns an der Gabelung links und verlassen den Lehrpfad. An der T-Kreuzung geht es erneut nach links. Wir folgen einer Stromleitung immer geradeaus, biegen aber an der folgenden T-Kreuzung mit den Wanderzeichen blauer und roter Balken rechts ein. Der Weg führt über eine Bachbrücke, dann geradeaus über Gleise. Wir biegen in die erste Straße links ein und wenden uns am Ende links zu Bahnhof und Parkplatz **Osek (1)**.

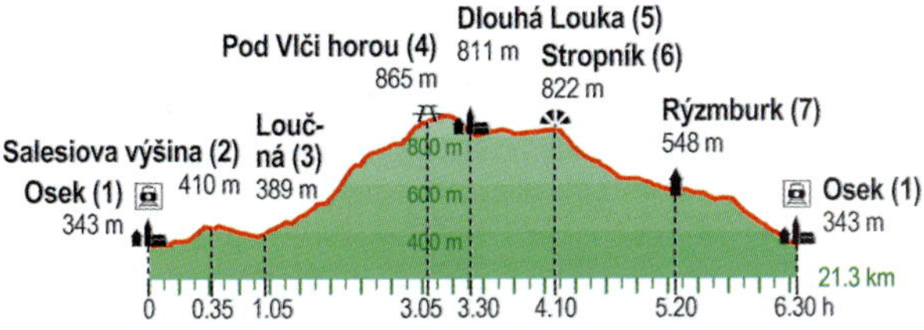

TOP **8** # Rund um Rechenberg-Bienenmühle

2.30 Std.

Eine leichte Wanderung in charmanter Natur mit Brauereimuseum

Rechenberg-Bienenmühle, 1925 zu einem Ort zusammengeschlossen, liegt im Tal der Freiberger Mulde am Südostrand des Naturparks Erzgebirge/Vogtland. Vom Ortsteil Rechenberg geht es vorbei an idyllischen Fachwerkhäusern, dann weiter auf dem Kräuterpfad und über eine Wiese, die erste schöne Talblicke verspricht. Anschließend folgen lauschige Waldwege vor und nach Bienenmühle. Als krönender Abschluss der leichten Runde bietet sich eine Führung im Brauereimuseum an.

Ausgangspunkt: Haltepunkt Rechenberg, 575 m. Mit dem Zug von Freiberg Richtung Holzhau nach Rechenberg (ca. stündlich). Autofahrer parken am Markt (Navi: Markt, Rechenberg-Bienenmühle) oder am Brauereimuseum Rechenberg (Parkgebühr, Adresse s. unten).

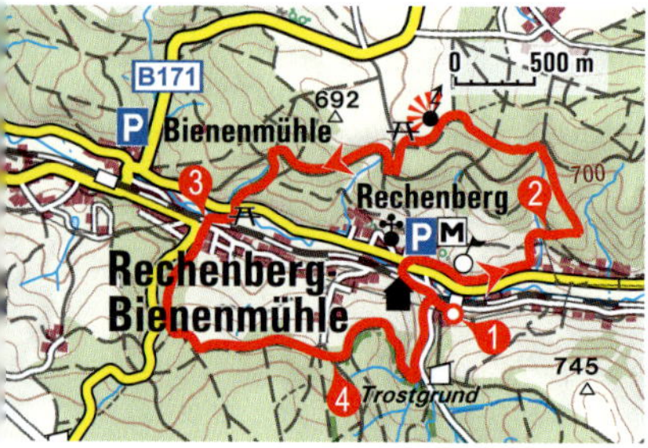

Höhenunterschied: 350 m.

Anforderungen: Leichte Tour, aber steile Auf- und Abstiege, z. T. unbefestigte Waldwege. Teilweise ausgeschildert.

Einkehr: Wirtshaus Am Trostgrund (Di./Mi. Ruhetag) in Rechenberg.

Hinweis: Die Beschilderung des Kräuterpfads ist nur von Mai bis Okt. aufgestellt.

Tipp: Brauereimuseum Rechenberg, An der Schanze 3, 09623 Rechenberg. Ein Besuch des Museum ist nur im Rahmen von Führungen möglich, Informationen dazu unter www.museumsbrauerei.de.

Karte: GeoSN 1:25.000, Blatt 33.

Vom Haltepunkt **Rechenberg (1)** wenden wir uns zur Straße, in die wir rechts einbiegen. Gleich geht es rechts durch die Unterführung. dann die Straße weiter, am Wirtshaus Am Trostgrund vorbei. An einem Platz geht es rechts zum Markt, wo die Runde für Autofahrer beginnt, vorbei an Infotafeln und Felsen. Wir laufen die Straße weiter, vorbei an hübschen Fachwerkhäusern und weiteren Felsen. Am Ortsausgang (Haus Nr. 51) halten wir uns schräg links. Hier beginnt der Kräuterpfad, gekennzeichnet mit einem Löwenzahn. Von Frühjahr bis Herbst sind hier zahlreiche informative Tafeln zu den am Wegesrand und in der Umgebung wachsenden Pflanzen aufgestellt. Schließlich folgen wir dem Lehrpfad bei einem Haus links hinauf. Ein Blick zurück gewährt eine bemerkenswerte Aussicht über die Bergwiese und auf Rechenberg. Oben bei den Häusern geht es nach rechts, vorbei am Insektenhotel. Bei der zweiten Bank verlassen wir den Lehrpfad und betreten

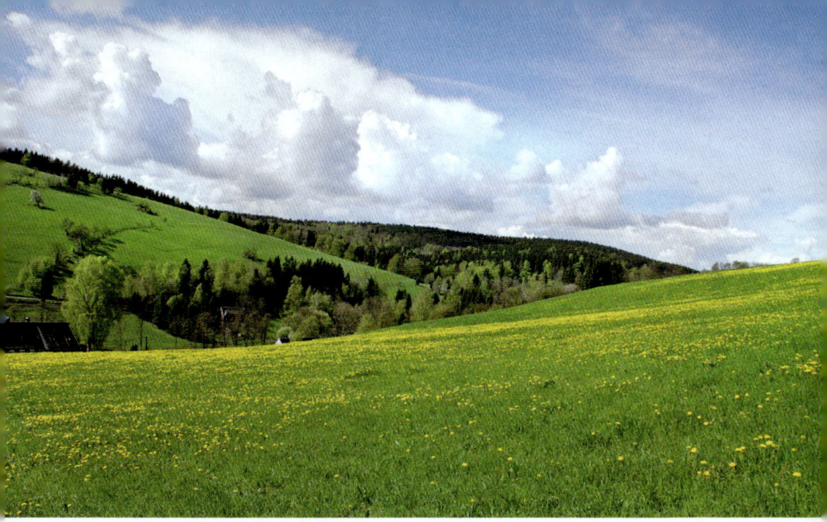

Bergwiese, vom Kräuterpfad aus gesehen.

schräg links auf einem kleinen Waldpfad (Grohmann-Steig) den **Töpferwald (2)**. An der Kreuzung geradeaus und weiter auf dem nun steilen Pfad. An der T-Kreuzung halten wir uns rechts, der Weg macht bald eine Linkskurve. An der kommenden Gabelung gehen wir links hoch, wieder ist es steil. Weiter oben mündet der Weg in einen Forstweg – wir wandern geradeaus weiter. So auch in der Linkskurve, in der wir den breiten Weg gleich wieder verlassen. Etwa 100 m weiter ist schräg links in den W-Weg einzubiegen. An einer ersten Kreuzung geht es nach links, man beachte das Schild »Zum Proßweg«. An einer zweiten Kreuzung wandern wir geradeaus weiter. Und nach einer leichten Rechtskurve biegen wir an der dritten Kreuzung links ein. Nach ca. 100 m bietet sich bei der Funkstation rechts ein schöner Blick. Danach laufen wir links an ihr vorbei, es geht abwärts. Bald wandern wir wieder am Waldrand entlang. An einem breiten Weg ist links und an der Kreuzung mit Rastplatz scharf rechts einzubiegen, Wanderzeichen grüner Balken. Der breite Weg ist gut zu gehen und führt sanft abwärts, auch an Felsaufschlüssen vorbei. Nach einer scharfen Linkskurve biegen wir an der Kreuzung links ein (Schild: »Rechenberg 1,2 km«). Es geht über den Bach, dann rechts. Wir folgen dem Wanderzeichen gelber Balken (Alternative Kamm). Nun befinden wir uns im Höllengrund.

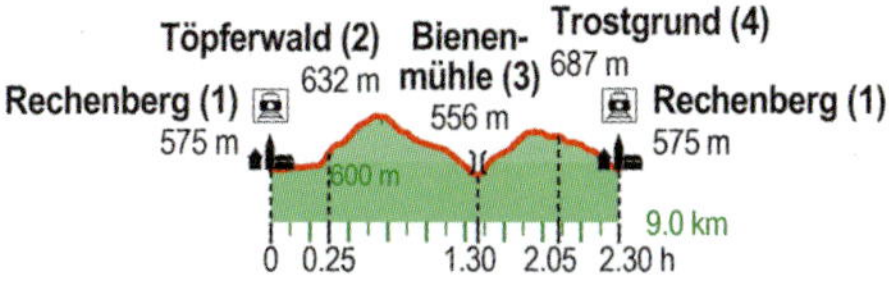

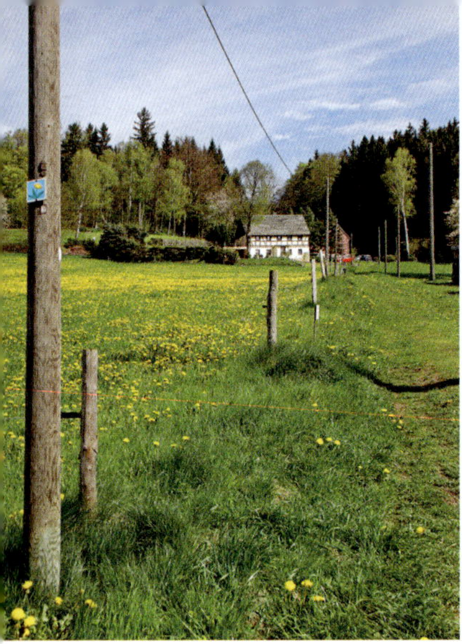
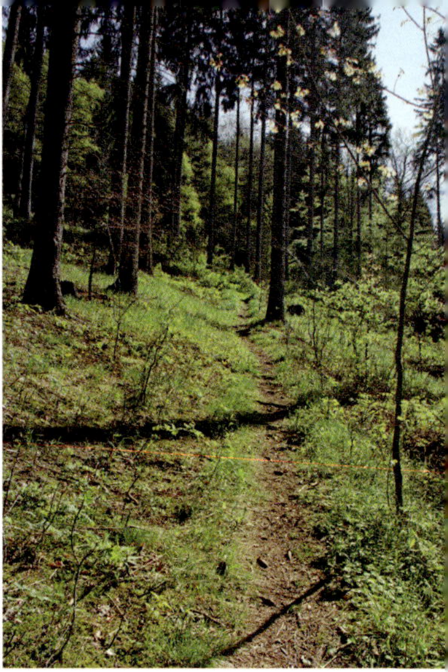

Auf dem Kräuterpfad in Rechenberg. *Der Grohmann-Steig bei Rechenberg.*

Unten an der Straße (links ist ein Rastplatz) folgen wir kurz dem Fußweg nach rechts. Dann geht es links über die **Brücke** in den Ortsteil **Bienenmühle (3)**. Wir laufen unter der Bahnlinie durch, dann rechts. An der Straße (Bahnfahrer stoßen hier von rechts dazu) gehen wir links, dann rechts dem gelben Balken folgend in die Neuhausener Straße.
Nach ca. 70 m geht es schräg links, weiter dem Wanderzeichen nach. Bald geht der Weg in einen netten Waldweg über, der über ca. 800 m stetig bergauf führt. An der Kreuzung mit mehreren Wanderzeichen weiter oben halten wir uns kurz scharf links in den Kammweg. Gleich ist wieder rechts einzubiegen. Wir wandern für weitere ca. 300 m immer den Hauptweg hinauf. An einer Kreuzung halten wir uns links in den breiteren Weg, wieder dem gelben Balken folgend. Immer wieder erfreuen Blicke ins Tal, auch zur Kirche von Rechenberg – eine Mischung aus Neogotik und Renaissance.
An der Gabelung halten wir uns rechts, dann geht es über eine Kreuzung hinweg auf den grasbewachsenen **Naturlehrpfad Trostgrund (4)**. Er führt uns an der Kreuzung links und um den Hügel Kälberhübel herum. Wir bleiben immer auf dem Hauptweg und genießen den schönen Waldweg. An der Trostgrundhütte halten wir uns links. Unten biegen wir vor der Unterführung rechts ein und gleich ist wieder der Haltepunkt in **Rechenberg (1)** erreicht. Autofahrer gehen durch die Unterführung und auf der Alten Straße weiter Richtung Markt, wie zu Beginn der Wanderung beschrieben.

2.45 Std.

Von Frauenstein nach Kleinbobritzsch

9

Auf den Spuren eines berühmten Orgelbauers

Mitten im sächsischen Osterzgebirge liegt auf einem Bergrücken Frauenstein, beherrscht von einem exponierten Burg- und Schlossensemble auf der Hochfläche – eine der malerischsten Ansichten Sachsens. Die Burg wurde bereits um 1200 erbaut, das Schloss im 16. Jh. Auf der Wanderung lohnt immer wieder der Blick zurück. Diese Wanderung führt in die Heimat von Gottfried Silbermann (1683–1753), Sachsens bedeutendstem Orgelbauer der Barockzeit. Die Runde beginnt in Frauenstein, wo das sehenswerte Silbermann-Museum zur Besichtigung einlädt. Vom Wald des Schlossparks wandern wir hinaus ins offene Land, dann in großem Bogen nach Kleinbobritzsch, wo Silbermann geboren wurde. Der Rückweg erfolgt durch den Schlosspark, vorbei am markanten Felsen Großvaterstuhl.

Ausgangspunkt: Frauenstein, Markt, 653 m. Von Freiberg mit dem Anruf-Linien-Taxi (Anmeldung unter Tel. 03731 355500 bis 1 Std. vor Abfahrt bzw. bis 20 Uhr am Vortag, nur wenige Verbindungen); oder ab »Rechenberg-Bienenmühle, Bahnhof« mit dem Bus 465 (ca. alle 4 Std.). Parkplatz anbei (Navi: Markt, Frauenstein).
Höhenunterschied: 250 m.

Anforderungen: Wiesen- und Feldwege, wenig befahrene Straßen. Moderate Auf- und Abstiege. Größtenteils ausgeschildert.
Einkehr: Unterwegs keine. Hotel Goldener Stern oder Hotel Frauensteiner Hof (nur So. Mittagstisch) in Frauenstein.
Tipp: Gottfried-Silbermann-Museum, Markt 4, 09623 Frauenstein, Mo. Ruhetag.
Karte: GeoSN 1:25.000, Blatt 32.

Vom Markt in **Frauenstein (1)** folgen wir der Fußgängerzone zum Schloss und durchschreiten das Tor. Nun leitet uns das Wanderzeichen grüner Diagonalbalken links an der Burg vorbei. Bei einem Felsen geht es Stufen hinunter. An der T-Kreuzung halten wir uns rechts und folgen dem Schild »Rund um die Burgruine«. Bald werden wir mit einem schönen Burgblick belohnt. An der nächsten T-Kreuzung geht es links zum Wald, dem Schlosspark. Unser Weg stößt wieder auf den mit grünem Diagonalbalken gekennzeichneten. Dann ist gleich rechts einzubiegen und dem Wanderzeichen zu folgen. Der Weg ist auch als »Kunsterlebnisweg Frauenstein« gekennzeichnet. Vor der Kirche geht es links, vorbei an Schildern des Naturlehrpfads. Wir wandern am Waldrand entlang und gehen an einem Abzweig geradeaus.

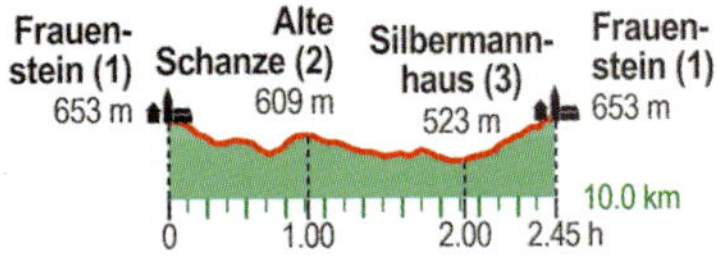

Unten an der T-Kreuzung (ggf. Schild »Buttersteig«) halten wir uns rechts, nun ohne den grünen Diagonalbalken. Der idyllische Wiesenweg verläuft bald

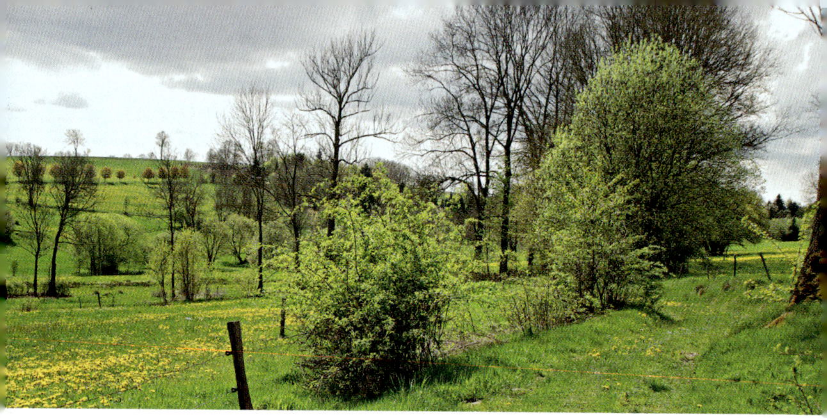

Der Schlosspark wird verlassen.

unterhalb der Kirche. Noch einmal erhaschen wir rechts einen Blick auf die malerische Burg Frauenstein. Bald geht es vor dem ersten Haus (mit einem aufrecht stehenden Stein) links ab. Nun ist bis auf Weiteres dem Wanderzeichen gelber Balken zu folgen.
Bald ist der Weg von Bäumen gesäumt. An der Gabelung halten wir uns links, es geht abwärts. Wir queren eine Straße und gehen dann aufwärts, nun auf einem grasbewachsenen Weg zwischen Wiesen, der schöne Blicke gestattet, auch einmal zurück nach Frauenstein. Bei Häusern ist links in einen von Bäumen gesäumten Feldweg einzubiegen, der gelbe Balken wird verlassen. Der Weg führt geradeaus am Hügel **Alte Schanze (2)** vorbei und wird bald befestigt. Wir behalten die Richtung bei und passieren das Projekt »Steinrücken, Lebensraum für Vögel«, dann einen Rastplatz mit der Tafel »Renaturierungsprojekt«. Hier bieten sich weite Panoramablicke.
Wir wandern weiter geradeaus. Kurz vor dem Ort Hartmannsdorf ist nach einer Bank scharf links einzubiegen und dem Wanderzeichen grüner Balken zu folgen, An der T-Kreuzung geht es links. Bei Kleinbobritzsch halten wir uns mit dem Wanderzeichen links. Gleich ist wieder rechts abzubiegen. Der grüne Balken führt uns hinunter zum Bach, dort laufen wir geradeaus weiter. Erst geht es rechts über die Bachbrücke, dann links die Straße weiter. An der Gabelung halten wir uns links (Talstraße). Rechts ist das **Silbermannhaus (3)**, ein hübsches Fachwerkhaus, zu sehen.
Wir passieren einen Ponyhof, laufen über die Calwer Brücke und weiter an der wenig befahrenen Straße entlang. Bald ist linker Hand ein großer Felsen zu sehen, zu dem ein Abstecher lohnt. Danach geht es rechts über die Bachbrücke, weiterhin dem grünen Balken folgend. An der Gabelung gehen wir rechts und gleich am Abzweig wieder rechts in den Reitweg. Dabei verlassen wir den grünen Balken. Wir folgen dem Pfad aufwärts und erreichen

bald den Kunsterlebnisweg des Schlossparks. Etwa 10 m vor der Skulptur »Schiff vom Amazonas« ist links einzubiegen. Wenig später stehen an einer Kreuzung eine Hütte und eine weitere Skulptur, die »Stufen in den Himmel« heißt. Dort halten wir uns scharf rechts und folgen wieder dem Naturlehrpfad, der schließlich am Großvaterstuhl vorbeiführt, einem sehenswerten Felsen aus Granit-Porphyr, dessen Form an einen Stuhl erinnert. An der Kreuzung wandern wir geradeaus weiter, an Hütte und Rastplatz vorbei. Dann geht es links hoch. Wir befinden uns wieder auf dem Burgrundweg sowie auf dem Naturlehrpfad. Am Kriegerdenkmal ist rechts einzubiegen. Immer weiter laufen wir geradeaus durch den Wald. Am geteerten Weg biegen wir links ein und gleich wieder links in den Naturlehrpfad. In Serpentinen geht es nach oben, es wird für kurze Zeit steil. Eine Tafel zum »Flächennaturdenkmal Schlosspark Frauenstein« macht bewusst, wie wertvoll hier der naturnahe Buchen-Mischwald mit Altbäumen und artenreicher Bodenvegetation ist. Oben halten wir uns an weiteren Tafeln rechts und laufen dem grünen Diagonalbalken nach wie auf dem Hinweg zurück zum Markt in **Frauenstein (1)**.

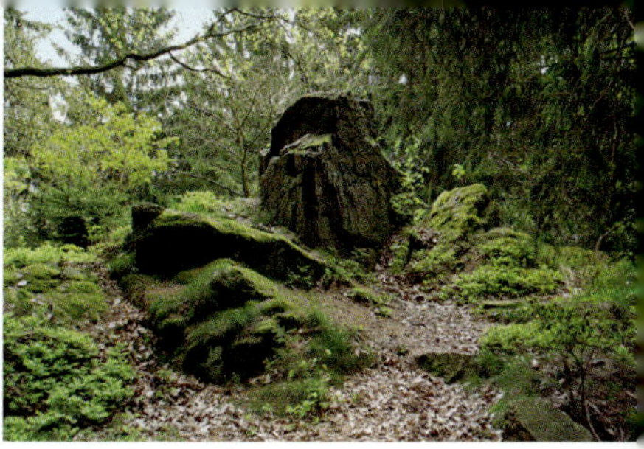

Der Großvaterstuhl.

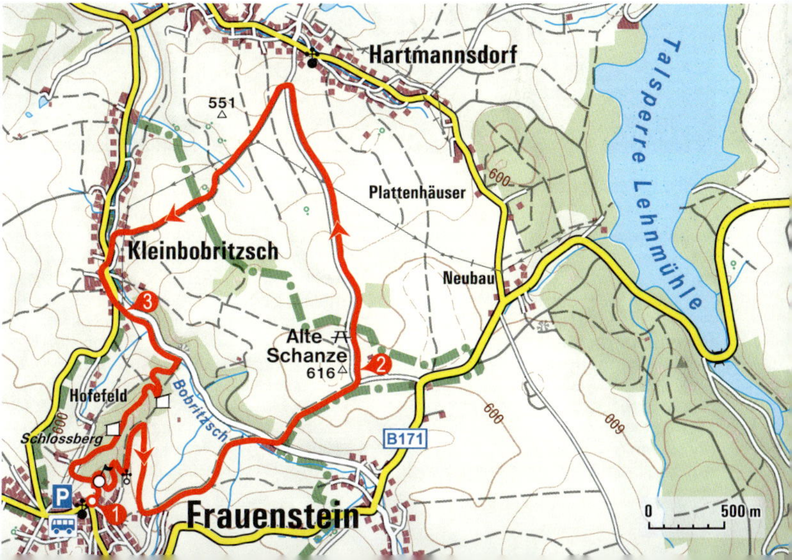

10 Von Neuhausen zur Talsperre Rauschenbach

3.30 Std.

Schöne Ausblicke ins Flöhatal und tiefer Wald am Stangenberg

Von Neuhausen, in einer Talweitung der Flöha gelegen, geht es zuerst hinauf zum Schloss Purschenstein. Der prächtige Renaissancebau dient heute als Hotel. Durch Wälder und auf Höhenwegen mit schönen Aussichten ins Flöhatal wandern wir zur Talsperre Rauschenbach, wo sich vom Damm aus ein beeindruckender Blick auf die Wasserfläche und die Landschaft bietet. Dann erkunden wir den ausgedehnten Wald auf der Anhöhe des lang gezogenen Stangenbergrückens. Wo wir ins Freie gelangen, werden wir durch schöne Blicke auf Neuhausen belohnt. Den krönenden Abschluss der Tour bildet ein Besuch des Nussknackermuseums mit 4400 Nussknackern aus verschiedenen Ländern und einem fast 6 m hohen Nussknacker. Auch das kleine Glashüttenmuseum beim Schloss lohnt einen Besuch.

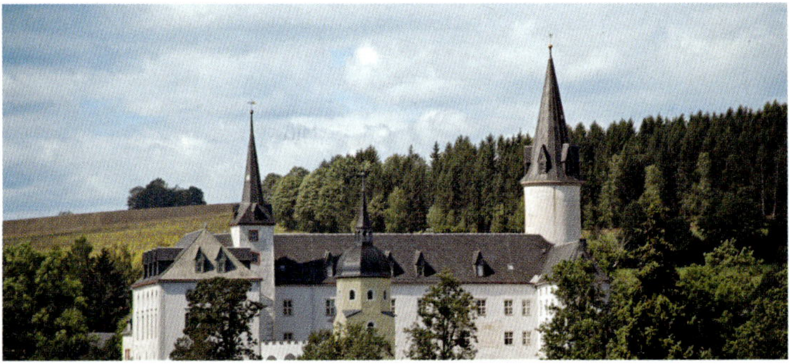

Schloss Purschenstein birgt heute ein Hotel.

Ausgangspunkt: Bahnhof Neuhausen, 536 m. Bus 452 von Olbernhau nach »Neuhausen, Bahnhof« (ca. alle 2 Std.). Parkmöglichkeiten in der Bahnhofstraße (Navi: Bahnhofstraße 9, Neuhausen/Erzgebirge).
Höhenunterschied: 350 m.
Anforderungen: Bis zur Talsperre ausgeschilderte Wege, später im Bereich des Stangenbergs ohne Wanderzeichen. Hier ist Orientierungssinn gefragt; Wege eher wenig begangen. Anstrengender Aufstieg beim Vorderen Stangenberg.

Einkehr: Restaurant Remise (tgl. ab 15 Uhr) auf Schloss Purschenstein; Fleischer-Imbiss (Sa. nur vormittags, So. Ruhetag) gegenüber dem Bahnhof.
Tipps: Glashüttenmuseum in der historischen Purschensteiner Frohnfeste, Freiberger Str. 10, 09544 Neuhausen, Mo./Di. Ruhetag. – Nussknackermuseum, Technisches Museum Alte Stuhlfabrik und Motorradausstellung, Bahnhofstr. 20–24, 09544 Neuhausen, tgl. ab 10 Uhr geöffnet.
Karte: GeoSN 1:25.000, Blatt 33.

Vom Bahnhof in **Neuhausen (1)** gehen wir in Richtung Kirche, halten uns an der Alten Hauptstraße rechts und überschreiten die Gleise. Dann biegen wir schräg rechts ein. Vor der Mauer an der T-Kreuzung laufen wir rechts hinauf zum Schloss Purschenstein. Oben gehen wir durch das Tor und sehen uns links auf dem Schlossgelände um, das heute als komfortables Hotel genutzt wird. Vom Tor aus geradeaus führt ein Abstecher zum Glashüttenmuseum an der Straße.

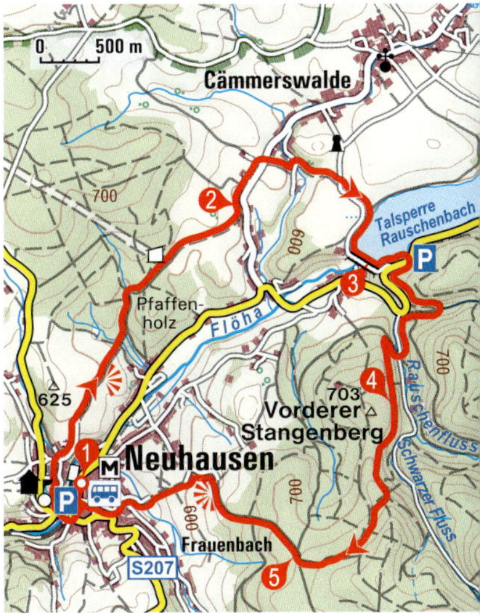

Ohne Abstecher geht es am Tor nach rechts. Nun folgen wir bis zur Talsperre dem Wanderzeichen grüner Balken. Dazu halten wir uns am Rentamt an der Gabelung links, dann rechts und an der Kreuzung geradeaus, links an der Scheune Nr. 12 vorbei. Wir gehen vor einer Weide rechts und gleich wieder links. Nun wandern wir entlang einer Allee, die schöne Blicke ins Flöhatal gestattet. Rechts lohnt sich der Blick zurück auf den Schwartenberg.

Wir steuern auf Wald zu und laufen am linken Waldrand entlang. Es geht nun abwärts und geradeaus in den Wald. An einem Abzweig laufen wir geradeaus weiter, aber an der T-Kreuzung links. Wir kommen am Kunstgrabensystem vorbei (mit Informationstafel). Nach ca. 250 m ist rechts dem Hauptweg zu folgen. An der Gabelung halten wir uns rechts und gleich am Abzweig geradeaus. Wir laufen an einer Schutzhütte vorbei, weiter am Waldrand und gelangen ins Freie. Wieder bieten sich reizvolle Blicke auf die Erhebungen des Flöhatals. An der Straße ist **Cämmerswalde (2)** erreicht. Wir gehen links und auf der Straße aus dem Ort hinaus; dabei achten wir auf einen Abzweig, an dem mit dem grünen Balken rechts einzubiegen ist. Am Abzweig geht es links, die Schilder weisen in Richtung Staumauer.

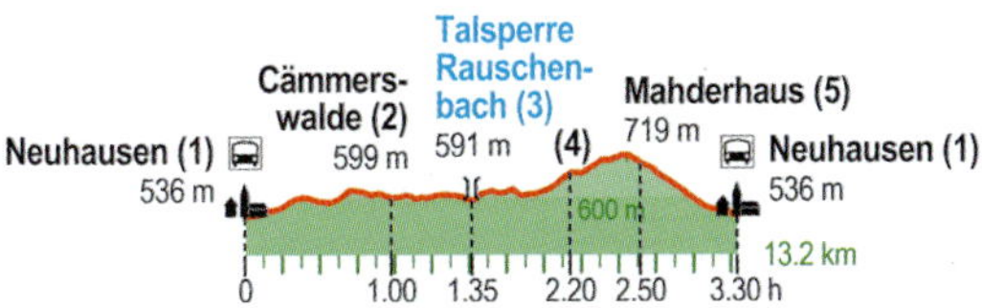

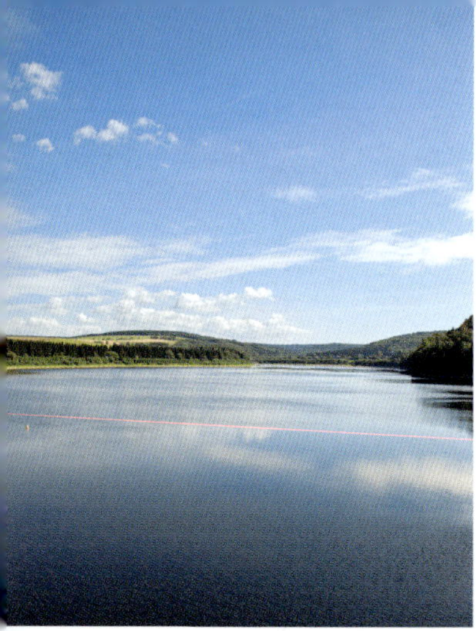

Blick über die Talsperre Rauschenbach.

Wir kommen an der Pension Oelmühle vorbei, über den Bach und halten uns am Waldrand rechts. An der T-Kreuzung geht es wieder rechts und weiter unten am Abzweig geradeaus, rechts des Waldes, der Weg schwenkt hier nach rechts. An der Schranke gehen wir durch das Besuchertor, dann gleich schräg links und links über die Brücke der Staumauer. Hier bietet sich ein großartiger Blick über die **Talsperre Rauschenbach (3)**. Am anderen Ende gehen wir wieder durch das Besuchertor, hinauf zur Straße und dort links zum Parkplatz. Auf der anderen Straßenseite geht es ohne Wanderzeichen scharf rechts in einen Waldweg und am Abzweig geradeaus. Bald wandern wir oberhalb der Straße, dann durch schönen Buchenwald.

An der T-Kreuzung gehen wir rechts und kurz links an der Straße entlang, dann halten wir uns gleich an einem breiten Forstweg schräg links, der zu Recht den Namen »Rauschenflussweg« trägt, denn am Wegesrand plätschert munter ein Bach. Am Abzweig gehen wir scharf rechts, hier folgen wir dem gelben Balken. Nach einem Anstieg ist in einer Linkskurve scharf links in den grasbewachsenen Weg einzubiegen, ohne Wanderzeichen. Zunächst geht es sanft aufwärts, dann wandern wir steiler und schließlich fast eben durch Buchen- und Fichtenwald, bald an Felsen unterhalb des **Vorderen Stangenbergs (4)** vorbei. An einer Gabelung (Waldstück 49 und 45) wird ein Reitweg erreicht. Hier wandern wir geradeaus weiter, so auch an einem Abzweig. Weiter geht es am Berg vorbei und an der Kreuzung rechts in den Reitweg. An der T-Kreuzung gehen wir kurz links, dann an der Gabelung schräg rechts in den unteren Weg. An der folgenden T-Kreuzung geht es rechts, vorbei an der Tafel **Mahderhaus (5)**. An der Gabelung halten wir uns links und wandern auf einem geteerten Weg hinaus ins Freie.

Hier erwartet uns eine attraktive Aussicht: der Blick auf den Schwartenberg, Neuhausen und Schloss Purschenstein, von der zweiten Bank aus sogar noch besser. Bei einem Haus geht es geradeaus, dann folgt ein großer Linksbogen. Anschließend wählen wir links den Weg zwischen Wiesen, später an Häusern vorbei und im Ort die Friedrich-Ebert-Straße geradeaus. Von dieser biegen wir rechts in die Poststraße ein. Ihr folgen wir, das Schloss vor uns im Blick, zurück zum Bahnhof in **Neuhausen (1)**. Das Nussknackermuseum liegt unweit rechts davon.

3.45 Std.

Nördlich und östlich von Seiffen

11 TOP

Aussichtsberg, Moor und Freilichtmuseum beim Spielzeugdorf

Seiffen dürfte wegen seines Holzspielzeugs und Weihnachtsschmucks wohl der bekannteste Ort des Erzgebirges sein. Dabei liegen die Ursprünge des staatlich anerkannten Kurorts im Bergbau. Seiffen, das kommt vom Ausseifen von Zinn. Als im 18. Jh. die Fördererträge stark zurückgingen, verlegten sich die Einwohner auf die Holzbearbeitung, die den kleinen Ort im Herzen des Erzgebirges weltberühmt machen sollte.

Auf dieser Wanderung geht es zunächst auf den Schwartenberg, 787 m, der eine großartige Sicht auf die Umgebung bietet, weshalb er auch als »schönster Berg des Erzgebirges« bezeichnet wird. Anschließend steigen wir hinunter zum Deutscheinsiedler Moorgebiet, einem (ehemaligen) Hochmoor, das durch vielseitige Natur besticht. Der nächste Höhepunkt ist das Freilichtmuseum im Ortsteil Heidelberg, das in vierzehn verschiedenen Häusern das frühere Leben und Arbeiten der Erzgebirgler zeigt. Bevor wir auf dem Bergbausteig nach Seiffen zurückkehren, genießen wir auf einer Anhöhe schöne Ausblicke auf den Ort.

Ausgangspunkt: Große Kreuzung im Zentrum von Seiffen, 634 m. Mit dem Bus 453 von Olbernhau nach »Seiffen, Mitte« (Mo.–Fr., ca. alle 2 Std.), oder mit dem Bus 737 von Freiberg nach »Seiffen Schauwerkstatt« (Sa./So.), dann die Straße hinab zur Ortsmitte. Parkplätze sind ausgeschildert. Wem die Parkgebühr dort zu hoch ist, kann kostenlos bei der Dachsbaude (3) parken (Navi: Heidelbach 3, Neuhausen/ Erzgebirge) und die Tour dort beginnen.
Höhenunterschied: 290 m.
Anforderungen: Überwiegend ausgeschildert, kleine Wege, Feldwege und kurz auch Straße. Steiler Aufstieg auf den Schwartenberg (Tendenz zu »rot«).
Einkehr: Schwartenbergbaude auf dem Schwartenberg; Dachsbaude; Waldgasthof Bad Einsiedel (Mo./Di. Ruhetag); zahlreiche Gaststätten in Seiffen.
Tipps: Freilichtmuseum Seiffen, Hauptstr. 203, 09548 Seiffen-Heidelberg, tgl. geöffnet, im Winter witterungsabhängig. – Spielzeugmuseum Seiffen, Hauptstr. 73, 09548 Seiffen, tgl. geöffnet.
Karte: GeoSN 1:25.000, Blatt 33.

An der großen Kreuzung in **Seiffen (1)** nahe dem Schwibbogenhaus geht es die Hauptstraße hinauf. Bald ist der mit blauem Balken gekennzeichnete Kammweg erreicht, der uns nun eine Weile begleiten wird. Schräg links geht es in die Alte Dorfstraße und nach dem Haus Nr. 5b wieder links. Hinter einer Hütte halten wir uns rechts, laufen an einer Schaukel vorbei und gehen wieder links. Bald macht unser Weg einen großen Rechtsbogen. Dann halten wir uns links. Immer ist auf die Zeichen des Kammwegs zu achten.

Am geteerten Weg biegen wir links ein, gleich rechts und wandern dann immer geradeaus. Vor der Schwartenbergbaude wenden wir uns links zum Gipfelkreuz auf dem **Schwartenberg (2)**. Hier bietet sich eine großartige Aus-

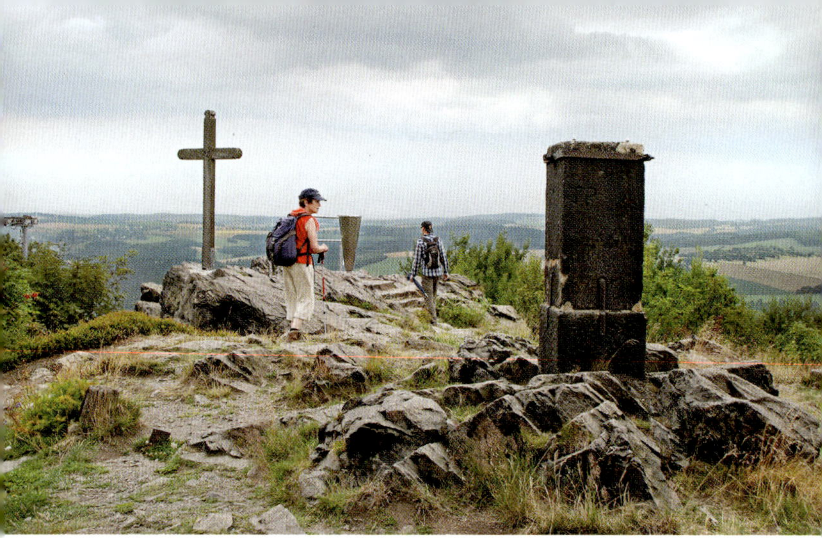

Auf dem Schwartenberg.

sicht in alle Richtungen. Anschließend laufen wir zum Parkplatz und dann links die Straße hinunter. Als Wanderzeichen dienen jetzt der blaue Balken und der rote Punkt. An einem Abzweig halten wir uns schräg rechts und folgen der Hauptstraße zur **Dachsbaude (3)**. Davor geht es links über den Parkplatz und geradeaus durch das Gatter. Wanderzeichen sind jetzt roter Punkt, blauer Balken und E3. Nach der Schonung halten wir uns rechts, dann immer geradeaus, so auch an der Kreuzung und an einem Abzweig. An der T-Kreuzung biegen wir mit dem roten Punkt und dem blauen Balken links ein. Wir kommen am Waldgasthof Bad Einsiedel vorbei.
Wir folgen am Parkplatz für ca. 200 m dem befestigten Weg; an der Gabelung am Schild vom Sachsenforst »Der Heidengraben« entscheiden wir uns für den Weg schräg rechts. Wir sind jetzt im **Deutscheinsiedler Moorgebiet (4)**. Durch den früheren Torfstich ist vom Hochmoor allerdings nicht viel übrig. Nun begleiten uns ab und zu Tafeln vom Naturlehrpfad. Wir laufen immer geradeaus und an einer Gabelung auf dem Hauptweg nach rechts. Nach der Tafel »Wenn die Birkhühner tanzen gehn« verlassen wir den Hauptweg und biegen schräg rechts ein. Weiter unten schwenkt

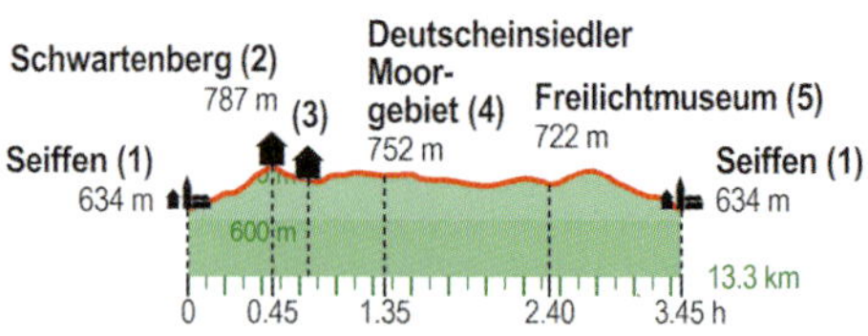

der Weg nach links. An der T-Kreuzung gehen wir rechts, nun ist dem Hauptweg zu folgen. Linker Hand sind in der Saison besonders viele Blaubeeren zu finden. Bei der Tafel »Moorbirkenwald« halten wir uns rechts. An der Kreuzung geht es rechts durch eine alte Schranke. Wir wandern nun durch eine Schneise, in der wir uns kurz vor den beiden letzten gelben Gaspfeilern an einer Gabelung nach links wenden. Noch vor Erreichen der Straße gehen wir an einer Kreuzung nach rechts, parallel zur Straße.
An der folgenden Kreuzung geht es links über die Straße, dann schräg links auf der kleinen geteerten Straße. Wir biegen in den ersten Weg rechts ein (ggf. sind Gasleitungen zu sehen). Wieder dienen nun die Wanderzeichen roter Punkt und blauer Balken der Orientierung. An der Straße geht es rechts zum **Freilichtmuseum (5)** im Ortsteil Heidelberg, ein Besuch lohnt. Aus dem Museum kommend ist am Eingang rechts einzubiegen und dem roten Punkt zu folgen. An der Gabelung wandern wir links auf die Wiese, am rechten Wiesenrand entlang. Am geteerten Weg geht es links, dem Wanderzeichen nach. Wir halten uns zunächst geradeaus und an der T-Kreuzung rechts, weiter dem roten Punkt und jetzt auch dem grünen Balken folgend.
Schließlich treten wir in die weiten Wiesen hinaus und genießen den herrlichen Ausblick. An einem Abzweig geht es vor einem Haus geradeaus. Der rote Balken wird verlassen, wir folgen dem grünen Balken. Immer wieder bieten sich großartige Ansichten. An der Straßenkreuzung gehen wir geradeaus weiter, dann biegen wir nach dem folgenden Haus rechts in einen Feldweg (ohne Wanderzeichen) ein. Nach Haus Nr. 4 geht es links, dem blauen Balken nach und dann geradeaus in den kleinen Pfad. Wir kommen an alten Halden vorbei, Zeugen des einstigen Bergbaus. An der Straße halten wir uns links und gleich an der Gabelung rechts – der untere Weg ist richtig. Wir passieren Tafeln vom Bergbausteig.
Nutzer des Busses und diejenigen, die in Seiffen geparkt haben, gehen an der T-Kreuzung links in den Ort hinein. An der folgenden T-Kreuzung geht es rechts zurück zur Hauptstraße (links ginge es zur Seiffener Kirche) und dort links zur großen Kreuzung in **Seiffen (1)**. Wer an der Dachsbaude geparkt hat, folgt an der T-Kreuzung rechts dem Kammweg und stößt an der Hauptstraße auf unsere Route.

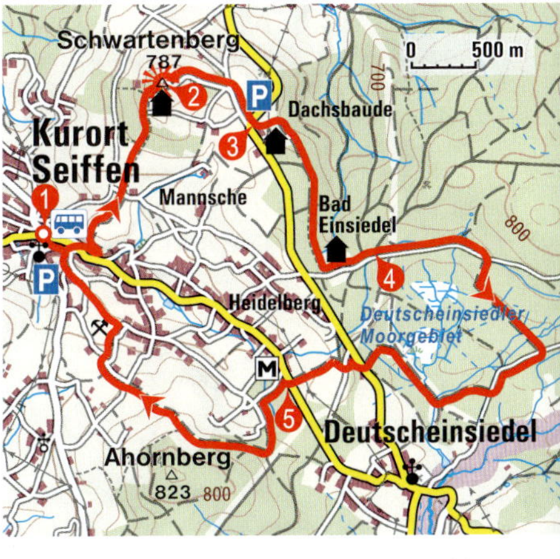

12 Von Deutschneudorf nach Lesná

4.30 Std.

Tief hinein in einsame böhmische Landschaften

Von dem in reizvolle Landschaft eingebetteten Örtchen Deutschneudorf überschreiten wir die Grenze zu Tschechien und steigen hinauf nach Hora Svaté Kateřiny (dt. Katharinaberg), zunächst zum Aussichtsturm, der immer wieder auf unserer Wanderung zu sehen sein wird. Weiter geht es nach Malý Háj (dt. Kleinhan), wo sich an der einsam gelegenen Kirche ein großartiger Blick in die weite Landschaft bietet, und dann hinauf auf den Berg Lesná. Im gleichnamigen Ort befindet sich das liebevoll gestaltete kleine Erzgebirgsmuseum. Nun kommen wir zum schönsten Abschnitt dieser Tour durch abwechslungsreiche Wälder, am Ende auch an Felsen vorbei. Der Rückweg erfolgt auf dem Deutschneudorf-Erlebnispfad, am Ende auf steilen Wiesenwegen, aber mit weiten Aussichten.

Ausgangspunkt: Bushaltestelle »Deutschneudorf, Warte« in der Talstraße, 638 m. Mit dem Bus 453 (Sa./So. Bus 452) von Olbernhau. Mit Toilette und Parkplatz (Navi: Talstraße, Deutschneudorf). Autofahrer können besser noch die Wanderung am Marktplatz in Hora Svaté Kateřiny (2) beginnen (Navi: nám. Pionýrů 1, Hora Svaté Kateřiny).
Höhenunterschied: 430 m.
Anforderungen: Einige steile Abschnitte, viel Straße. Ggf. umgestürzte Bäume auf dem Rückweg. Zum größten Teil ausgeschildert. Wenige Attraktionen, eher ruhige Landschaft. Für Kinder evtl. langweilig.
Einkehr: Restaurace U Rozhledny beim Aussichtsturm; Hostine Horský domo am Marktplatz in Hora Svaté Kateřiny; Restaurant im Horský hotel Lesná.
Tipp: Erzgebirgsmuseum Lesná, Krušnohorský lidový dům, 435 45 Lesná, tgl. geöffnet.
Karte: SHOCart 1:40.000 Nr. 407/408.

Von der Bushaltestelle in **Deutschneudorf (1)** geht es die Straße hinunter und nach der Sitzgruppe, wo ein Abstecher zu Tafel 1 des Erlebniswanderpfads führt, links in Richtung Tschechische Republik. Jenseits der Brücke ist der tschechische Ort Nová Ves v Horách (dt. Gebirgsneudorf) erreicht. Hier ist noch vor dem Parkplatz rechts einzubiegen. Mit den Wanderzeichen gelber Balken und Radweg 25 geht es am ersten Abzweig steil links hoch, gleich an der Gabelung links, immer dem Hauptweg nach. Bald bietet sich rechts zurück ein schöner Blick auf Deutschneudorf. Kurz vor Ende des

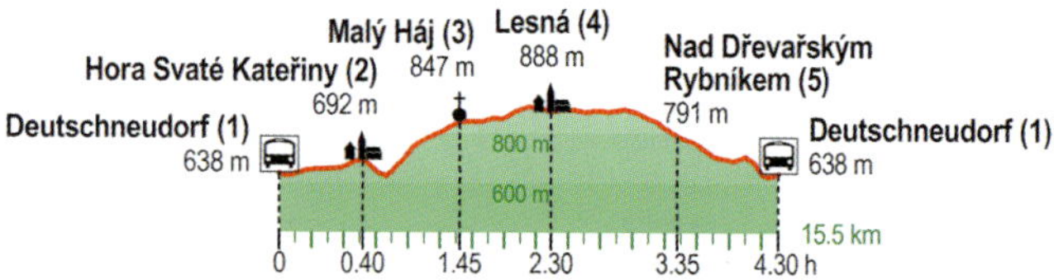

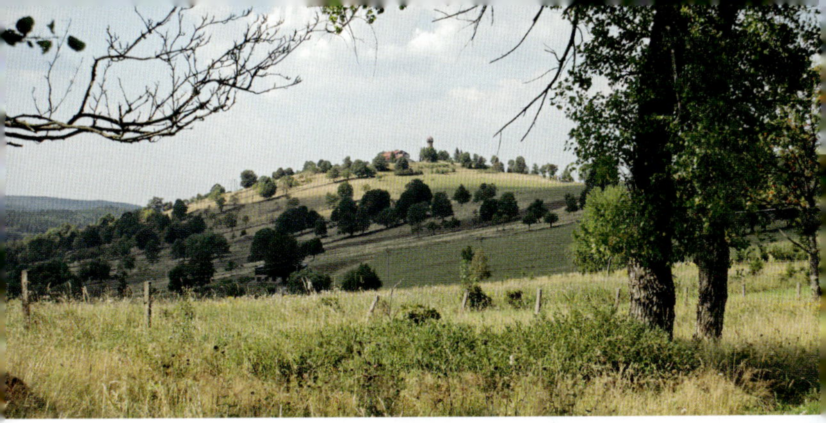

Ein letzter Blick auf den Aussichtsturm von Lesná.

Baumbestandes geht der Weg schräg rechts auf eine Einzäunung zu, ggf. weglos. Wir merken uns die Strecke schon einmal für den Rückweg. Kurz vor dem Zaun geht es an der Gabelung links, auf Nadelbäume zu. An der Straße biegen wir rechts ein, gleich ist die Tafel 13 des Erlebniswanderwegs rechter Hand zu sehen. Wir laufen auf den Aussichtsturm zu, bald mit dem Wanderzeichen grüner Balken, der uns noch eine Weile begleiten wird. An der Gabelung mit Kapelle halten wir uns links und nutzen dann den ersten Abzweig zum Aussichtsturm auf dem Hügel Růžový vrch (dt. Rosenberg, 729 m) mit Gastronomie. Nach der Besichtigung gehen wir den Weg mit dem grünen Balken weiter, jetzt durch den Ort, vorbei an der Kirche.
Am Marktplatz von **Hora Svaté Kateřiny (2)**, dem Startpunkt für Autofahrer, halten wir uns mit dem grünen Balken links, dann geradeaus bergab in eine kleine Straße, die zunächst eine Linkskurve macht und danach an einer kleinen Kapelle vorbeiführt. An der großen Querstraße geht es kurz links und dann gleich rechts, weiter dem grünen Balken nach. Gleich an der Gabelung halten wir uns links. Vor uns liegt eine weite Wiese. Wir steuern weiter oben geradeaus auf das Haus zu, wechseln ca. 100 m davor auf den Parallelweg mit den Bäumen und wenden uns dann hinauf zu einer Tafel, leider nur auf Tschechisch. Ein Blick zurück zum Aussichtsturm lohnt. Weiter oben wandern wir immer geradeaus an einer Stromleitung entlang, es wird steil.
Oben biegen wir geradeaus in die wenig befahrene Straße ein. Zuerst begleitet uns links und rechts Wald, dann geht es hinaus ins Freie. In einer großen Linkskurve wird die Kirche von Malý Háj sichtbar, nach der Kurve lohnt ein Blick zurück in die Landschaft. Wir kommen vorbei an einem Kriegerdenkmal mit deutschen Namen in der Bodenplatte. Bei einer Linde ist vor der Bushaltestelle rechts für einen Abstecher zur Kirche von **Malý Háj (3)** abzubiegen.

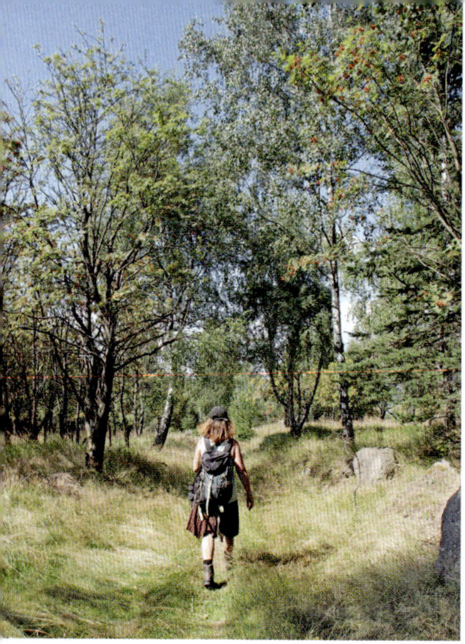

Idyllischer Wanderweg unterhalb von Nad Dřevařským Rybníkem, zwischen Tafel 16 und 15.

Nach dem Abstecher geht es zur Straße zurück, an der Bushaltestelle schräg links, die Wanderzeichen werden verlassen. Der geteerte Weg geht in einen Feldweg über, begleitet von weiten Blicken, den Schwartenberg linker Hand. Wir gehen immer geradeaus, auch an der Straße. Auf dieser, vom blauen Balken begleitet, ist für eine Weile zu bleiben. An einer Gabelung geht es rechts und vorbei an der Touristeninformation. Wir erreichen ein Haus, wo die Stromleitung über die Straße geht. Abkürzer können davor scharf links in den unmarkierten Weg einbiegen. Alle anderen gehen geradeaus und unternehmen einen Abstecher zu Kapelle, Rastplatz, Restaurant und Museum in **Lesná** (**4**, dt. Ladung).

Nach dem Abstecher geht es wieder zurück und nach der Stromleitung und dem Haus dahinter schräg rechts in einen Weg ohne Wanderzeichen. Der grasbewachsene Weg bringt uns in den Wald. An einem Teerweg mit den Wanderzeichen roter und blauer Balken halten wir uns geradeaus und passieren eine Schranke. Wo an der Gabelung Pod Lesnou, 905 m, rechts der blaue Balken abbiegt, wandern wir mit dem roten Balken links der Stromleitung geradeaus weiter. Wir sind nun auf dem Erlebnispfad und kommen an Tafel 19 vorbei. Immer ist auf dem Hauptweg zu bleiben, parallel zur Stromleitung, jetzt dem roten Balken folgend. Dazu halten wir uns an der Gabelung links. Hier blüht im Sommer besonders viel Fingerhut. Wir verweilen weiter geradeaus auf dem Hauptweg, der wieder abwärtsführt. Bald bietet sich ein reizvoller Blick auf die Berge.

An einer Kreuzung halten wir uns schräg links und folgen rechts von Tafel 18 dem roten Balken in einen schmaleren Weg, der ggf. für kurze Zeit matschig sein kann. Linker Hand bietet sich eine Aussicht auf den Aussichtsturm von Hora Svaté Kateřiny. Am Abzweig **Nad Dřevařským Rybníkem (5)** gehen wir scharf links und verlassen dabei den roten Balken zu Gunsten des grünen. Ein sehr idyllischer Weg beginnt, der malerischste auf dieser Wanderung, geradeaus an Tafel 17 und dem Schutzhäuschen. Bei Tafel 16 sind

rechter Hand Felsen zu sehen. Bei Tafel 15 mündet der Wanderweg in die Straße, der wir, vorbei an einem Abzweig und an der Bushaltestelle mit Tafel 14, folgen. Nach Ende der Stromleitung rechter Hand biegen wir rechts ein, in die Route vom Hinweg. Autofahrer gehen geradeaus die Straße weiter in Richtung Aussichtsturm, dann weiter wie oben beschrieben. Hier bietet sich ein lohnender Blick auf die Gemeinde Nová Ves v Horách. Wir gehen über die Wiese ins Tal wie auf dem Hinweg. Nun geht es steil abwärts.
An der T-Kreuzung biegen wir rechts ein und an der Straße links. Wir überschreiten die Grenze, machen ggf. noch einen Abstecher zum Biotop nach rechts, und halten uns an der Durchgangsstraße schräg rechts, zurück zu Bushaltestelle und Parkplatz in **Deutschneudorf (1)**.

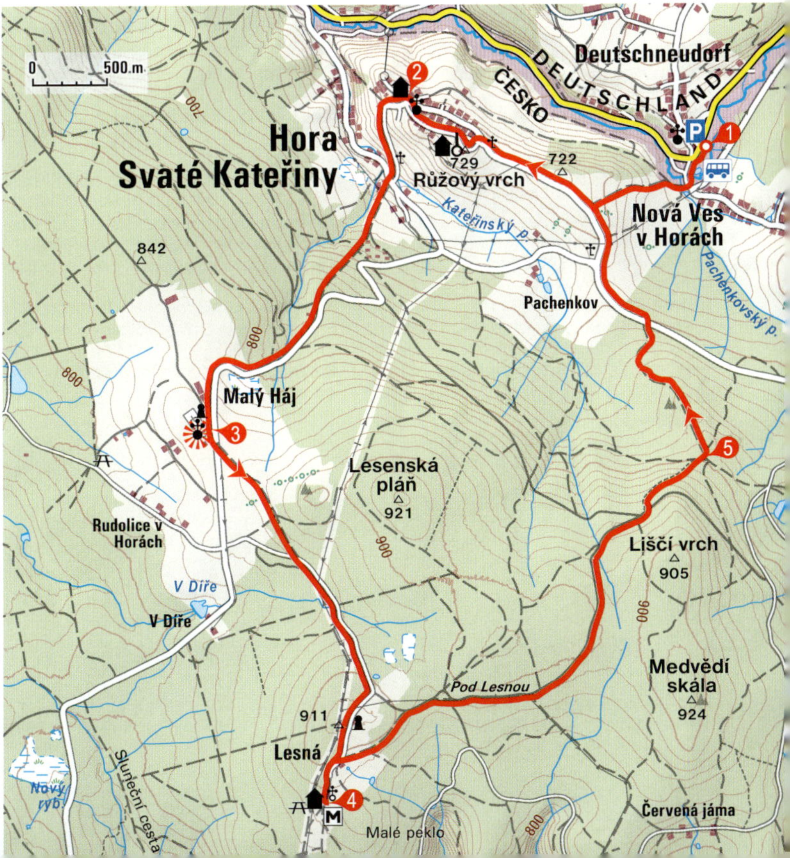

13 Von Seiffen nach Deutschneudorf

4.45 Std.

Südlich des großen Spielzeugdorfs

Vom Spielzeugmuseum Seiffen geht es auf idyllischen Waldwegen zur ersten Wanderkapelle im sächsischen Erzgebirge. Nach einem Kneippbecken wird auf dieser Tour immer wieder der Glockenwanderweg gestreift – so auch auf dem Weg nach Deutschkatharinenberg. Anschließend gelangen wir durch das Schweinitztal, wo 1927–1969 auch die Schweinitztalbahn fuhr, nach Deutschneudorf. Dort locken die 1736 geweihte Dorfkirche und das »Haus der erzgebirgischen Tradition«. Auf dem Rückweg über die abgelegene Siedlung Brüderwiese erfreuen großartige Panoramablicke auf Seiffen den Wanderer. Im Anschluss ist ein Besuch des Spielzeugmuseums mit über 3000 Exponaten unbedingt zu empfehlen.

Ausgangspunkt: Spielzeugmuseum Seiffen, 618 m. Mit dem Bus 453 von Olbernhau nach »Seiffen, Spielzeugmuseum« (Mo.–Fr., ca. alle 2 Std.), oder mit dem Bus 737 von Freiberg nach »Seiffen Schauwerkstatt« (Sa./So.), dann die Straße hinab zur Ortsmitte. Mehrere ausgewiesene Parkplätze im Umfeld (gebührenpflichtig).
Höhenunterschied: 450 m.
Anforderungen: Leichte Wanderung, geringe Höhenunterschiede. Anfangs gut beschildert, im zweiten Teil muss meist ohne Wanderzeichen gewandert werden. Undeutlicher Weg im Bereich des Ahornbergs.
Einkehr: Abstecher (100 m) zum Restaurace U Vleku bei Deutschkatharinenberg; zahlreiche Gaststätten in Seiffen, z. B. PastaBAR Postkutsche Seiffen, Hauptstr. 94.
Tipps: Spielzeugmuseum Seiffen, Hauptstr. 73, 09548 Seiffen, tgl. geöffnet. – Haus der erzgebirgischen Tradition, Alte Brandleite 5, 09548 Deutschneudorf, Mo./Di. Ruhetag.
Karte: GeoSN 1:25.000, Blatt 33.

Die Wanderkapelle.

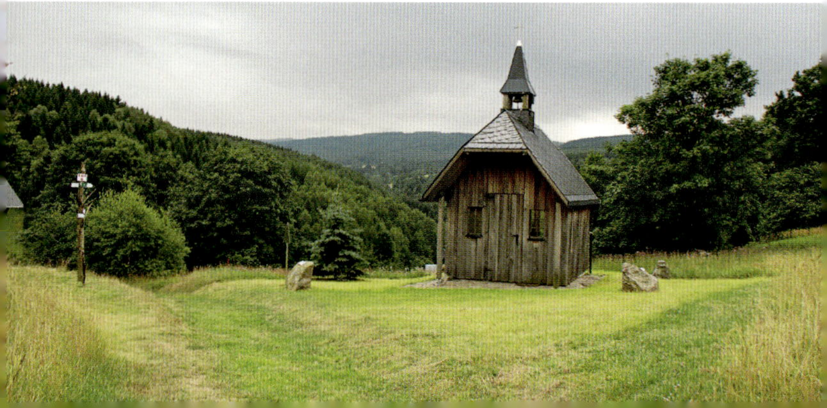

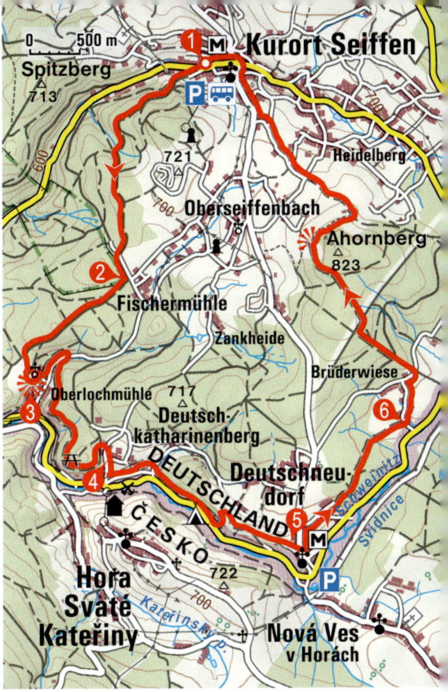

Beim Spielzeugmuseum in **Seiffen (1)** gehen wir über die Straße, biegen gegenüber der Touristeninformation schräg links ein und folgen dem Wanderzeichen grüner Balken. Nach einer Scheune verlassen wir den Ort. Am Waldrand geht es geradeaus, an der nächsten Kreuzung rechts in den Mittelweg (Anton-Günther-Runde Seiffen), einen angenehmen Waldweg. An der Gabelung halten wir uns mit dem Wanderzeichen hellgrüner Balken (Alternative Kamm) rechts. Bald geht es leicht abwärts. Nach gut einem halben Kilometer geht es an der Kreuzung scharf links, der hellgrüne Balken wird verlassen. Weiter oben biegen wir rechts ein, immer ist dem roten Punkt zu folgen.

An der Kreuzung (von links stößt ein Schotterweg dazu) geht es mit dem Wanderzeichen rechts und an der T-Kreuzung links, jetzt in einen geteerten Weg, bis zu den Häusern von **Fischermühle (2).** Hier biegen wir rechts ab und wechseln zum grünen Balken. Wir kommen am Waldfestplatz vorbei. Ab hier begleitet ein interessanter Baumlehrpfad den geteerten Weg. An der Gabelung halten wir uns links und folgen dem grünen Balken, dann immer geradeaus. An einer Kreuzung wandern wir geradeaus weiter, der Baumlehrpfad wird verlassen. An der Gabelung biegen wir links in den Reitweg ein. Am Abzweig laufen wir geradeaus in Richtung der Wiese zur **Wanderkapelle (3)** auf dem Klötzerhübel.

Wir folgen dem Weg hinunter mit dem hellgrünen Balken und gehen an der T-Kreuzung links in den Alten Wilsbacher Weg. An einem Abzweig wandern wir geradeaus weiter. An der Straße wenden wir uns nach rechts, erfreuen uns am Kneipptretbecken mit Barfußpfad, und nach einem Bach links in den Kupferleitenweg, gleichzeitig Glockenwanderweg – ein angenehmer, fast ebener Weg. An der Gabelung geht es rechts weiter. Wir kommen an einem Rastplatz mit der Tafel »Die Glocke in der Literatur« vorbei. Vor dem Wald halten wir uns an einer Bank scharf rechts und wandern über die Wiese in Richtung **Deutschkatharinenberg (4)**. Wir wandern auf der kleinen Straße immer geradeaus und abwärts weiter.

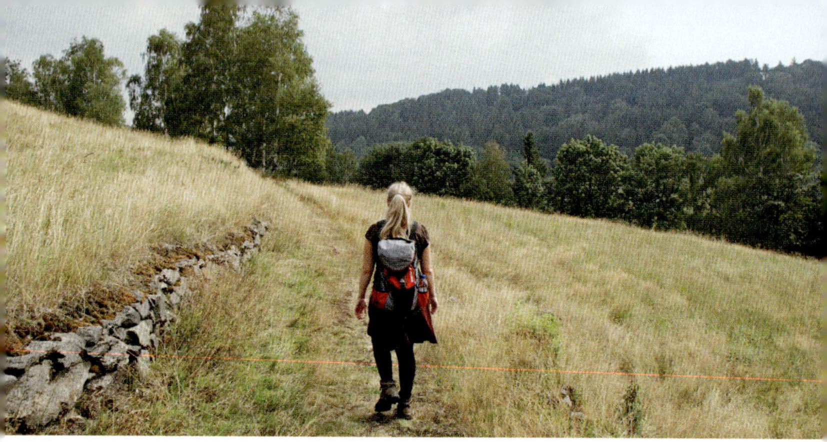

Kurz vor Deutschneudorf.

Ca. 50 m vor der Durchgangsstraße geht es links (geradeaus bietet sich ein Abstecher nach Tschechien zur Gaststätte U Vleku an), vorbei am Haus Katharina. Am »Kunstglöckchen« laufen wir schräg links hoch und biegen oben an der Kaue scharf rechts ein, dann geradeaus und rechts an der Werkstatt vorbei. An der Straße geht es kurz rechts und vor der Durchgangsstraße links in den Schweinitztalwanderweg, bald grasbewachsen. An einem Abzweig halten wir uns links in Richtung »Deutschneudorf Kirche« hinauf, weiter oben schräg rechts. Rechter Hand ist der Aussichtsturm bei Hora Svaté Kateřiny (Tour 12) in Tschechien zu sehen. Der idyllische Weg geleitet an einer Gabelung schräg links hoch erneut in Richtung »Deutschneudorf Kirche« und mündet weiter oben in einen befestigten Weg. Am Abzweig halten wir uns links. **Deutschneudorf (5)** wird erreicht. Am »Kegelspaß«, der Station 13 des Erlebnispfades, gehen wir links und links am Haus vorbei zur Straße. Wer mag, kann hier einen lohnenden Abstecher zu Dorfkirche und Haus der erzgebirgischen Tradition unternehmen. Ohne Abstecher geht es links, weiter die Straße hinauf. An der Straße Wolfstempel biegen wir rechts ein, rechter Hand begleitet uns bald ein schöner Blick. Geradeaus geht es in den Wald und dann immer geradeaus. Leider ist hier Fichtensterben zu beobachten.

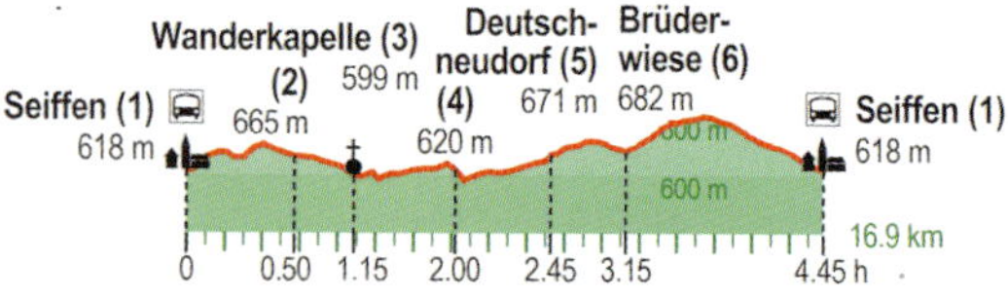

Wir gelangen wieder ins Freie und gehen geradeaus weiter, bis bei der Siedlung **Brüderwiese (6)** an der T-Kreuzung links einzubiegen ist. Wir kommen mit dem grünen Balken durch den Ort, an der nächsten T-Kreuzung geht es rechts in den Kupferweg. Nach der Scheune 19c biegen wir zwischen zwei Garagen links in den Wiesenweg ein. Wer einen Rastplatz mit Glocke erreicht hat, ist zu weit gegangen. Der Wiesenweg führt ohne Wanderzeichen durch den Wald weiter. An der Kreuzung wandern wir geradeaus, auch an der nächsten, ein mit dem gelben Balken markierter Weg wird überquert. An der dritten Kreuzung halten wir uns rechts und dann bei einem weißen Gaspfeiler wieder links. Der Weg schlängelt sich. Bald wird er schlechter und könnte etwas zugewachsen sein. Schließlich wird an einer Schutzhütte der Wald verlassen und der Blick in die Weite frei. Wir biegen in den ersten Weg rechts ein, linker Hand ist der Schwartenberg zu sehen. Bald bietet sich von mehreren Bänken eine wunderschöne Aussicht. An der T-Kreuzung halten wir uns scharf links, an einem Haus vorbei. Nun begleitet uns das Wanderzeichen grüner Balken immer geradeaus.
Kurz vor der Durchgangsstraße biegen wir rechts ab, dann geradeaus die Straße entlang. Bald geht es an der Seiffener Kirche vorbei, dann die Straße weiter und an der Pyramide zur großen Kreuzung. Dort halten wir uns links und erreichen bald den Ausgangspunkt am Spielzeugmuseum in **Seiffen (1)**.

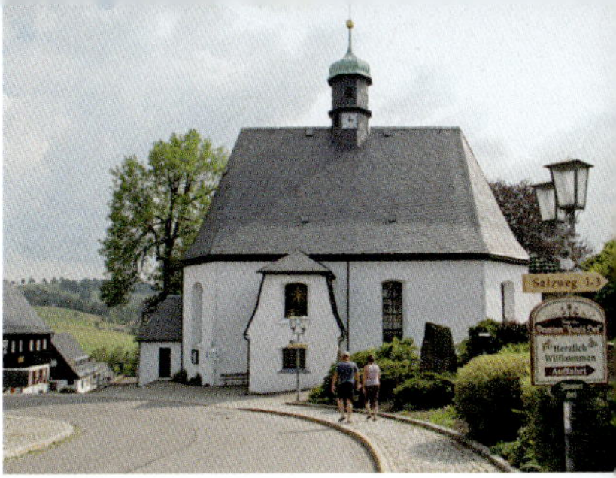

Kirche und Haus der erzgebirgischen Tradition in Deutschneudorf

An der Seiffener Kirche.

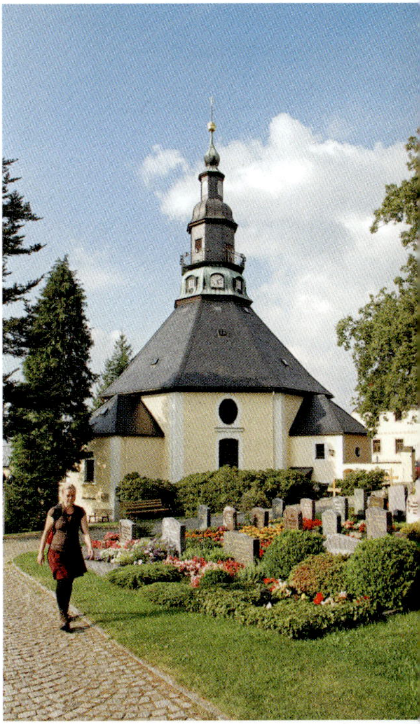

14 Rund um Sayda

3.45 Std.

Wälder, Wiesen und schöne Aussichten

Die große spätgotische Stadtkirche von Sayda ist mit ihrem 62 m hohen Turm weithin sichtbar und wirkt für das heute eher ruhige Städtchen eigentlich zu imposant. Doch Sayda war einst eine bedeutende Handelsstadt am Böhmischen Steig, einer alten Salzstraße von Halle nach Prag, der sie mit ihrer (heute nicht mehr vorhandenen) Burg Schutz bot.
Von der Stadtmitte geht es zunächst am Stadtrand entlang, später über Wiesen hinauf zur Kreuztanne und durch das Mühlholz an den idyllischen Schwemmteichen vorbei in den sagenumwobenen Mortelgrund, wo die Zwerge wohnen sollen. Wieder im Freien, bieten sich großartige Aussichten auf Sayda. Immer wieder wird auf dieser Wanderung der Saydaer Maler-Weg gestreift. Bildertafeln einheimischer Maler sind dort aufgestellt, wo die Künstler ihre Motive erfassten.

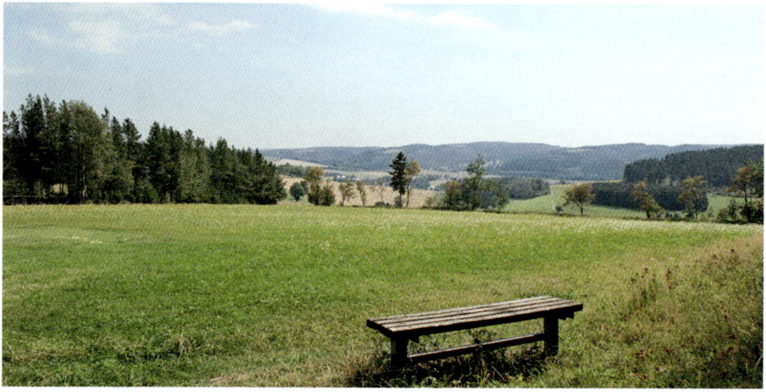

Vom Kammweg bieten sich nahe Kreuztanne schöne Aussichten.

Ausgangspunkt: Marktplatz in Sayda (Am Markt), 674 m, Bus 465 von Olbernhau nach »Sayda, Markt« (ca. alle 2–4 Std.). Parkmöglichkeiten anbei (Navi: (Am Markt 5).
Höhenunterschied: 300 m.
Anforderungen: Überwiegend ausgeschilderte, leicht zu gehende Wege. Gut für Kinder geeignet.
Einkehr: Waldhotel Kreuztanne; Ratskeller in Sayda (Mo. nur Mittagstisch).
Tipps: Ein Besuch der sehenswerten Kirche von Sayda ist nach Voranmeldung im Pfarramt (Tel. +49 37365 1227) möglich. – In der Nähe gibt es im Hofladen der Ölmühle Dörnthal Bio-Speiseöle (www.oelmuehle-doernthal.de).
Karte: GeoSN 1:25.000, Blatt 33.

Am Marktplatz in **Sayda (1)** gehen wir von der Bushaltestelle aus gesehen die Straße hinauf in Richtung Rathaus und Touristeninformation, dann geradeaus weiter. Am Roßplatz biegen wir vor einem Parkplatz links ein, dann wandern wir immer geradeaus weiter. Bald ist das Wanderzeichen gelber Balken zu sehen. Wir kommen am Sportplatz vorbei und folgen einer kleinen Straße, die schöne Ausblicke bietet.

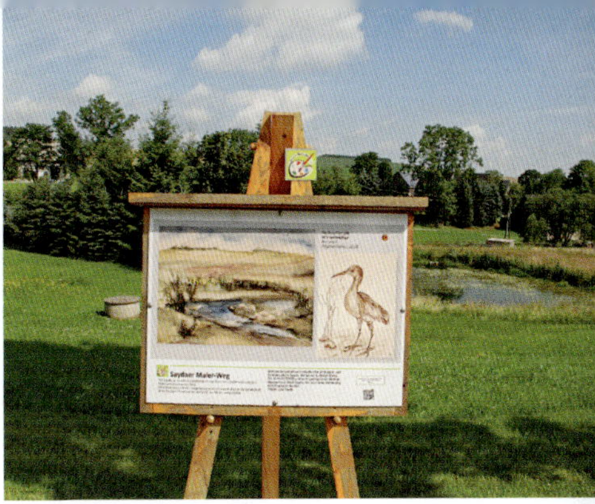

Auf dem Saydaer Maler-Weg.

An der Gabelung geht es rechts in den Saydaer Maler-Weg, der uns noch öfter kurz begleiten wird. An einer Straßenkreuzung wandern wir geradeaus weiter und biegen dann gleich dem gelben Balken folgend in den Weg schräg links ein. Der charmante Weg führt an den Häusern von Friedebach entlang. An einer Kreuzung nutzen wir geradeaus den Fußweg.

An einer weiteren Kreuzung ist rechts einzubiegen, ein Schild in Richtung »Café Dehme, Friedebach über Kreuztanne« erleichtert ggf. die Orientierung. Der gelbe Balken wird hier verlassen. Wiesen grüßen links und rechts. Nach dem Teich folgen wir geradeaus dem Wiesenweg hinauf zum Wald. Oben bietet sich an der Bank namens Sayda-Blick eine tolle Aussicht.

Geradeaus geht es in den Wald. An einer Kreuzung biegen wir links in den mit blauem Balken gekennzeichneten Weg ein. An der Kreuzung **Kreuztanne (2)** gibt es Gastronomie und einen Spielplatz. Wir biegen nach dem Parkplatz rechts ein und folgen dem Kammweg, der uns nun eine Weile begleiten wird. Bevor linker Hand der Zaun beginnt, führt links ein Abstecher zu Barfußpfad und Kneippbecken. Ohne Abstecher wandern wir immer geradeaus weiter, auch an einer Kreuzung mit Rastplatz. Auf dem breiten Forstweg kommen wir zügig voran, an einer Schneise vorbei und immer geradeaus, stets leicht bergab.

An der Straße gehen wir geradeaus am Großen Vorwerk vorbei; nun begleitet uns auch der gelbe Balken. Ihm folgen wir geradeaus, wo der Kammweg nach links abbiegt. An einer Kreuzung leitet er uns nach rechts, an der nächsten führt geradeaus ein Abstecher zum **Schwemmteich (3)**. An dem idyllischen Platz gibt es einiges zu entdecken. Eine

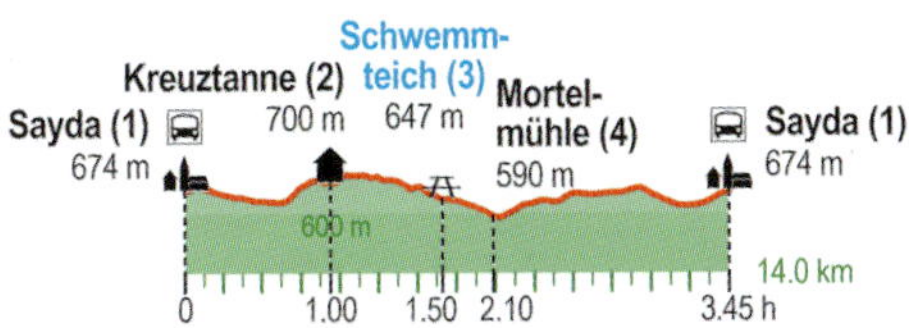

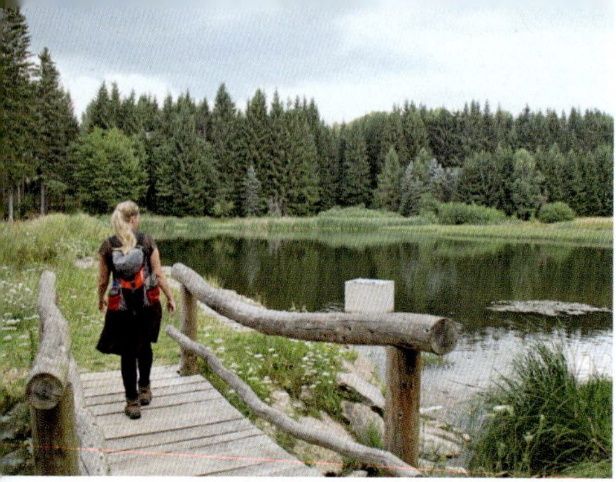

Der Schwemmteich bietet wertvollen Lebensraum, vor allem für seltene Blumen, Gräser und Amphibien.

Schutzhütte mit Rastplatz linker Hand lädt zur Pause ein, rechts stehen Schilder, die Bäume benennen.
Wir gehen zurück zur Kreuzung und biegen dort rechts in Richtung Mortelgrund ein. An einem Abzweig wandern wir geradeaus weiter. Im Freien wenden wir uns an einem Teich nach rechts. Hier beginnen Bergmännleinpfad und Naturlehrpfad. Fragen zur Natur werden unter Klappen beantwortet. An der **Mortelmühle (4)** laufen wir geradeaus weiter. An der Straße halten wir uns kurz links und bei den Gebäuden der Jugendherberge rechts. Als

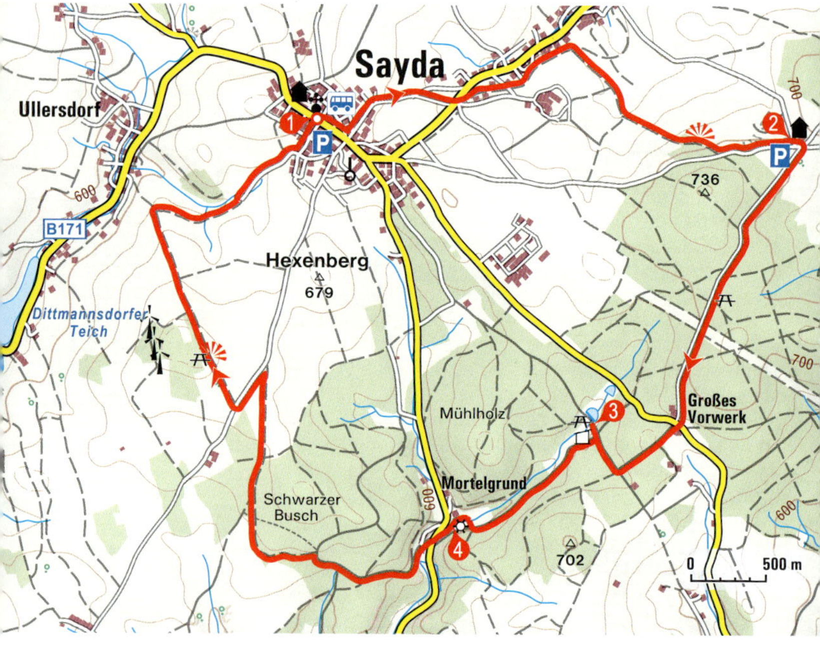

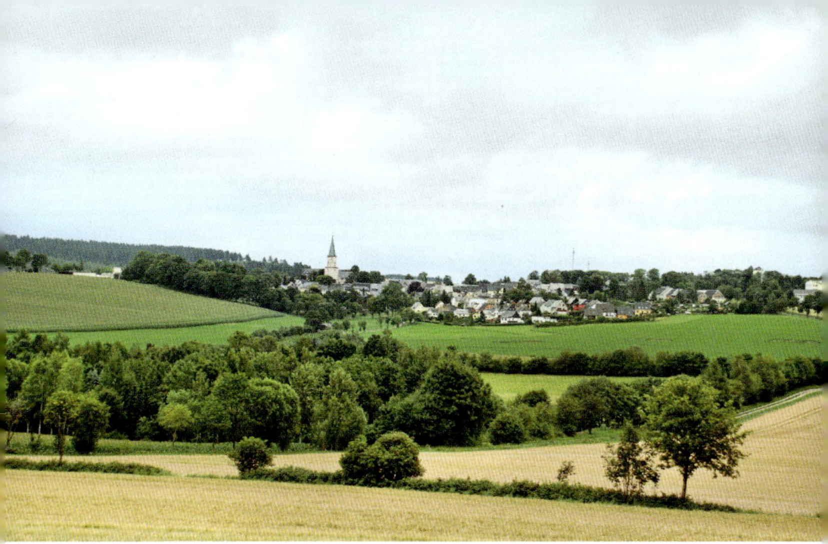

Blick auf Sayda.

Wanderzeichen dient hier wieder der gelbe Balken. An der Gabelung geht es rechts in den oberen Weg, in den Schwarzen Busch. Wir folgen vorläufig dem geteerten Weg. Am Abzweig halten wir uns rechts und bleiben auf dem Hauptweg. An der Gabelung biegen wir rechts ein. Hier beginnt eine kleine Durststrecke, die aber bald überwunden ist. An der Kreuzung laufen wir geradeaus weiter. In einer Rechtskurve gehen wir links und folgen den Wanderzeichen. Jetzt sind wir wieder auf einem schönen Waldweg. An einer Bank geht es ins Freie. Hier lässt sich links der Schwartenberg erspähen. Wir kommen wieder in den Wald. Wo der grüne Balken abzweigt, gehen wir geradeaus und gelangen wieder ins Freie. In der Ferne wird bald der Saydaer Kirchturm sichtbar. An der Straße halten wir uns mit gelbem und rotem Balken scharf links. Wer abkürzen möchte, kann hier rechts schnell nach Sayda gelangen (Einsparung ca. 1,5 km). Wieder ist linker Hand der Schwartenberg zu sehen.

An einem Abzweig geht es dem gelben Balken folgend scharf rechts, dann bietet sich an einem Rastplatz ein schöner Blick auf Sayda. Am Waldende wandern wir geradeaus, so auch am ersten Abzweig, doch am zweiten biegen wir rechts ein und lassen den gelben Balken hinter uns. An der Gabelung geht es links, parallel zum Bachtal, dann zeigt sich vor uns wieder der Kirchturm. Im Ort folgen wir zunächst dem Hauptweg und halten uns am Haus Nr. 6 links. Wir gelangen geradeaus zum Markt und zur Durchgangsstraße in **Sayda (1)**. Dort ist links zur Bushaltestelle einzubiegen.

15 Rund um Rübenau

4.30 Std.

In und um eine erzgebirgische Streusiedlung

Wiesen verbinden die einzelnen, teils weit auseinander liegenden Ortsteile und Häusergruppen der von ausgedehnten Wäldern und auf drei Seiten von Tschechien umschlossenen Siedlung Rübenau. Sie wirkt von der Außenwelt abgeschnitten, wie eine kleine Welt für sich. Wir laufen von der barocken Dorfkirche auf dem Naturlehrpfad zum Kriegwald, vorbei am Lehmheider Teich, dem letzten Rest eines ehemaligen Hochmoors. Unterhalb des Čihadlo wandern wir auf böhmischer Seite durch den Wald, bevor wir bei Načetín wieder die Grenze überschreiten und auf Rübenauer Flur über Wiesen und durch ein Wäldchen zurückkehren, begleitet von weiten Ausblicken auf den tschechischen Teil des Erzgebirges.

Ausgangspunkt: Dorfplatz Rübenau. Bus 497 von Olbernhau nach »Rübenau, Dorfplatz« (nur Mo.–Fr. ca. alle 2–4 Stunden). Parkmöglichkeiten vorhanden (Navi: Olbernhauer Straße 1, Rübenau), ggf. weiter oben an der Straße nach Kühnhaide (Navi: Zöblitzer Straße 2).
Höhenunterschied: 310 m.
Anforderungen: Etwa die Hälfte auf geteerten Wegen und Straßen, überwiegend ausgeschildert. Steil wird es nur auf dem Hradschinweg. In Tschechien ist am Abzweig vom Grenzweg aufzupassen. Kurz vor dem Hauptort Rübenau geht es ein kurzes wegloses Stück an einer Wiese entlang.
Einkehr: Keine auf der Wanderung. Das Bistro und Getränkehandel Bierstübl in Rübenau verkauft Getränke (Di. Ruhetag).
Karte: GeoSN 1:25.000, Blatt 27.

Der Čihadlo (Lauschhübel) liegt auf der tschechischen Seite.

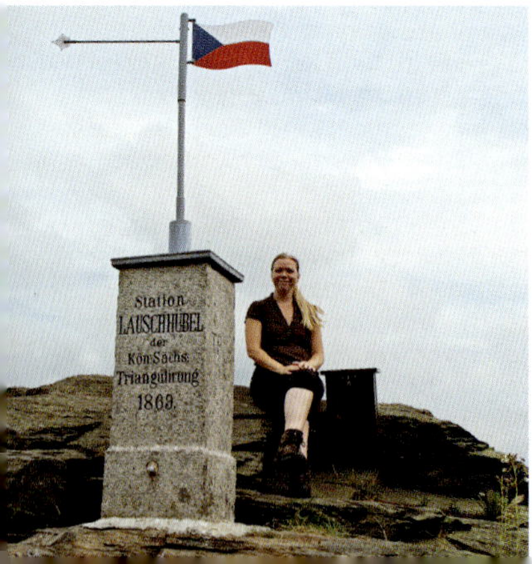

Vom Dorfplatz in **Rübenau (1)** gehen wir die Zöblitzer Straße hinauf in Richtung der markanten barocken Kirche. Dahinter ist rechts in den Hammerweg (Wanderzeichen E3, WDE und Erzgebirgischer Naturlehrpfad) einzubiegen, den wir schon nach kurzer Zeit links auf dem Hradschinweg verlassen, der nach dem gleichnamigen Ortsteil benannt ist. Wir folgen der Straße immer aufwärts und kommen an kleinen Häusern vorbei. Sporadisch tauchen erste Tafeln des Naturlehrpfads auf, zwischendurch lädt eine Bank zur Rast ein. Oben angekommen biegen wir an der T-Kreuzung links ein (E3) und folgen in einer Linkskurve rechts dem Reitweg und dem Wanderzeichen E3, das uns in das Gebiet Kriegwald führt. Dort halten wir uns an der Gabelung links (E3) in einen lauschigen Waldpfad.

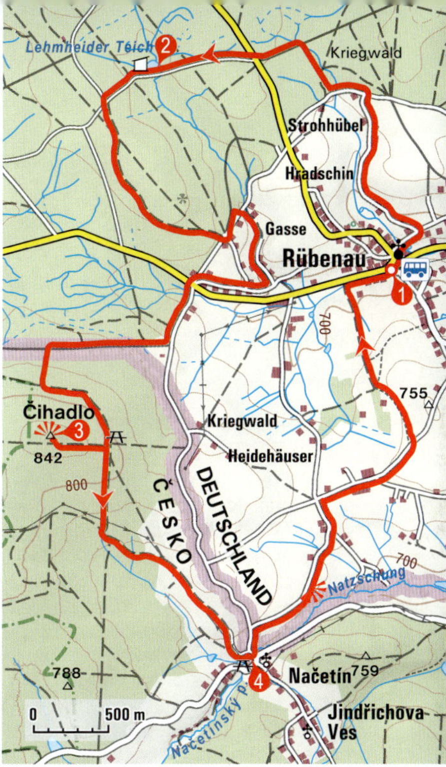

An der T-Kreuzung (A-Flügel) biegen wir links ein, nun weiter auf dem Kammweg. Es geht geradeaus über die Straße hinweg und immer dem Kammweg folgend, an einem Abzweig geradeaus, zum **Lehmheider Teich (2)** mit Schutzhütte und Rastplatz. Gefüllt ist er mit schwarzem Wasser, wie so oft im Moorgebiet. Denn wir befinden uns in der Lehmheide, einem heute trockengelegten ehemaligen Hochmoor.

Wir laufen weiter geradeaus und halten uns an der Kreuzung links. Weiterhin dient das Wanderzeichen des Kammwegs zur Orientierung, diesem ist stets zu folgen. So geht es mehrfach geradeaus und an der Straße dann scharf links. Gleich halten wir uns schräg links und direkt danach schräg rechts, später mit dem Kammweg rechts. An der Straße gehen wir kurz links und gleich nach der Brücke rechts in den Kammweg. Wieder wandern wir auf dem Naturlehrpfad. Der Pfad geht in eine Straße über, hier ist noch dem Kammweg zu folgen. An der T-Kreuzung aber halten wir uns rechts und verlassen den Kammweg und den Naturlehrpfad. Wir überqueren die Durchgangsstraße und laufen die Kriegwaldstraße geradeaus.

Wir folgen der kleinen Straße und gehen in einer leichten Linkskurve an einem Abzweig noch geradeaus, dann aber in den nächsten Weg rechts und mit dem Wanderzeichen blauer Balken in Richtung Kühnhaide. Der Weg führt durch eine Allee und an einem Haus vorbei. Im Wald halten wir uns weiter geradeaus, nun wieder auf dem Kammweg. Linker Hand liegt Tschechien. Ca. 70 m nach dem Grenzstein 6-6 (mit großem C für Tschechien) biegen wir links in einen idyllischen Pfad ein. Ein altes, nur aus der Gegenrichtung sichtbares Schild mit »Lauschhübel« und »Čihatlo« erleichtert ggf. die Orientierung.

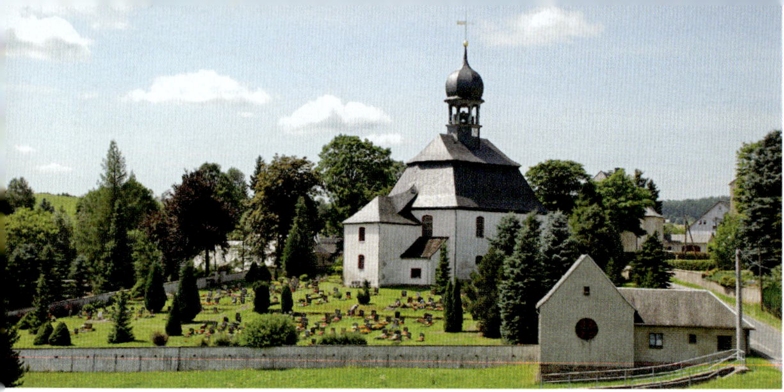

Die Heilig-Geist-Kirche in Rübenau.

An der T-Kreuzung halten wir uns links. Der Weg macht eine große Rechtskurve. Immer folgen wir dem Hauptweg. An einem Rastplatz führt scharf rechts ein Abstecher zum **Čihadlo** (**3**, dt. Lauschhübel), wo sich von Felsen aus eine schöne Aussicht bietet. Dazu laufen wir nach ca. 300 m rechts auf einem Pfad den Hügel hinauf (ggf. mit Name auf einer Buche rechter Hand). Anschließend gehen wir zurück zum Rastplatz und nehmen den Weg wieder auf (ohne Abstecher geradeaus). Es geht auf geradem Weg hinab zu einer T-Kreuzung, an der wir links einbiegen, vorbei am Wintergehege für Rotwild. An der Gabelung halten wir uns links, das Gehege wird verlassen, dann breitet sich die weite Landschaft vor uns aus. Wir wandern parallel zur Stromleitung und der Ort Načetín (dt. Natschung oder Natzschung) wird im Tal sichtbar.
Am **Alten Zollhaus (4)** mit Rastplatz halten wir uns links und sind wieder in Deutschland. Weiter oben biegen wir rechts zum Obelisken ab und laufen nun immer geradeaus, dem Wanderzeichen gelber Balken folgend. Rechter Hand erblicken wir in der Ferne die große Kirche von Kalek (dt. Kallich). An einem Abzweig gehen wir mit dem gelben Balken schräg links. Er führt uns an einer Kreuzung nach rechts, am nächsten Abzweig aber wandern wir ohne gelben Balken geradeaus.
Vor einer Bank ohne Lehne ist links in den Wiesenweg einzubiegen. Kurz führt der Weg durch den Wald, am Waldende schwenkt er nach links. Gleich danach laufen wir rechts am rechten Wiesenrand weiter, ggf. ohne erkennbaren Weg. Kurz darauf ist ein deutlicher Weg erreicht, der ab einem Haus als Straße weiterführt. Wir gehen an der Durchgangsstraße rechts zurück zum Dorfplatz in **Rübenau (1)**.

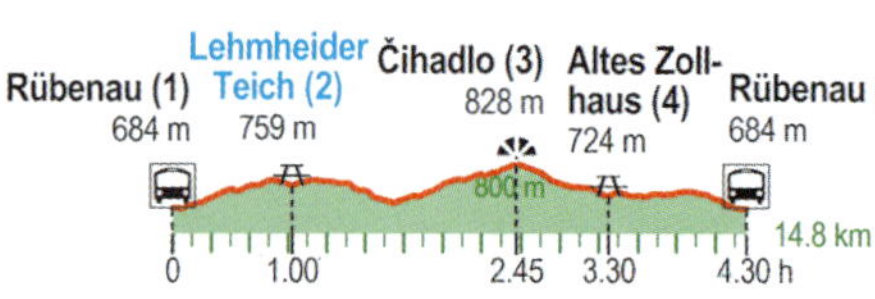

3.30 Std.

Von Olbernhau zum Natzschungtal und zur Saigerhütte

16

Schöne Blicke, ein Felsen und pittoreske technische Denkmäler

Olbernhau wird auch »Stadt der sieben Täler« genannt. Und tatsächlich münden in die Flöha, die den langgestreckten Ort durchfließt, sechs Seitenflüsse ein. Einer davon ist die Natzschung, die auf tschechischer Seite im Hochmoor Novodomské rašeliniště südwestlich von Načetín entspringt, in einem gewundenen, steilhängigen Tal als Grenzfluss und ganze 170 Höhenmeter unterhalb des Stößerfelsens weiterfließt und beim Olbernhauer Ortsteil Grünthal in die Flöha mündet. Dort kommen wir am 1537 gegründeten Saigerhüttenkomplex vorbei, einem einmaligen technischen Denkmal mit über zwanzig historischen Gebäuden. In verschiedenen Museen werden die schwere Arbeit und das entbehrungsreiche Leben der Hüttenleute gezeigt. Das aus Erzen gewonnene Kupfer wurde im wasserkraftbetriebenen Hammerwerk verarbeitet und ist teilweise im Kölner Dom oder in der Peterskirche in Rom verbaut. Der Rückweg erfolgt parallel zur Flöha und gestattet schöne Blicke in das Tal.

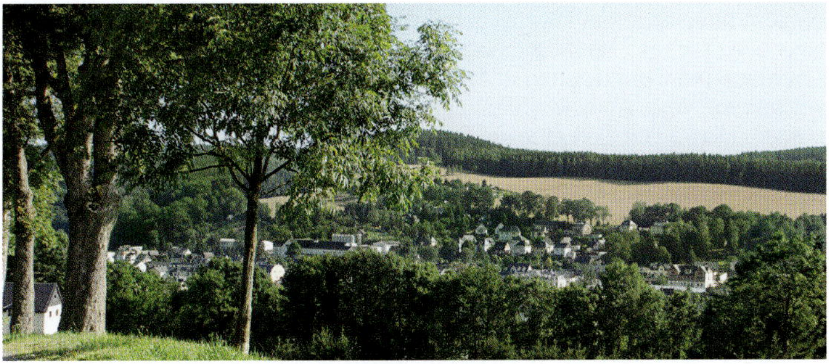

Blick auf Olbernhau vom Weg zum Anton-Günther-Stein.

Ausgangspunkt: Bahnhof Olbernhau (Brandauer Straße), 470 m. Mit dem Zug von Chemnitz nach Olbernhau, mehrere Buslinien nach »Olbernhau, Busbahnhof«. Von dort hinauf zum oberen Supermarkt, dann die Stufen hinauf zur Straße. Über die Ampel, dann ist gleich der Bahnhof erreicht. Rechts geht es zum Parkplatz (Navi: Brandauer Straße 3, Olbernhau).
Höhenunterschied: 350 m.

Anforderungen: Einfache Tour, überwiegend ausgeschildert. Kurze Steigungen.
Einkehr: Restaurant Hüttenschänke auf dem Areal der Saigerhütte; Café-Restaurant Flamenco (tgl.), Grünthaler Str. 4 (nahe Markt) in Olbernhau.
Tipp: Museum Saigerhütte mit Kupferhammer Olbernhau, In der Hütte 10, 09526 Olbernhau, Mo. geschlossen.
Karte: GeoSN 1:25.000, Blatt 27.

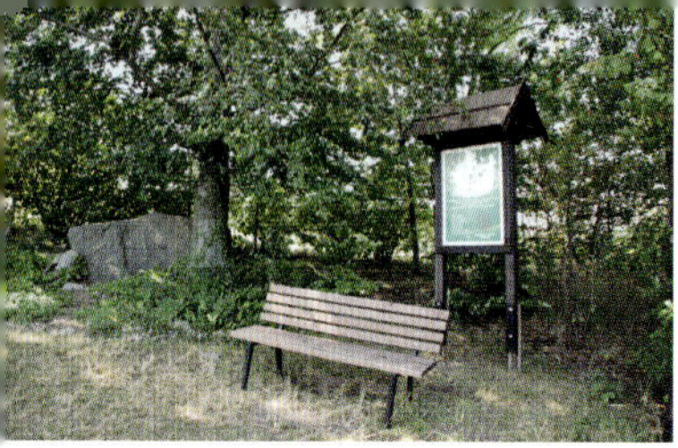

Am Anton-Günther-Stein bietet sich eine Rast an.

Am Bahnhof **Olbernhau (1)** gehen wir zur Straße, dort links und an der Bushaltestelle vorbei zum Parkplatz, wo die Wanderung für Autofahrer beginnt. Dort wenden wir uns dem Fußweg zu. Nach ein paar Schritten auf dem Fußweg gehen wir über einen Bahnübergang und biegen dann links ein. Wir folgen der Straße, auch mit rotem Balken (EB) markiert. Sie geht nach einer Weile in einen Feldweg über. Je weiter wir aufsteigen, desto schöner wird der Blick auf Olbernhau. Wir kommen vorbei an der Frankwarte und halten uns später am Anton-Günther-Stein geradeaus.

An der Kreuzung am Waldrand verlassen wir den roten Balken und gehen geradeaus, dem grünen Punkt folgend. Nun folgt eine Durststrecke von ca. 2 km auf einem breiten, befestigten Forstweg. Wir bleiben immer geradeaus auf dem Hauptweg. Am Wettinplatz, wo Schutzhütte und Bank zur Rast einladen, geht es ebenfalls geradeaus, das Schild »Langer Bergweg« bietet zusätzliche Orientierung. An mehreren Abzweigen vorbei folgen wir dem breiten, aber schönen Waldweg. An der T-Keuzung ist links in den Kammweg einzubiegen. Nach etlichen Kurven auf einem Forstweg geht es am Abzweig zum Sophienstein auf dem Kammweg geradeaus in den grasbewachsenen Weg. An einem Rastplatz ist rechts zum **Stößerfelsen (2)** einzubiegen. Hier bietet sich eine schöne Aussicht ins Tal der Natzschung. Nach dem Abstecher wandern wir auf dem bisherigen Weg weiter. Weitere Felsen grüßen rechts und links des idyllischen Wegs. An einem Abzweig halten wir uns geradeaus, immer dem Kammweg nach. Schließlich geht es sanft bergab und vorbei an einer Bank mit schöner Aussicht. Bald stößt von scharf rechts der Sedanweg zu. Nach einer Schutzhütte wird der Wald verlassen.

Wir kommen an einer Gartenanlage vorbei. An einer weiteren Schutzhütte geht es geradeaus in die Straße, weiterhin auf dem Kammweg. Dazu gehen wir rechts versetzt über die Durchgangsstraße hinweg, über den Bach. An der Gabelung geht es links, so auch am Abzweig. Wir befinden uns nun in Olbernhau-Grünthal, am Wegesrand stehen Schilder vom Naturlehrpfad. Wir laufen links an einem Haus vorbei und am Abzweig geradeaus. Bald ist ein Teich erreicht, an dessen Ende links einzubiegen ist. Durch die Hüttenpforte betreten wir das Areal der **Saigerhütte (3)**, danach geht es geradeaus vorbei am Museum Saigerhütte. Wir wenden uns rechts zum Hotel Saigerhütte (davor führt links ein Abstecher zur

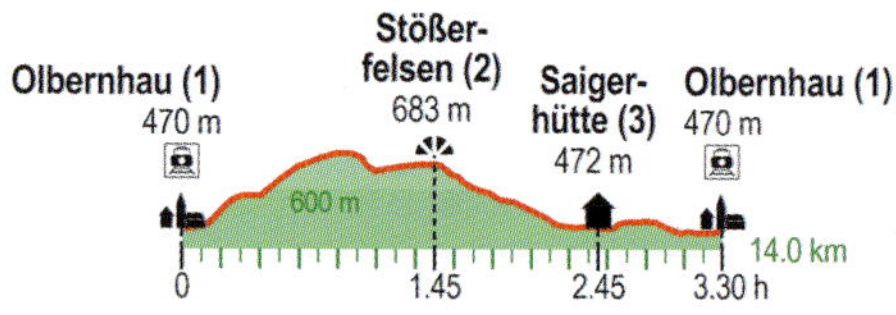

Hüttenschänke) und gehen, weiter dem Kammweg folgend, rechts daran vorbei. Wir passieren eine Bowlingbahn und das Museum Seiferthaus, durchschreiten das Tor und biegen links ein (geradeaus ist der Althammer zu besichtigen).

An der Durchgangsstraße gehen wir rechts über die Flöha und dann gleich links. Am ersten Abzweig verlassen wir den Kammweg und biegen links in den mit gelbem Balken markierten Weg. Kurz geht es steil aufwärts und dann immer geradeaus, die kleine Straße weiter. Bald erfreuen uns weite Blicke ins Flöhatal. Am Abzweig wandern wir geradeaus weiter. Wir kommen links am Hotel Zum Poppschen Gut vorbei, dann die Straße hinunter.

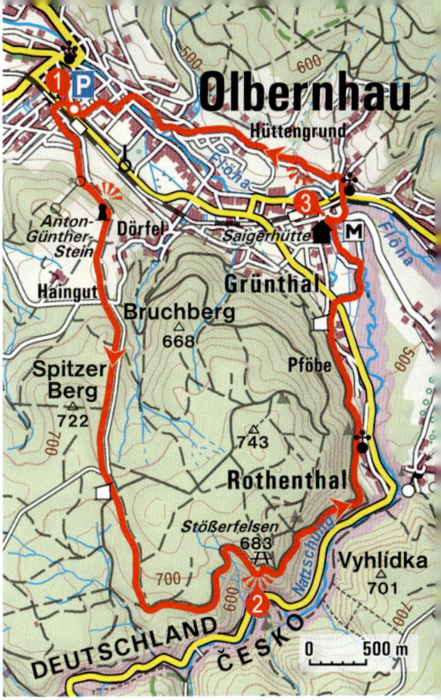

Das Einkaufszentrum umrunden wir links, dann folgen wir noch vor dem Bach rechts dem Fuß- und Radweg. Vor dem Gymnasium geht es links über die Brücke in die Lindenstraße, dann rechts in die Albertstraße. An der Kreuzung ist links einzubiegen. Wir kommen am Busbahnhof vorbei und nutzen geradeaus die Stufen hinauf zum Bahnhof. Wir gehen über die Ampel und zurück zum Bahnhof in **Olbernhau (1)**. Autofahrer wenden sich rechts zum Parkplatz.

Bei der Saigerhütte.

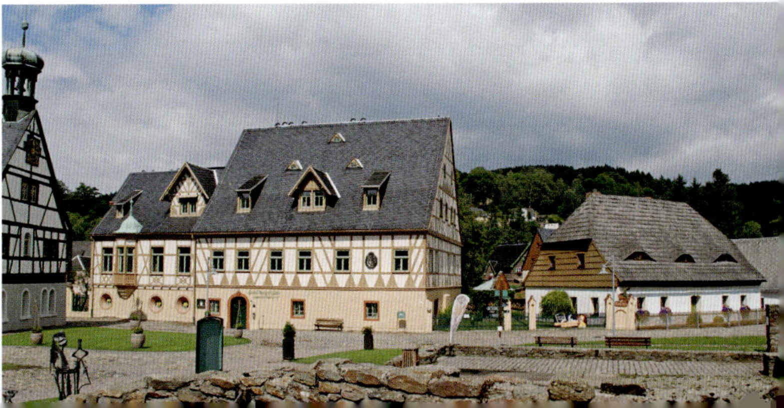

17 Der Südwesten von Olbernhau

4.30 Std.

Eine Wanderung durch drei Bachtäler

Auf dieser Tour lernen wir drei der sieben Bachtäler von Olbernhau kennen: das romantische Rungstockbachtal, das Tal des Langen Baches und das Flöhatal im Westen der Stadt. Von der Pulvermühle geht es, durch den Wald und ein Stück am Rungstockbach entlang, östlich von Zöblitz auf freies Feld. Am Langen Bach wird der Lochteich in Blumenau erreicht. Entlang der Flöha geht es in die Ortsmitte von Olbernhau, wo die Kirche und vor allem das Heimatmuseum, das als eines der schönsten im Erzgebirge gilt, zur Besichtigung einladen. Im Museum ist auf mehreren Etagen Wissenswertes über Natur, Technik und Kunst zu erfahren. Sehenswert ist vor allem die Ausstellung zur Holzverarbeitung – dass Olbernhau auch Spielzeugstadt ist, sieht man hier deutlich. Im Dachgeschoss ist eine über drei Meter hohe Pyramide zu bewundern.

Ausgangspunkt: Bahnhof Olbernhau (Brandauer Straße), 470 m. Mit dem Zug von Chemnitz nach Olbernhau, mehrere Buslinien nach »Olbernhau, Busbahnhof«. Von dort geht man hinauf zum oberen Supermarkt, dann die Stufen hinauf zur Straße. Über die Ampel, dann ist gleich der Bahnhof erreicht (rechts geht es zum Parkplatz). Parkplatz nahe Bahnhof (Navi: Brandauer Straße 3, Olbernhau).

Das Museum befindet sich im ehemaligen Rittergut neben der Kirche in Olbernhau.

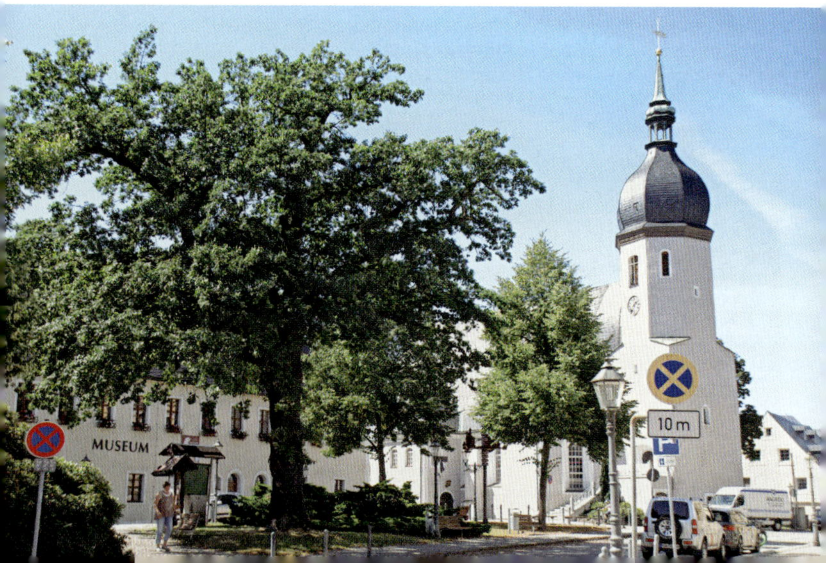

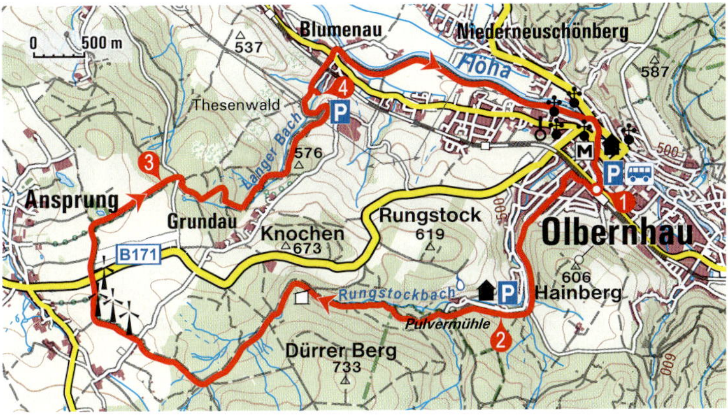

Höhenunterschied: 300 m.

Anforderungen: Ein kurzes Stück laufen wir an Windrädern vorbei. Schmale Pfade im Rungstockbachtal, wenig begangene und nicht ausgeschilderte Wege vor und im Thesenwald. Am Schluss führt ein langes Wegstück durch die Stadt. Für Kinder ist die Runde zu wenig ereignisreich.

Einkehr: Gasthaus Pulvermühle (nur Sa./So. nachmittags); Café-Restaurant Flamenco (tgl.) nahe Markt in Olbernhau (Grünthaler Str. 4).

Tipp: Museum Haus der Heimat, Markt 7, 09526 Olbernhau, Mo. geschlossen.

Karte: GeoSN 1:25.000, Blatt 27.

Am Bahnhof in **Olbernhau (1)** wenden wir uns links zum Parkplatz, wo die Wanderung für Autofahrer beginnt, nutzen den Fußweg und überqueren die Gleise. Dann geht es rechts in einen weiteren Fußweg, der zuächst entlang der Gleise verläuft. An der Straße biegen wir links ein, dann schräg links in den Steinbruchweg und wieder schräg rechts. Immer der Markierung roter Balken folgend, der uns nun für eine Weile als Wanderzeichen dienen wird. Es geht über eine Kreuzung hinweg, weiter dem roten Balken nach. Im Wald ist der Weg unbefestigt, dann mündet er wieder in die Straße, wo wir uns nach dem Wanderzeichen nach schräg links wenden und ihr stets folgen. So geht es an einem Abzweig geradeaus. An der Gabelung halten wir uns rechts, auch an der Kreuzung, vorbei an einem kleinen Wanderparkplatz.

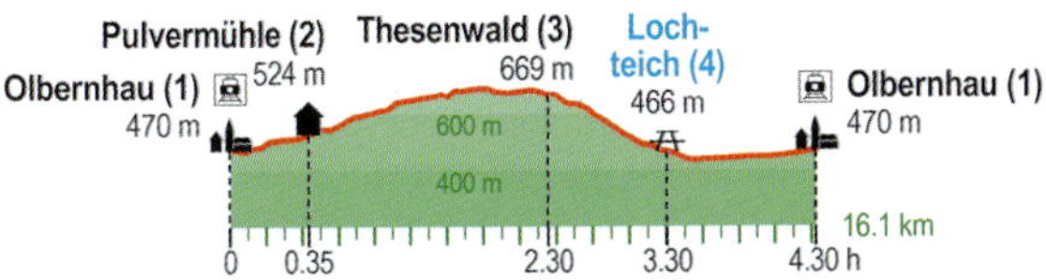

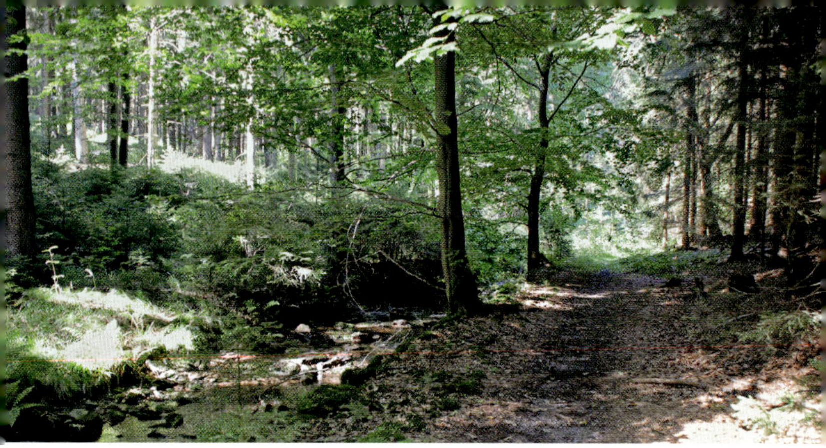

Romantisch führt der Wanderweg durch das Rungstockbachtal.

Wir gehen an der Gabelung links hinauf, vorbei an der **Pulvermühle (2)** rechter Hand und kurz geradeaus. Dann folgen wir dem Hauptweg links hinauf. An einem Abzweig geht es geradeaus, aber fast oben schräg rechts in den Pfad, ohne Wanderzeichen. Der idyllische Weg führt zum Rungstockbach, wo wir nach der kleinen Brücke links einbiegen. Hier führt uns ein wildromantischer Pfad den Bach entlang. Immer geradeaus erreichen wir die Schutzhütte. Ab hier ist der Weg breiter, aber angenehm. An der T-Kreuzung geht es links und unten an der Gabelung rechts, immer dem roten Balken nach. An der folgenden Kreuzung biegen wir ohne Wanderzeichen rechts in den Elisenweg-Kammweg ein. Es folgt ein gerader Weg. An der T-Kreuzung halten wir uns links, kommen wieder ins Freie und folgen dem Hauptweg. An der Straße geht es geradeaus, nun mit dem grünen Balken. Wir kommen an Feldern und Windrädern vorbei. Geradeaus überqueren wir vorsichtig die stark befahrene Straße. An der folgenden Kreuzung bietet sich schräg links ein Blick auf Zöblitz.
Hier biegen wir bei Wanderzeichen rechts in den unmarkierten Feldweg ein. Im **Thesenwald (3)** wandern wir geradeaus weiter, gehen an der Straße kurz rechts und biegen in den ersten Weg links ein. Vorbei an einem Rastplatz linker Hand folgen wir dem Hauptweg, bis an einem Hochsitz links in einen schnurgeraden Weg einzubiegen ist (Achtung, am Anfang ggf. schwer zu sehen). Es geht über den Langen Bach und an der T-Kreuzung scharf nach rechts. An der Gabelung biegen wir links ein und wandern links des Langen Baches weiter. Der Weg überquert schließlich den Bach und schwenkt vor dem Waldende links ein. Noch zweimal wird der Bach überquert. Wir folgen nun einem netten Weg, der bisweilen rechter Hand von Felsen gesäumt ist und immer schöner wird, je weiter man hinabläuft.

Wir gelangen ins Freie und gehen am linken Wiesenrand entlang. Dann ist scharf links in den befestigten Weg einzubiegen. Bei Wanderzeichen halten wir uns vor einer Linkskurve rechts Richtung **Lochteich (4)**, zu dem an der Straße rechts ein Abstecher führt, dort finden wir einladende Rastbänke. Anschließend folgen wir der Straße in Richtung Ort, geradeaus durch eine Unterführung und dann schräg links. An der Durchgangsstraße gehen wir kurz links und biegen gleich rechts in die Wiesenmühlstraße ein.
Vor der Flöha nutzen wir rechts den Radweg. Bald geht es geradeaus auf einen unbefestigten Weg, dann immer die Richtung beibehaltend rechts am Damm entlang. Schließlich erreichen wir an Tennisplätzen Olbernhau-West. Bei der Brücke biegen wir rechts ab und an der T-Kreuzung scharf links. Wir bleiben stets auf unserem Weg, der schließlich nach links schwenkt und wieder die Flöha erreicht. Dort wenden wir uns nach rechts und biegen an der nächsten Brücke rechts in die Marktstraße ein. Am Markt bietet sich rechts ein Abstecher zu Kirche und Museum an.
Ohne Abstecher laufen wir an der Grünthaler Straße geradeaus vorbei (links führt ein Abstecher zu Gastronomie) und biegen dann in die nächste Straße links ein. An der Kreuzung am ehemaligen Postamt halten wir uns schräg rechts, bald ist die Straße als Bahnhofstraße ausgeschildert. Später geht es an der T-Kreuzung links zum Bahnhof in **Olbernhau (1)**; der Parkplatz liegt geradeaus.

Der Vogelbeerbaum, die »Nationalpflanze« des Erzgebirges, grüßt auf dem Weg zum Lochteich.

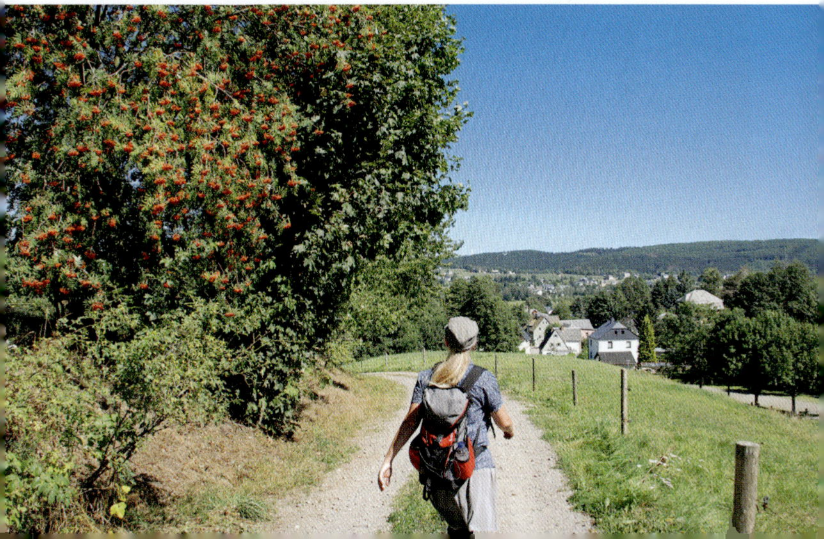

18 Von Olbernhau ins Bielabachtal

4.45 Std.

Durch Wälder und über Felder zum Schloss Pfaffroda

Von Olbernhau steigen wir durch Wald hinauf zu einer Anhöhe unweit des Clemenssteins, die weite Blicke in die vielfältige Landschaft gestattet. Bei Dittmannsdorf erreichen wir das Bielatal, dem wir auf einem Höhenweg bis nach Pfaffroda folgen, wo uns der Höhepunkt der Wanderung erwartet: das im 13. Jh. entstandene Schloss Pfaffroda, das sich nach Jahren anderweitiger Nutzung wieder im Besitz der Adelsfamilie Diener von Schönberg befindet. Zu besichtigen ist der schöne Park mit Teich. Der Rückweg verläuft auf kleinen Wegen im idyllischen Arlitzwald. In Olbernhau bietet sich zum krönenden Abschluss der Runde ein Besuch des Heimatmuseums an (siehe Tour 17).

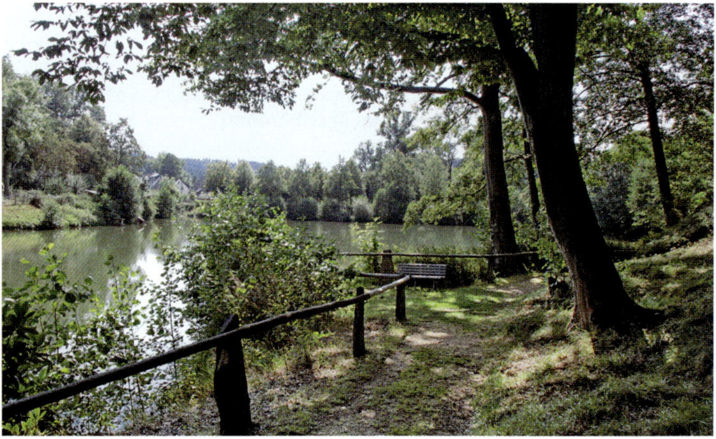

Der Teich ist Teil des kleinen aber feinen Schlossparks.

Ausgangspunkt: Bahnhof Olbernhau (Brandauer Straße), 470 m. Mit dem Zug von Chemnitz nach Olbernhau, mehrere Buslinien nach »Olbernhau, Busbahnhof« (die Route führt dort vorbei). Parkplatz nahe Bahnhof (Navi: Brandauer Straße 3, Olbernhau).
Höhenunterschied: 400 m.
Anforderungen: Überwiegend ausgeschilderte Wege. Am Anfang ein längeres steiles Stück, ansonsten eher geringe Höhenunterschiede. Anfang und Ende verlaufen im Stadtgebiet von Olbernhau.
Einkehr: Gasthof Dittmannsdorf (Do. Ruhetag); Café-Restaurant Flamenco (tgl.) nahe Markt in Olbernhau (Grünthaler Str. 4).
Karte: GeoSN 1:25.000, Blatt 27.

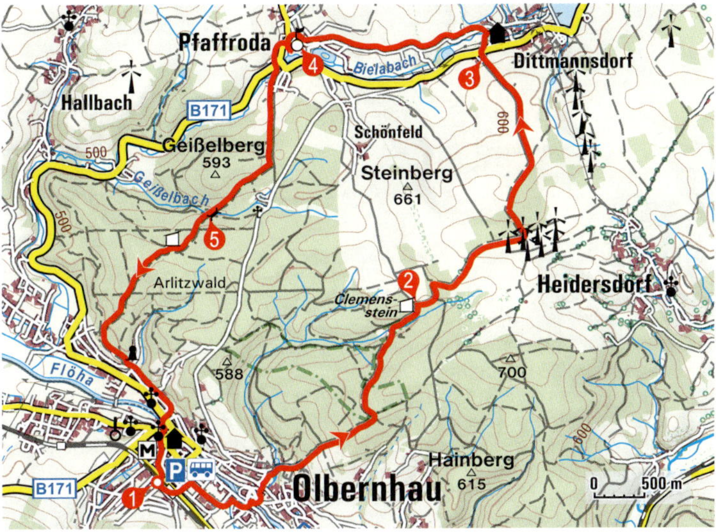

In **Olbernhau (1)** wenden wir uns zum Bahnhofsgebäude, dort über die Ampel und die Stufen hinunter. Jenseits des Supermarkt-Parkplatzes geht es geradeaus in die Straße, vorbei am Busbahnhof. In die Albertstraße biegen wir rechts ein und folgen dann bei der Lindenstraße geradeaus dem Fußweg. An der T-Kreuzung am Ende des Sportpatzes biegen wir links ab, später rechts in die Grünthaler Straße. Wir nehmen die erste Straße links, überschreiten die Brücke und kommen rechts am Einkaufszentrum vorbei. Dann ist links in den Tempelweg einzubiegen. Vor dem Haus 41a halten wir uns rechts und an der Straße geradeaus, zwischen Garagen hindurch. An der Straße geht es kurz links und gleich wieder rechts in die Jahnstraße.
An der T-Kreuzung gehen wir rechts und an der Gabelung erneut rechts in den unteren Weg. Wir passieren geradeaus einen Teich. An der Kreuzung geht es dann geradeaus in den Saydaer Weg, mit gelbem Balken markiert, und für ein längeres Stück aufwärts. Wo der Hasengründelweg an einer

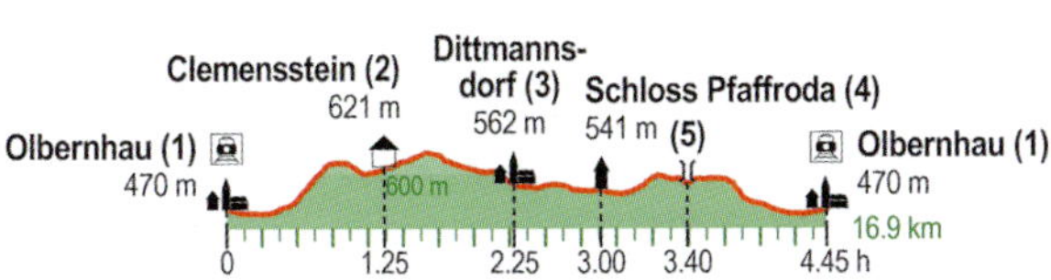

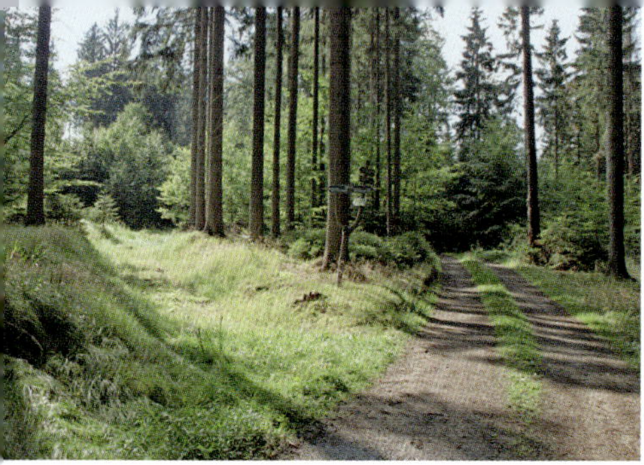

Im Arlitzwald locken schöne Wege.

Kreuzung abbiegt, wandern wir noch geradeaus weiter, aber an der nächsten ist links einzubiegen (der rechte Weg zweigt etwas später ab als der linke), vorbei an den Schildern vom Waldstück 69 und 66. Wir gelangen bald ins Freie, es geht über eine große Lichtung.
An der Kreuzung biegen wir scharf rechts ein und folgen dem Wanderzeichen roter Balken immer geradeaus. Hier verläuft für kurze Zeit ein Naturlehrpfad. Am **Clemensstein** (**2**, mit Schutzhütte) geht es mit dem roten Balken nach rechts, dann aber ist ohne Wanderzeichen in den ersten Weg links einzubiegen. Am Abzweig halten wir uns rechts. Wir wandern immer geradeaus und im Freien an Windrädern vorbei. An der Kreuzung biegen wir links ab, hier ist das Wanderzeichen grüner Balken zu sehen.
An einer Abzweigung steht linker Hand eine Bank mit schöner Aussicht. Wir gehen geradeaus weiter und genießen die schöne Aussicht, bald ist auch ein Rastplatz rechter Hand erreicht. Wir folgen weiter stets dem Hauptweg nach **Dittmannsdorf (3)**. Hier geht es an der Straße kurz rechts (dort wäre in Kürze der Gasthof erreicht) und gleich schräg links in die Straße »An der Biela«. Über die Schulbrücke wird nun ein idyllischer Ortsteil erreicht. An der T-Kreuzung laufen wir links über die Mühlbrücke und dann immer geradeaus. Am Ende des Ortes finden wir eine hübsche einseitige Birkenallee vor.
Bald wird der nächste Ort erreicht. An der Kreuzung wählen wir den mittleren Weg (links ist ein Teich) und biegen vor der Kirche links durch das Tor in den Innenhof von **Schloss Pfaffroda (4)** ein. Hinten rechts geht es wieder durch die Tür hinaus, dann links. Sollte sie verschlossen sein, geht man durch das Tor zurück und dann links. Es geht durch ein weiteres Tor und dann scharf links in den Schlosspark. Geradeaus, rechts an der Gruft vorbei – dahinter steigen wir einige Stufen hinunter und biegen dann links ab. In Serpentinen geht es zum Teich. Dort halten wir uns rechts, der Weg schwenkt nach rechts. Wir wenden uns links zur Straße und biegen dort links ein.
Wir gehen schräg links entlang der Straße nach Frauenstein wieder zurück zum Teich und überqueren die Alte Mühlenbrücke. In der Straßenkurve biegen wir rechts ein und wandern nun immer geradeaus, bald begleitet vom Wanderzeichen grüner Balken. Nach Beginn des Arlitzwaldes geht es noch ca. 400 m geradeaus, dann ist etwa 80 m nach der Tafel »Der Kohlenstoffkreislauf« rechts in den Heuweg einzubiegen; das Schild »Olbernhau 2,5 km« bietet eine zusätzliche Orientierung.

Bald geht es abwärts und unten auf der moosbewachsenen kleinen **Eidechsenbrücke (5**) über den Geißelbach. Dann laufen wir schräg rechts und an der Kreuzung geradeaus weiter. Wir folgen weiter dem Heuweg, der vorübergehend leicht zugewachsen sein kann – das wird aber bald besser! Wir wandern immer geradeaus. An der Schutzhütte halten wir uns kurz rechts und gleich wieder links. Wir bleiben auf dem Heuweg, jetzt mit gelbem Balken markiert, der gleich in einen Forstweg mündet. Wir gehen immer geradeaus, auch an den Waldstücken 45 sowie 57 und 58 (mit Bank).
Nun geht es abwärts. Vor der Gartenanlage halten wir uns an einer Kreuzung links und gehen immer geradeaus, ohne Wanderzeichen oder Schild. Bald führt der Weg wieder leicht aufwärts und an einer weiteren Gartenanlage vorbei. Am Ende biegen wir rechts in den geteerten Weg ein. Vom Kriegerdenkmal linker Hand bietet sich ein schöner Blick auf Olbernhau.
Dann geht es links hinunter. An der T-Kreuzung halten wir uns rechts und an der nächsten links. Wo links die Berggasse abgeht, biegen wir rechts ab, laufen über die Straße und über die Brücke. Dann gehen wir nach links. An der nächsten Brücke biegen wir rechts in die Marktstraße ein und kommen zum Markt; dort geradeaus (an der Grünthaler Straße links führt ein Abstecher zu Gastronomie). An der Kreuzung am ehemaligem Postamt halten wir uns schräg rechts, bald ist die Straße als Bahnhofstraße ausgeschildert. Später geht es an der T-Kreuzung links zum Bahnhof in **Olbernhau (1)**; der Parkplatz liegt geradeaus.

Das geräumige Schloss Pfaffroda wird künftig als Hotel und für Seminare genutzt.

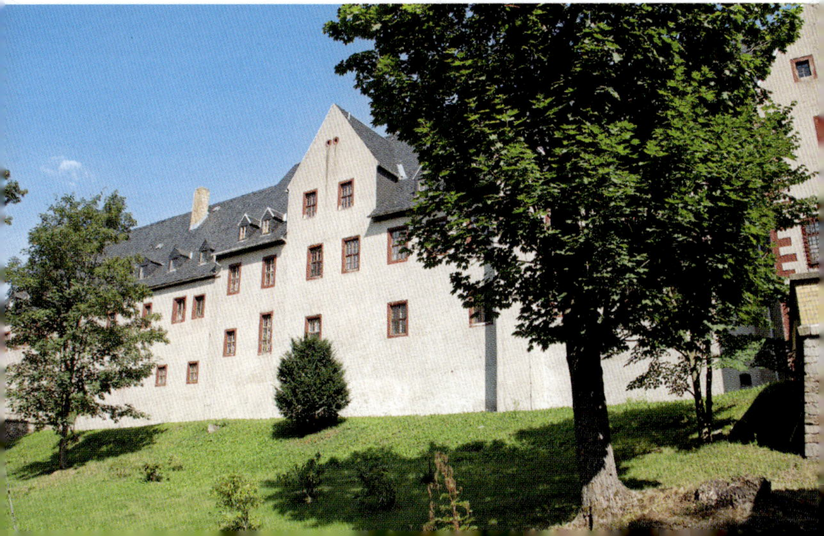

19 Von Zöblitz nach Pockau

5.00 Std.

Eine Burgruine, weite Wälder und ein alpiner Wanderpfad

Diese Wanderung beginnt harmlos, um sich dann immer mehr zu steigern. Von Zöblitz, der kleinen Stadt des Serpentinsteins, der seinen Namen von der an eine Schlangenhaut erinnernde Oberfläche hat (lat. serpens = Schlange), geht es zur im 12. Jh. errichteten Burg Niederlauterstein, die bereits 1639 im Dreißigjährigen Krieg zerstört wurde. Übrig sind der Bergfried, ein Rundturm mit tonnengewölbtem Zugang in 5 m Höhe, ein quadratischer Turm und der östliche Palas. Anschließend folgen wir zunächst dem Tal der Schwarzen Pockau und steigen dann sanft zu Ölmühle und Judeichhöhe auf. Wieder parallel zur Pockau wandern wir zum gleichnamigen Ort, wo wir uns auf die andere Talseite begeben. Bald ist der Höhepunkt der Runde erreicht: der alpine Wanderpfad an der Talkanzel. Schmale Pfade auf steilen Felsen sind im Erzgebirge eher selten, daher bietet diese Tour etwas ganz Besonderes.

Ausgangspunkt: Marktplatz Zöblitz, 598 m. Bus 207 von Olbernhau nach »Zöblitz, Markt«; zurück ab »Zöblitz, Schulstraße« (3 Min. Fußweg vom Markt). Parkmöglichkeiten in der Nähe (Navi: Am Marktplatz, Zöblitz) oder auf dem Parkplatz an der B 171 (Navi: Schloßbergstraße 2, Zöblitz).
Höhenunterschied: 400 m.
Anforderungen: Die lange Strecke erfordert etwas Ausdauer. Trittfestigkeit und Schwindelfreiheit auf dem alpinen Wanderpfad an der Talkanzel. Für Kinder ist diese Tour zu lang und unter Umständen auch zu gefährlich. Die Wege sind nur teilweise ausgeschildert.
Einkehr: Keine auf der Wanderung.
Tipps: Serpentinsteinmuseum Zöblitz, Bahnhofstr. 1, 09496 Marienberg-Zöblitz, Mo. und an Feiertagen geschlossen. – Technisches Museum Ölmühle in Pockau, nur im Sommer Mi/Sa oder nach Vereinbarung, Tel. +49 37367 83026.
Karte: GeoSN 1:25.000, Blatt 27.

Am Marktplatz in **Zöblitz (1)** gehen wir über die Ampel und biegen links ein, vorbei am Serpentinsteinmuseum und der Touristeninformation. Am Parkplatz halten wir uns schräg rechts, begleitet vom Fernwanderweg E3, und passieren die Münzgrube, den Standort des ersten Serpentinsteinbruchs. Wir laufen stets geradeaus weiter und kommen an einer Tafel zur Burg Nidberg vorbei, einer Burg aus der Kolonisationszeit (12. Jh.), von der aber keine Reste mehr zu sehen sind. Wir überschreiten weiter unten die Gleise und wandern auf der anderen Seite weiter, später kurz entlang der Straße, dann biegen wir schräg links nach Niederlauterstein ein. Jenseits des Flusses

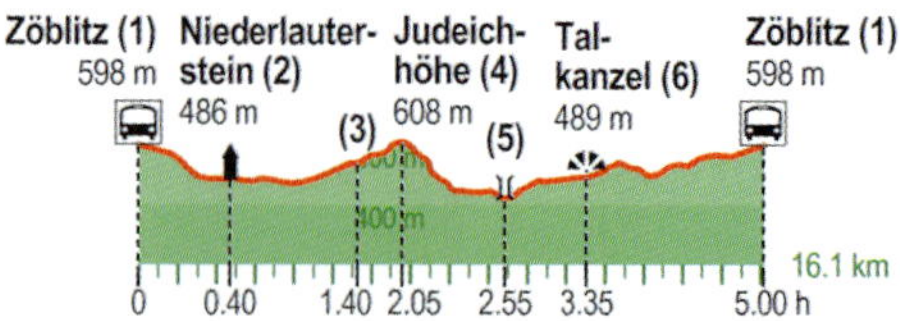

Schwarze Pockau führt nach ca. 30 m ein Abstecher die Straße hinauf zur **Burg Niederlauterstein (2)**. Dazu biegen wir nach weiteren 50 m an der Wandertafel links ein.

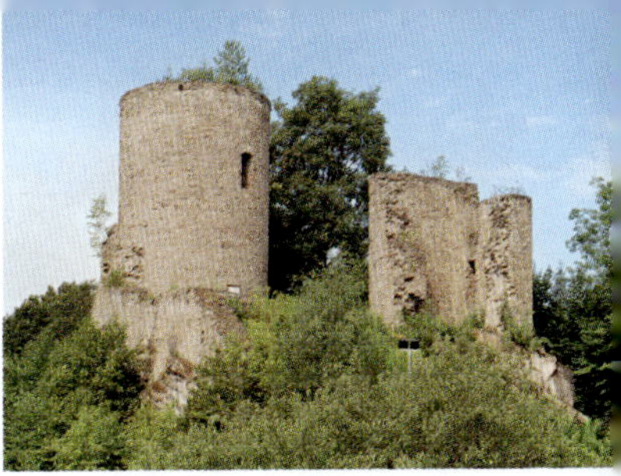

Burg Niederlauterstein thront auf einem markanten Felsen.

Danach geht es die Straße wieder hinunter und vor den Garagen links in den Pockautalweg. Als Wanderzeichen gilt zunächst der rote Balken. Wir wandern immer auf dem Hauptweg, der zum Teil direkt an der Schwarzen Pockau verläuft. Nach einem Kletterwald geht es bei einer Steinbrücke links in den Forstweg, der rechts des Lauterbachs verläuft. Jetzt ist dem gelben Balken zu folgen. Felsen grüßen rechter Hand, dann geht es über den Bach. An einer Gabelung halten wir uns rechts zur Siedlung **Ölmühle (3)**. Nach der Brücke führt der Weg dem gelben Balken folgend zwischen Häusern hindurch und mündet geradeaus in einen Feldweg. Am Trafohäuschen ist rechts einzubiegen. An der T-Kreuzung geht es rechts, dem gelben Balken folgend. Am Ende der Wiese laufen wir auf einem undeutlichen Weg rechts an einem Gebäude vorbei und betreten geradeaus den Wald. Nun gilt es aufzupassen. An der Kreuzung geht es geradeaus, dann aber unmarkiert in den nächsten Weg rechts, der schnurgerade aufwärtsführt (geradeaus geht es leicht bergab). Die **Judeichhöhe (4)**, 608 m, wird erreicht. Hier finden wir den gelben Balken wieder, mit dem wir schräg rechts weiterwandern.

Nach ca. 200 m führt links ein Abstecher zu einer etwas verfallenen Tafel über den Oberforstrat Judeich mit einer kleinen Bank.

Nach dem Abstecher beginnt ein reizvoller Waldabschnitt. An der Kreuzung geht es markiert nach links, auf einem Hangweg mit vielen Buchen sanft bergab. Wo der gelbe Balken scharf nach rechts abbiegt, gehen wir geradeaus weiter (unterer Weg), ohne Wanderzeichen. Auch halten wir uns geradeaus, wo von scharf rechts ein Weg zustößt, und gleich an der Gabelung rechts. Unten wird der Talweg erreicht (gelber und roter Balken). Bei den ersten Häusern von **Pockau (5)** nutzen wir rechts die Brücke und

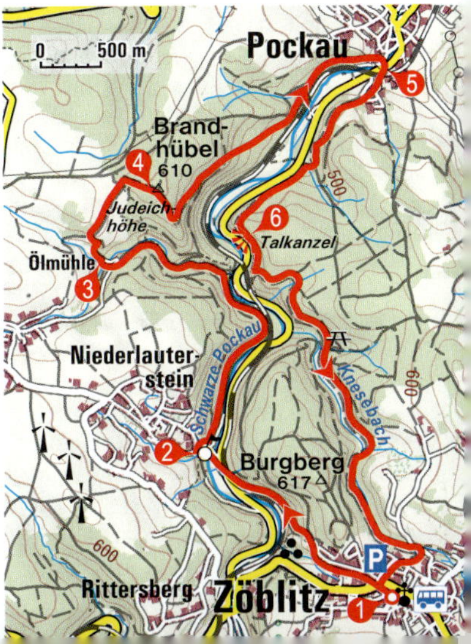

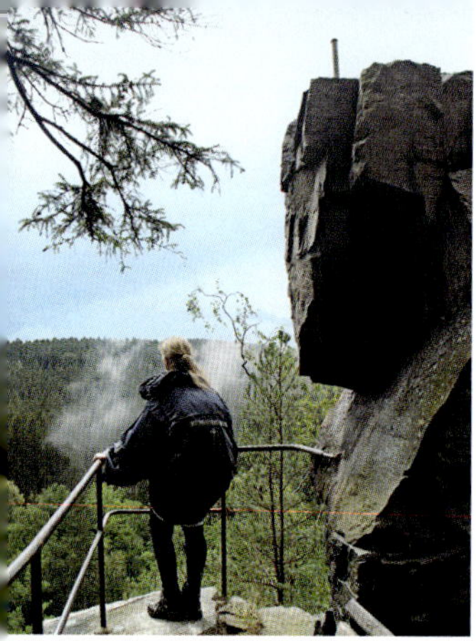

Von der Talkanzel bieten sich tiefe Blicke ins Tal.

halten uns an der Straße wieder rechts. (Brückensanierung bis Sommer 2022; Sollte diese daher gesperrt sein, halten wir uns hier geradeaus, an der Ölmühle vorbei. Nach dem Hotel Bergschlösschen geht es rechts über die Brücke, dann wieder rechts, auch an der Kreuzung. Wir folgen der Straße immer geradeaus, links führt ein Abstecher zum Backhaus. Nach Überquerung der Gleise ist die ursprüngliche Route erreicht).
Nach den Gleisen biegen wir schräg links in die Straße Waldweg ein. Jetzt ist dem grünen Balken in Richtung Talkanzel zu folgen. Unsere Straße geht geradeaus in einen grasbewachsenen Weg über und führt in den Wald. Bei einer Bank bietet sich ein freier Blick auf Pockau. An der Gabelung biegen wir rechts in einen angenehmen Waldweg ein. An der T-Kreuzung geht es links und an der nächsten rechts in einen geteerten Weg, der links gleich wieder verlassen wird. Wir folgen weiter dem grünen Balken. An der Gabelung halten wir uns rechts, an der nächsten geht es links hinauf. Bald beginnt der alpine Wanderpfad (Warntafel). Achtung, nur für geübte Wanderer! Vom Aussichtsfelsen **Talkanzel (6)** bieten sich schöne Talblicke. Anschließend folgen wir vorsichtig weiter dem schmalen Weg.
Nach Ende des alpinen Wanderpfads achten wir auf Gebäude rechter Hand. Hier gehen wir scharf links den unmarkierten Weg hinauf (rechts stehen zwei Steine, die ein Loch aufweisen), um später ein Stück stark befahrene Straße zu vermeiden. An der T-Kreuzung biegen wir rechts ein, hier liegt ggf. grober Schotter. An der nächsten Kreuzung geht es erneut rechts in den Reitweg und gleich noch einmal rechts. Hier werden wir mit einem idyllischen Weg belohnt, der sanft ins Knesebachtal führt.
Am Talweg halten wir uns links und kommen gleich an einem Rastplatz vorbei, hier finden wir die grüne Balkenmarkierung wieder. Dann bleiben wir stets auf dem Hauptweg, der parallel zum Bach verläuft. Schließlich wird der Knesebach überschritten. An der Gabelung gehen wir rechts (oberer Weg) und folgen immer dem Wanderzeichen. Zunächst laufen wir aufwärts, aber nach einer Gabelung, an der wir uns links halten, geht es wieder hinab. Bei der nächsten Gabelung ist rechts in den Pfad einzubiegen.
Der Wald wird verlassen, jetzt erfreuen uns Wiesen. An der T-Kreuzung bei Häusern biegen wir rechts ein und folgen oben dann geradeaus dem Templerweg. Am Parkplatz gehen wir links und auf der Hauptstraße zurück zum Marktplatz in **Zöblitz (1)**, Nutzer öffentlicher Verkehrsmittel zwischen Haus Nr. 30 und 31 weiter zur Bushaltestelle »Zöblitz, Schulstraße«.

3.00 Std.

Vom Kalkwerk Lengefeld nach Marienberg

20

Schmucke Industriedenkmäler, Kirchen und schöne Wege

Kalk ist im Erzgebirge selten zu finden – umso bedeutender war der Kalkabbau bei Lengefeld, der schon für 1549 belegt ist. Bis 1975 wurde im Kalkwerk noch Kalk gebrannt, seit 1986 ist es nur noch ein Museum zur Geschichte der Kalkproduktion, ein wichtiges Industriedenkmal des Erzgebirges. Auf lauschigen Wald- und Wiesenwegen laufen wir nach Lauterbach, Heimat des Lauterbacher Tropfens, »Magenbitter des Erzgebirges«, und zweier Kirchen, eine davon eine Wehrkirche, die 1906 von der Dorfmitte auf den neuen Friedhof versetzt worden ist. Anschließend geht es auf Feldwegen zur Bergstadt Marienberg, die wie Annaberg-Buchholz (Tour 29) und Schneeberg (Tour 43) ihren Ursprung dem Silberbergbau verdankt. In Marienberg beeindruckt der große quadratische Marktplatz mit dem Denkmal für den Stadtgründer Herzog Heinrich, von dem auf jeder der vier Seiten drei Straßen abgehen. Wegen des regelmäßigen Grundrisses steht die Innenstadt unter Denkmalschutz.

Ausgangspunkt: Marienbild am Kalkwerk Lengefeld, 623 m. Anfahrt von der Haltestelle »Marienberg, Markt« mit dem Bus 492 (nur Mo.–Fr., direkt, ca. alle 3 Std.) oder Bus 207 zur Station »Heinzebank«, dort umsteigen in Bus 400 nach »Lengefeld, Abzweig Kalkwerk« (ca. alle 4 Std.). Von hier zu Fuß zur B 101, dort rechts und wieder rechts zum Marienbild.
Endpunkt: Marktplatz in Marienberg, 611 m. Mehrere Buslinien von/nach »Marienberg, Markt«, Parkmöglichkeiten vorhanden (Navi: Markt, Marienberg).
Höhenunterschied: 220 m Aufstieg, 230 m Abstieg.
Anforderungen: Einfache Streckenwanderung, überwiegend ausgeschildert, meist leicht bergab.
Einkehr: Gaststätte Kalkwerk (Mo./Di. Ruhetag); zahlreiche Gaststätten in Marienberg.
Tipps: Museum Kalkwerk Lengefeld, Kalkwerk 4a, 09514 Pockau-Lengefeld, Nov. bis März geschlossen, sonst Mo./Di. Ruhetag. – Likörfabrik Lauterbach (Museum, Verkostung), Oberdorf 45, 09496 Marienberg-Lauterbach, So. Ruhetag.
Karte: GeoSN 1:25.000, Blatt 27.

Das Kalkwerk Lengenfeld.

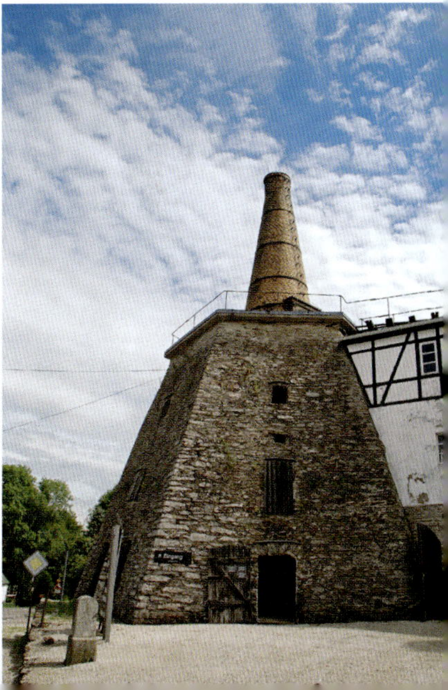

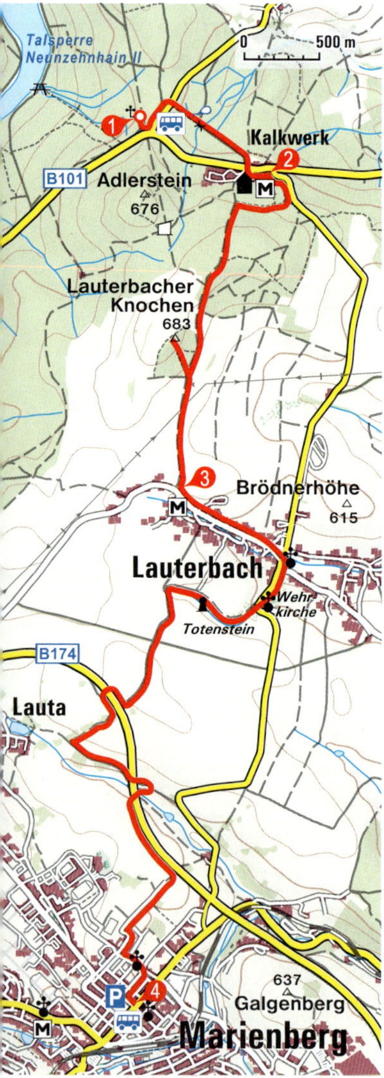

Vom **Marienbild (1)** gehen wir zurück zur Bushaltestelle (s. o. unter »Ausgangspunkt«). Etwa 150 m dahinter biegen wir rechts in einen mit grünem Balken markierten Radweg ein. Achtung, der zu Beginn schmale Waldweg ist schnell zu übersehen. Wir behalten stets die Richtung bei, bis wir auf die Straße stoßen. Hier geht es links zum **Kalkwerk (2)**, vorbei an der gleichnamigen Gaststätte.

Hinter dem Kalkwerk wenden wir uns rechts in Richtung Parkplatz. Der mit grünem Balken markierte Wanderweg führt rechts hinauf, gleich links und vor der Straße wieder nach rechts. Am Parkplatz laufen wir geradeaus weiter, bald entlang einer Absperrung, der weiter zu folgen ist. An der T-Kreuzung ist links einzubiegen und dann immer dem Hauptweg nachzugehen; es gilt jetzt der gelbe Balken, die Zeichen sind aber etwas verblasst. Wir wandern auf einem schönen Waldweg, immer geradeaus und an Felsen vorbei. Später gelangen wir ins Freie und laufen geradeaus an einem Wäldchen vorbei. Hier lässt sich eine schöne Aussicht genießen, am Waldende ist eine Bank. Scharf rechts führt ein Abstecher zum Lauterbacher Knochen, einem kleinen Felsen mit Triangulationssäule. Dazu geht es im Wald links hinauf, immer zum höchsten Punkt.

Wir nehmen den Weg wieder auf und erreichen **Lauterbach (3)**. Dort halten wir uns an der Straße links und kommen an der Likörfabrik vorbei. Ein ganzes Stück weiter zweigt schräg rechts die Straße Oberdorf zur Kirche ab. Vor der Kirche geht es rechts die Straße hinauf; am Ende des Parkplatzes bietet sich schräg links ein Abstecher zur

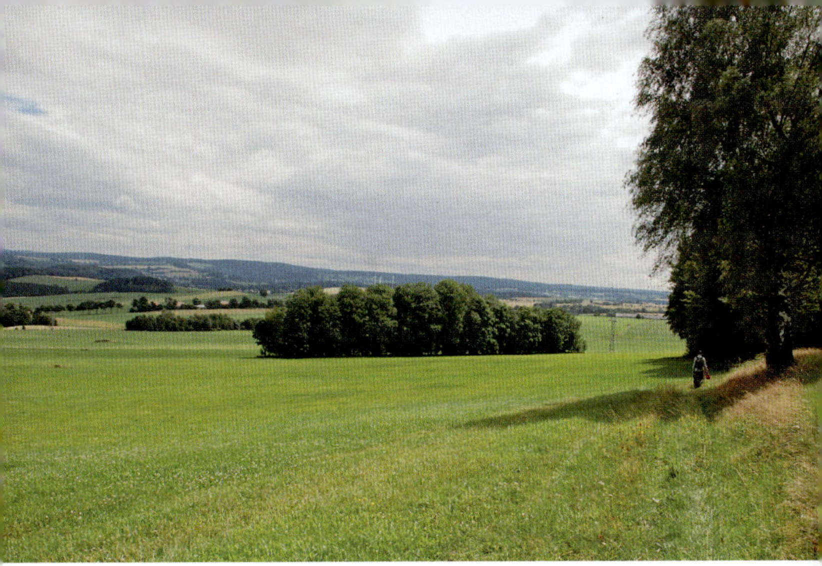

Auf dem Weg nach Lauterbach.

Wehrkirche an. Anschließend gehen wir ein Stück zurück, biegen links in die Straße und dann rechts in den Feldweg ein, den »Historischen Rundweg Lauterbach«. Bald führt links ein weiterer Abstecher zum Totenstein, der an einem Busch steht. Danach wandern wir weiter geradeaus, bis der Weg nach links schwenkt und in einen anderen Weg mündet. Ab der Kreuzung, an der wir geradeaus gehen, ist der Weg befestigt und mit E3 und grünem Balken gekennzeichnet.
Wir gehen durch eine Unterführung und halten uns dann links, bald endet die Wegbefestigung wieder. An der T-Kreuzung biegen wir links ein, jetzt gilt der gelbe Balken. Der Weg führt unter der B 174 hindurch. Danach geht es scharf rechts, an der T-Kreuzung erneut rechts und noch einmal unter der Bundesstraße hindurch. Wir wandern jetzt parallel zur B 174. Vor dem Wendeplatz halten wir uns rechts und wandern immer geradeaus ins Ortsgebiet von Marienberg, bis der Weg erst nach links, dann nach rechts schwenkt. An der T-Kreuzung halten wir uns links und folgen der Straße, bald auf dem Fußweg. In die Bergstraße biegen wir rechts ein und der Markt in **Marienberg (4)** mit dem Herzog-Heinrich-Denkmal ist erreicht.

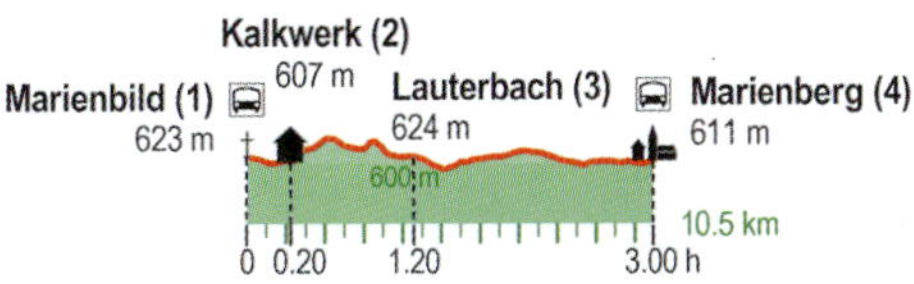

21 Von Kühnhaide zur Mothäuser Heide

4.00 Std.

In eine einzigartige Hochmoorlandschaft mit Naturlehrpfad

Diese Wanderung führt uns auf einem interessanten Naturlehrpfad mit Knüppeldamm durch das Moor Stengelhaide. Der Pfad verläuft über unterschiedliche Torfschichten. Weiter geht es auf dem Zeuggrabenweg und vorbei am Anton-Günther-Denkmal zur Mothäuser Heide, einem sehenswerten Spirkenmoor (Spirke ist eine Unterart der Bergkiefer). Das relativ intakte Hochmoor zählt zu den größten des Erzgebirges und ist das älteste Naturschutzgebiet Sachsens. Das letzte Stück wandern wir im Tal der Schwarzen Pockau entlang des Grünen Grabens, eines im 17. Jh. angelegten Kunstgrabens.

Ausgangspunkt: Kühnhaide, Bushaltestelle »Grundschule«, 733 m. Bus 497 von »Marienberg, Markt« oder »Olbernhau, Bahnhof« nach »Kühnhaide, Grundschule«. Parkplatz am Sportplatz (Navi: Görkauer Straße, Kühnhaide/Marienberg). Autofahrer gehen links am Platz vorbei und biegen an der T-Kreuzung links in den Kammweg ein, immer geradeaus zur Stengelhaide (2).
Höhenunterschied: 230 m.
Anforderungen: Mischung aus kleinen Waldpfaden (z. T. wenig begangen und holprig), Forstwegen und kleinen Straßen. Die Wege sind teilweise ausgeschildert. Mit Kindern bietet es sich an, die Tour mit dem Moorlehrpfad in der Stengelhaide (2) zu beginnen und nach Belieben abzukürzen.
Hinweis: Die Beschilderung des Moorlehrpfads Stengelhaide ist nur von Mai bis Oktober aufgestellt.
Einkehr: Keine Möglichkeit.
Karte: GeoSN 1:25.000, Blatt 27.

Beobachtungsstand am Moorlehrpfad Stengelhaide.

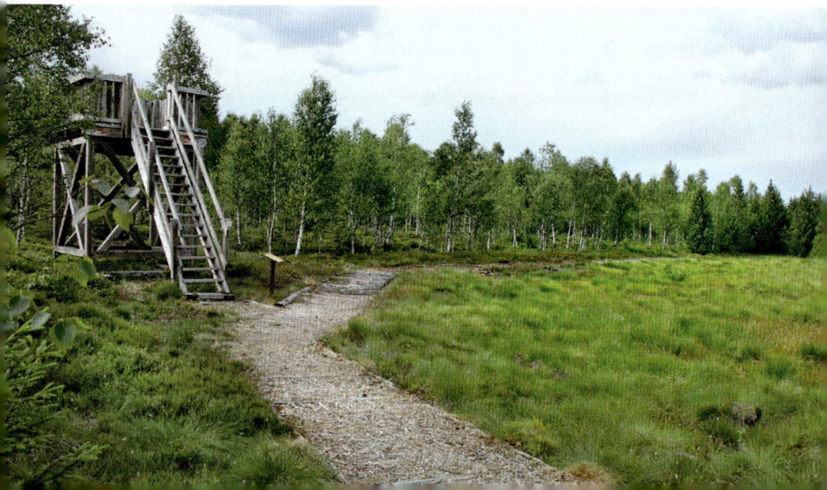

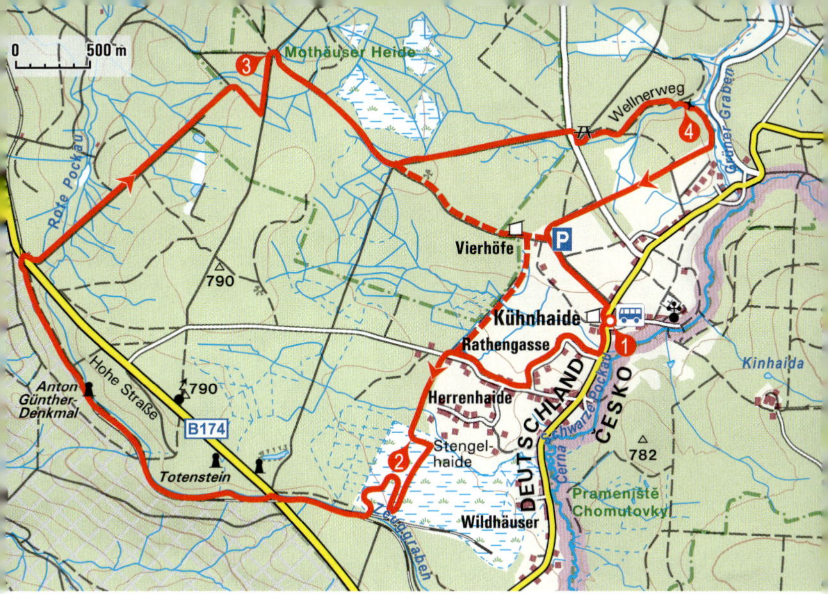

An der Bushaltestelle »Grundschule« in **Kühnhaide (1)** gehen wir die Straße hinunter und an der Grundschule vorbei. Rechter Hand steht eine Schutzhütte. Später biegen wir rechts in die Rathengasse ein. Wir folgen der kleinen Straße, die beim Haus Nr. 5 nach links schwenkt. An der T-Kreuzung halten wir uns rechts. Nach dem letzten Haus ist links in den Kammweg einzubiegen, die Autofahrer kommen von rechts. Hier treffen sich beide Varianten.

Moorbirken säumen links und rechts den Weg. An der Kreuzung halten wir uns noch geradeaus, biegen aber dann links in den Rundgang Moorlehrpfad in der **Stengelhaide (2)** ein, der zweimal nach rechts abbiegt und teilweise über einen Knüppeldamm führt. Am Ende biegen wir an der T-Kreuzung kurz rechts ein und an der Kreuzung wieder rechts in den Kammweg und setzen den Rundgang am ersten Weg links fort.

Nach dem Beobachtungsstand biegen wir in Sichtweite von Gebäuden rechts in den Waldpfad ein, kurz danach ist das Wanderzeichen grüner Balken zu sehen. Wir überschreiten vorsichtig die B 174 und folgen geradeaus

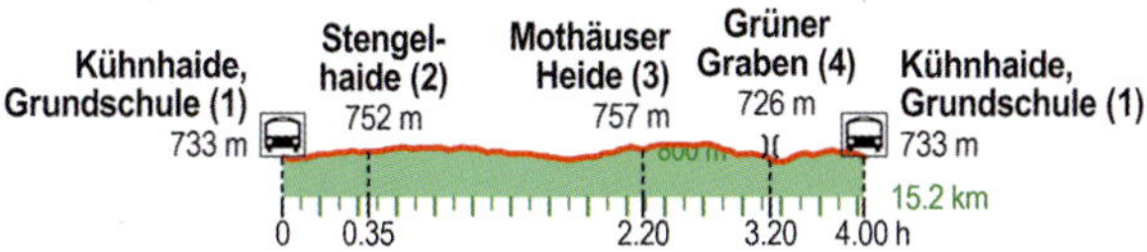

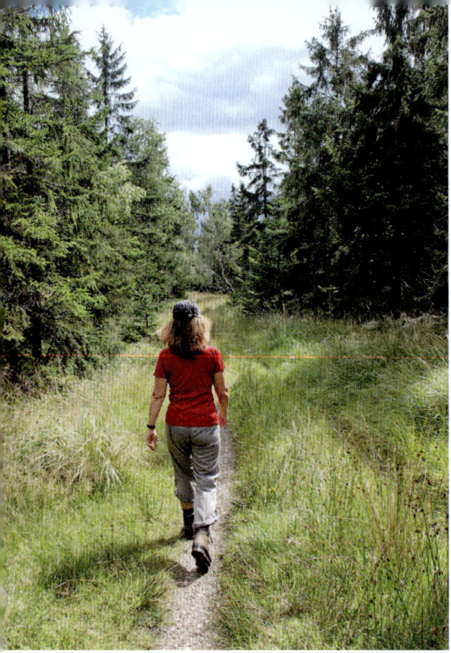

Auf kleinen Wegen in der Mothäuser Heide.

dem Waldweg weiter, der grüne Balken wird vorläufig verlassen. Wir wandern nun auf dem Zeuggrabenweg (ohne Ausschilderung), bald links des Grabens, der schon im 16. Jh. angelegt worden ist. Der Weg kann hier holprig sein. Am Querweg geht es links und wir folgen wieder dem grünen Balken. Schließlich kommen wir am Anton-Günther-Denkmal am »Erzgebirgsblick« (leider keine Aussicht mehr) vorbei und bald an einem Haus. Hier sind noch die Reste der ehemaligen Flöhatalbahn (Reitzenhain–Flöha) linker Hand sichtbar. Wieder wird vorsichtig die B 174 überschritten.

Wir halten uns geradeaus (leicht rechts versetzt) durch eine Schranke in den angenehmen Forstweg. Wo dieser nach knapp 2 km nach links schwenkt, nutzen wir rechts den grasbewachsenen Weg, bisweilen holprig und wenig begangen (ggf. liegen Bäume quer über dem Weg). Am Forstweg biegen wir scharf nach links ein und an der Kreuzung scharf nach rechts. Wir betreten nun die Kernzone des Naturschutzgebiets der **Mothäuser Heide (3)** und bleiben strikt auf dem Weg. An der großen Kreuzung biegen wir links ein (Abkürzer können auch geradeaus zurück nach Kühnhaide gehen) und folgen dem schnurgeraden Weg. An der T-Kreuzung biegen wir kurz rechts in die Straße ein, dann in den ersten Weg links. Linker Hand befindet sich ein überdachter Rastplatz.

Nun nehmen wir den ersten Weg schräg rechts (in Karten als Wellnerweg bezeichnet), bald oberhalb des Wellnerbaches, an mehreren Abzweigen vorbei. Achtung, wo rechter Hand eine Brücke und ein Weg zu sehen sind, biegen wir in den Pfad dorthin ab und halten uns unten rechts, links des **Grünen Grabens (4)**. Hier erfreuen uns Wiesen und das große Bachtal der Schwarzen Pockau, auch Schwarzwasser genannt. Wir bleiben immer oben beim Graben. Bei einer Brücke ist rechts in den WDE-Weg einzubiegen. Wir wandern immer geradeaus weiter bis zum Sportplatz. Danach geht es links zum Parkplatz. Wir nutzen weiter die Straße und biegen unten rechts ein zur Bushaltestelle »Grundschule« in **Kühnhaide (1)**.

4.15 Std.

Zum Hirtstein, 890 m

22

Zu einem markanten Basaltfelsen

Von Schmalzgrube, benannt nach einer alten Eisenschmelze, geht es auf dem Kammweg zum Hochplateau des Hirtsteins, des höchsten Bergs des Mittleren Erzgebirges, wo sich eine schöne Aussicht bietet. Sehenswert ist der Basaltfelsen, auch Palmwedel genannt, der aus erstarrter Lava, die einen 15 m hohen Fächer bildet, entstanden ist. Der Rückweg erfolgt durch schönen Wald, teilweise durch die Hainsimsen-Buchenwälder des Naturschutzgebietes Steinbach, anschließend hoch über dem Tal der Preßnitz zurück nach Schmalzgrube.

Ausgangspunkt: Bahnhof der Preßnitztalbahn in Schmalzgrube, 602 m. Bus 430 von »Annaberg-Buchholz, Unterer Bahnhof« nach »Schmalzgrube, Bahnhof«, von Mai bis Okt. historische Preßnitztalbahn von Steinbach und Jöhstadt (Sa./So.). Parkplätze vorhanden (Navi: (Alte) Grumbacher Straße 1, Schmalzgrube/Jöhstadt).
Höhenunterschied: 300 m.
Anforderungen: Wald- und Feldwege, z. T. befestigt.
Einkehr: Berggasthof Hirtsteinbaude auf dem Hirtstein (Di./Mi. Ruhetag).
Karte: GeoSN 1:25.000, Blatt 23.

Der »Palmwedel« am Hirtstein besteht aus fächerförmigen Basaltsäulen.

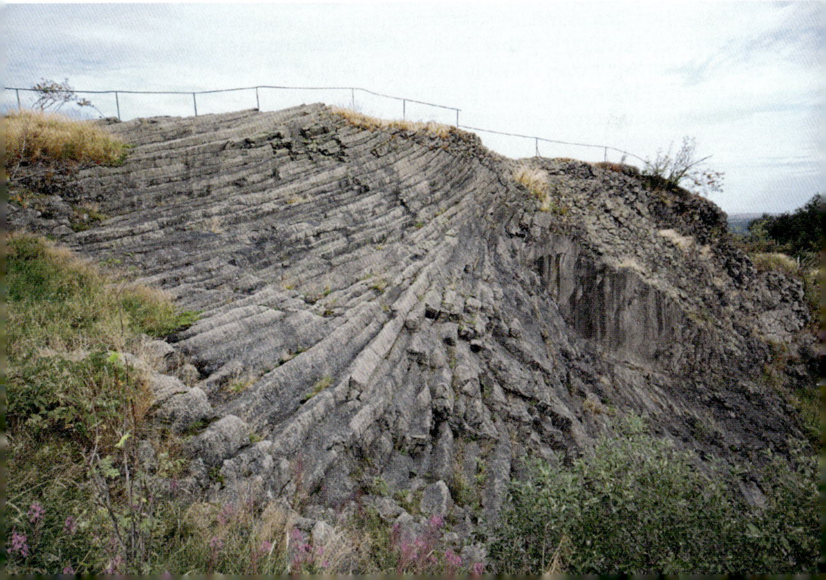

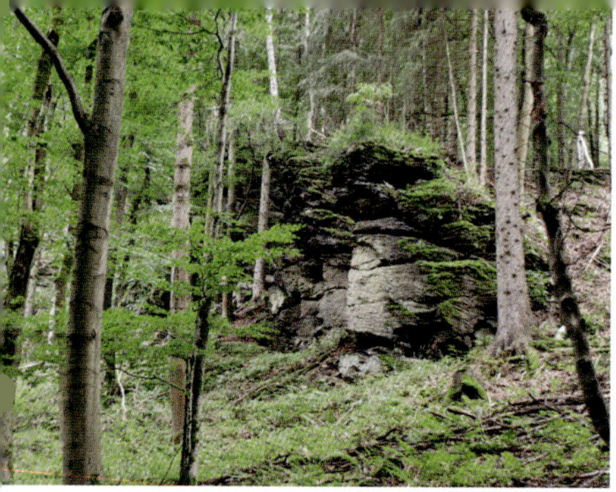

Am Weg nach Schmalzgrube grüßen Felsen.

Vom Bahnhof der Preßnitztalbahn in **Schmalzgrube (1)** geht es die Hauptstraße südwärts hinauf. Bei der Polizeistation biegen wir links in den Kammweg ein, nun wird es steil. An einer Kreuzung gehen wir geradeaus weiter in den Waldweg. Wir behalten an zwei Kreuzungen die Richtung bei, weiter oben gehen wir an einer Kreuzung schräg rechts, dann erneut schräg rechts. Immer ist dem Kammweg zu folgen. An einem breiten Schotterweg geht es links weiter.

An einer Kreuzung mit Wendeschleife ist wieder links abzubiegen, der Kammweg wird verlassen. Wer einen bequemen Weg dem schönen vorzieht, kann auch die ganze Zeit auf dem Kammweg gehen. Alle anderen gehen kurz auf dem geteerten Weg hinunter bis zum Bach und biegen danach schräg rechts in den unbefestigten und unmarkierten Weg ein. Immer geradeaus ist auf dem Hauptweg zu bleiben, auch an einer platzartigen Erweiterung. Der Weg wird zum Hohlweg, der Untergrund ggf. uneben. An der Schutzhütte **Lustiger Hans (2)**, wo sich beide Varianten treffen, biegen wir links in den Wiesenweg ein (Kammweg).

Wir wandern jetzt immer am linken Wiesenrand entlang. Rechts werden die Häuser von Satzung sichtbar. Beim Ort halten wir uns geradeaus und folgen weiter dem Kammweg. Rechts vom Berggasthof ist der höchste Punkt des **Hirtsteins (3)** erreicht. Zum Basaltfelsen Palmwedel geht es links an der Hirtsteinbaude vorbei, dann rechts und in den ersten Weg links. Unten bietet sich ein schöner Blick auf den Fächer des Felsens. Wir gehen rechts (ggf. feucht) und an der Straße geradeaus in den Kammweg (blauer Balken). An der ersten Kreuzung (in ca. 30 m Entfernung ist ein Wanderzeichen vom Kammweg zu sehen) ist links in den grasbewachsenen Weg einzubiegen. An der Kreuzung geht es geradeaus und nachdem ein Weg von scharf rechts zugestoßen ist, an der folgenden Kreuzung rechts hinab. Weiter unten geht es an der Kreuzung am Teerweg kurz rechts und an der nächsten Kreu-

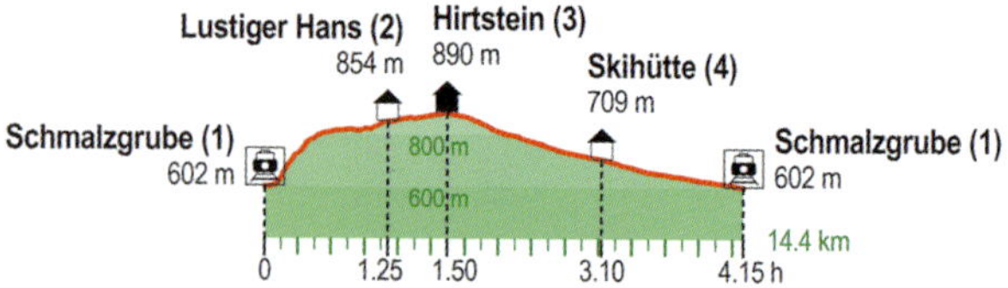

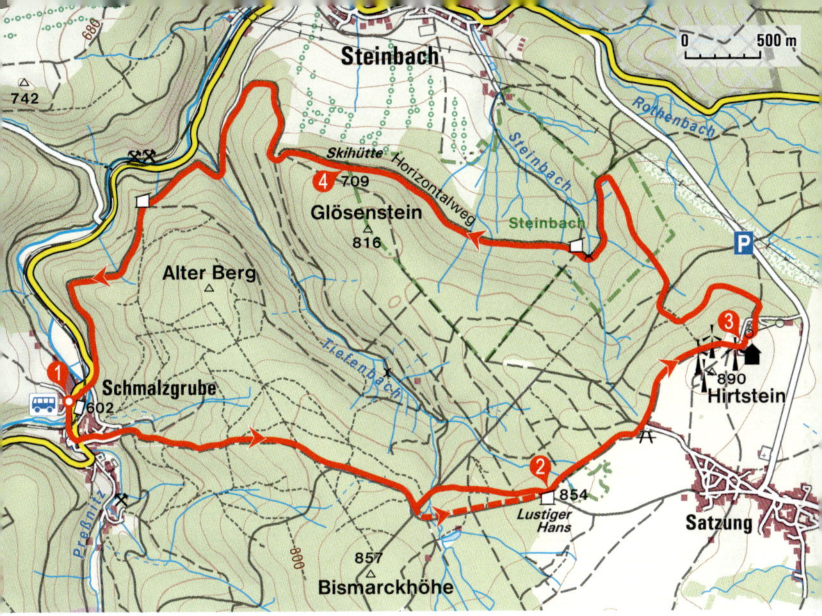

zung geradeaus in den grasbewachsenen Weg. Wir wandern an mehreren Abzweigen vorbei und biegen schließlich an der Kreuzung links in den Forstweg ein.

Ab hier wird der Weg recht bequem. Wir wandern immer geradeaus auf dem Hauptweg weiter, der sporadisch mit dem gelben Balken markiert ist und uns längere Zeit begleitet. Bald ist linker Hand eine Tafel des Naturschutzgebiets Steinbach erreicht. Später grüßen Felsen linker Hand. An der **Skihütte (4)** wird das Naturschutzgebiet wieder verlassen. Weiterhin wandern wir immer geradeaus. An Wegweisern halten wir uns schräg rechts und an der T-Kreuzung erneut rechts. Ab hier ist der Weg immer mal wieder für kurze Zeit geteert und führt leicht auf und ab. An zwei Abzweigen geht es geradeaus, immer den Hauptweg weiter, dann in einem großen Linksbogen. Erneut an einem Abzweig geradeaus, auch am Rastplatz »Zun 3-Bankln«. An der Gabelung folgen wir rechts dem gelben Balken. Es geht über eine Brücke (linker Hand ist eine Bank am Bach), dann rechts. Nun sind Felsen linker Hand zu sehen. In einer Linkskurve ist vom »Kunstgraben« zu lesen, der jetzt zugeschüttet ist. Wir folgen weiter dem Hauptweg und kommen an der Schutzhütte Am »Sexer« Berg vorbei. An der Durchgangsstraße wandern wir geradeaus weiter, schon ist unser Ziel zu sehen. Wir überschreiten die Gleise, folgen der Straße ein Stück weiter und schon ist bald der Bahnhof in **Schmalzgrube (1)** erreicht.

23 Ins Katzensteingebiet

6.00 Std.

Vom Bergbaugebiet Pobershau auf die Spur der Steine

Auf dem Bergbaulehrpfad geht es am Schaubergwerk Pobershau vorbei ins dicht bewaldete Katzensteingebiet. Hier hat sich die Schwarze Pockau tief ins Gebirge eingegraben: Steile und hohe Felsen, die auch bei Kletterern beliebt sind, säumen den rauschenden Fluss. Den Auftakt bildet der Aussichtsfelsen Katzenstein, dann geht es ins Tal, wo Nonnenfelsen und Katzensteinnadel mit 60 m Höhe alles andere überragen. Auf der anderen Flussseite beeindruckt das Felsmassiv Teufelsmauer. Anschließend wandern wir auf kleinen Wegen zu den weniger besuchten Aussichtspunkten Vogeltoffelfelsen und Stiftskanzel. Diese Tour verspricht Spannung und Abenteuer!

Ausgangspunkt: Bushaltestelle »Pobershau, Brücke«, 512 m, erreichbar mit dem Bus 207 von Olbernhau und Marienberg (ca. alle 2 Std.). Keine Parkmöglichkeit, Autofahrer beginnen die Tour am (gebührenpflichtigen) Parkplatz am Katzenstein (3, 694 m, Navi: Amtsseite, AS-Katzensteinweg 2, Pobershau/Marienberg) nahe Pobershau und beschränken sich ggf. auf die Variante (s.u.).
Höhenunterschied: 750 m.

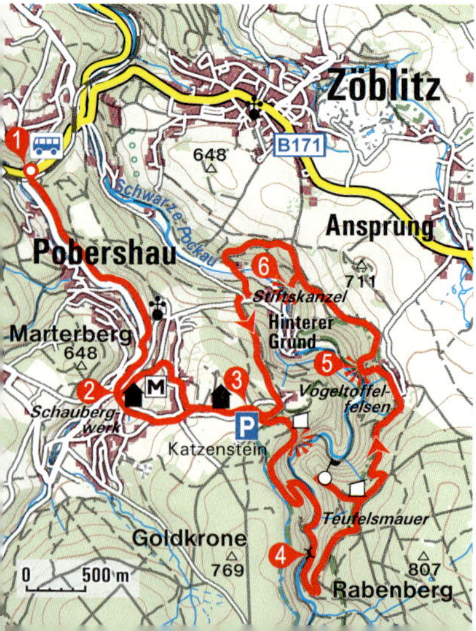

Anforderungen: Von Pobershau bis zum Parkplatz am Katzenstein (3) Straßenwanderung. Für Kinder empfiehlt sch der Wegteil vom Parkplatz (3) bis zur Teufelsmauer (nahe Wegpunkt 4). Wenig begangene Wege ab der Wilddiebsbrücke. Die Tour erfordert insgesamt einiges an Ausdauer (Tendenz zu »schwarz«).
Einkehr: Café Zechenstube (Mo. Ruhetag) und Gaststätte Huthaus zum Molchner Stolln (Fr. Ruhetag) am Schaubergwerk Pobershau; Bergschänke zum Katzenstein (Mo./Di. Ruhetag).
Variante: Moderate Tour für Autofahrer ab dem Parkplatz am Katzenstein (3), 8 km bzw. etwa 2 Std. kürzer.
Tipp: Besichtigung des Schaubergwerks Tiefer Molchner Stolln, Amtsseite Dorfstr. 67, 09496 Pobershau, Mo. geschl.
Karte: GeoSN 1:25.000, Blatt 27.

An der **Bushaltestelle »Pobershau, Brücke« (1)** wenden wir uns der Brücke zu und biegen dort links ein, in Richtung Pobershau und Schaubergwerk. Wir kommen an einem Parkplatz und der Bushaltestelle »Niederer Grund« vorbei, rechts plätschert der Bach. Vor der nächsten Bushaltestelle ist links das Mundloch des bereits 1538 erwähnten Gül-

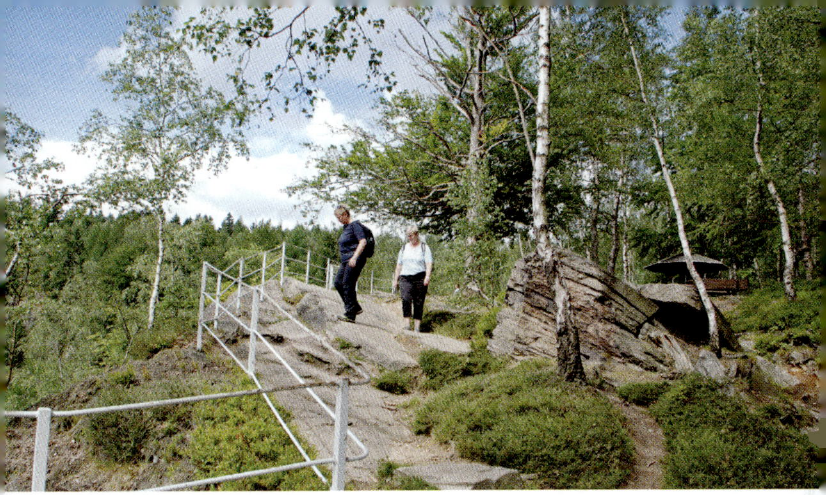

Am Katzenstein.

denen Esel Stollns (P41) zu sehen. Der Bergbaulehrpfad ist erreicht; einige besonders interessante der mit P-Nummern bezeichneten Stationen sind in der Wegbeschreibung erwähnt, so das Huthaus zur Grube (P40), das nach der Bushaltestelle »Wagenbachtal« rechts vom Weg liegt. Ein Huthaus, auch Zechenhaus genannt, war das Verwaltungsgebäude eines Bergwerks.

Nach der Brücke erblicken wir rechts das Haus Zinnfolienhammer (P12), wo einst Folien zur Spiegelherstellung angefertigt wurden und links weitere ehemalige Huthäuser (P11 und P10). Ein Hingucker ist das Modell Pferdegöpel (P13) bald rechter Hand. Pferdegöpel waren im 16. Jh. gebräuchliche Bergbauförderanlagen. Rechts führt die Straße zum St. Michaelis Schacht (P15), dann gehen wir die Straße zurück und links am Rathaus vorbei in Richtung der Bushaltestelle »Silberscheune«. Wir passieren das Gästebüro und wenden uns schließlich links zu Fachwerkhäusern und zum **Schaubergwerk (2)**. Nach der Besichtigung folgen wir weiter der Straße, gehen links über die Brücke und dann wieder links. Einen Blick wert ist das Zechenhaus der Grube St. Johannes (P47). Dann geht es schräg rechts hoch (Burghardtweg), vorbei am Huthaus zur Grube (P49). Rechter Hand kommt bald die Burkhardter Binge (P50). Eine Binge oder auch Pinge ist eine bergbaubedingte Senke. Jetzt wird es steil. Wir haben bald einen schönen Blick auf Pobershau. Wir laufen weiter geradeaus und am Platz rechts hinauf, vorbei am Huthaus zur Molchner Fundgrube (P54). Oben an der Straße lohnt ein Blick zurück ins Tal, es geht rechts. An der Kreuzung verlassen wir den Bergbaulehrpfad, biegen links ein und gehen geradeaus an der Bergschänke vorbei zum **Parkplatz am Katzenstein (3)**, wo die Wanderung für Autofahrer beginnt.

Am Parkplatz wenden wir uns den Wandertafeln zu und biegen dahinter rechts in den Arnoldsweg ein. An der Kreuzung geht es geradeaus in den Waldpfad, bald Naturlehrpfad. Am Abzweig halten wir uns rechts. An der Schutzhütte führt ein Abstecher geradeaus zur Katzenstein-Aussicht. Anschließend laufen wir zurück zur Hütte, biegen dahinter links ein und folgen weiter dem Naturlehrpfad. Vor dem Graben wandern wir unmarkiert links weiter. An der Gabelung wählen wir den linken Weg, der bald leicht nach unten führt. In Serpentinen geht es abwärts. Unten wandern wir geradeaus weiter, begleitet vom Wanderzeichen roter Balken. Es geht am Fluss Schwarze Pockau entlang, rechts beeindrucken Katzensteinnadel und Nonnenfelsen, links die Teufelsmauer.

Auf der **Wilddiebsbrücke (4)** überschreiten wir links den Fluss. Ab hier wandern wir auf einem schmalen grasbewachsenen Weg ohne Kennzeichnung. Oben heißt es aufpassen, denn am Abzweig nach Felsen rechter Hand ist scharf links abzubiegen. An der Gabelung wandern wir links hinunter. Hier blüht im Sommer der Fingerhut. Achtung, nach einem Rechtsbogen geht es leicht aufwärts. Links des Weges grüßen Felsen, wieder kommt eine Rechtskurve. Am breiten Rabenbergweg geht es links. An einer Schutzhütte führt links ein Abstecher zum Raubschloss, das Schild verweist auf die Schlossruine Liebenstein. Jeder muss für sich entscheiden, ob es sich lohnt, denn von der Ruine ist fast nichts übrig und beim Burgberg ist der Blick von Bäumen verstellt. Beim Abstecher halten wir uns am Abzweig geradeaus. Bei einer Bank lässt sich der Blick auf Katzensteinnadel und Nonnenfelsen genießen, kurz darauf ist der Burgberg erreicht. Nach dem Abstecher kehren wir wieder zur Schutzhütte zurück.

Wir nehmen die bisherige Richtung wieder auf und biegen nach ca. 300 m scharf links in einen geschotterten Weg ein, der nach wenigen Metern zum Pfad wird und bald sanft abwärtsführt. An einem Abzweig geht es mit den Wanderzeichen grüner und roter Balken sowie EB geradeaus. Nach dem Bach biegen wir rechts ein (links führt ein Abstecher zu Felsen), bald links an einem Haus vorbei. Danach halten wir uns erst links und dann wieder rechts. Bei einem schwarzen Haus geht es nach links. Am Ende des Teerwegs gehen wir wieder links, hinunter in den grasbewachsenen Weg, der gleich darauf nach rechts schwenkt. Am Abzweig wandern wir geradeaus weiter, dann folgen wir links dem Schild zum **Vogeltoffelfelsen (5)** mit Blick aufs Tal.

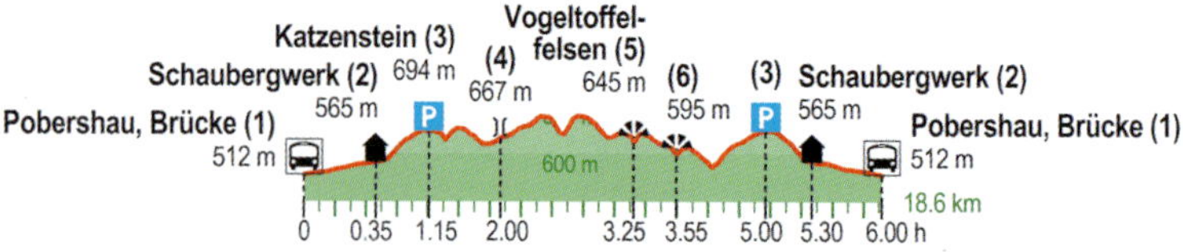

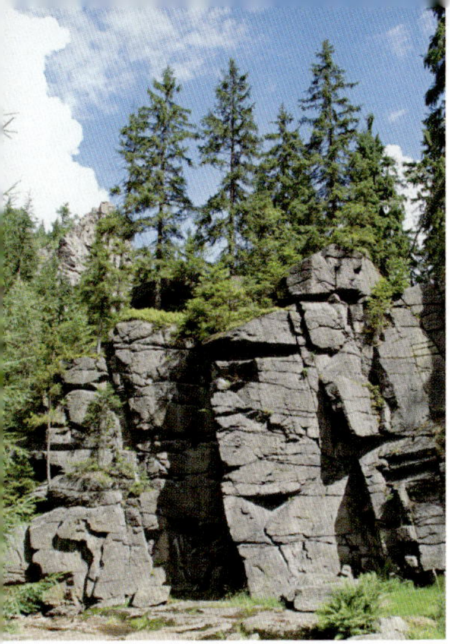

Die Teufelsmauer.

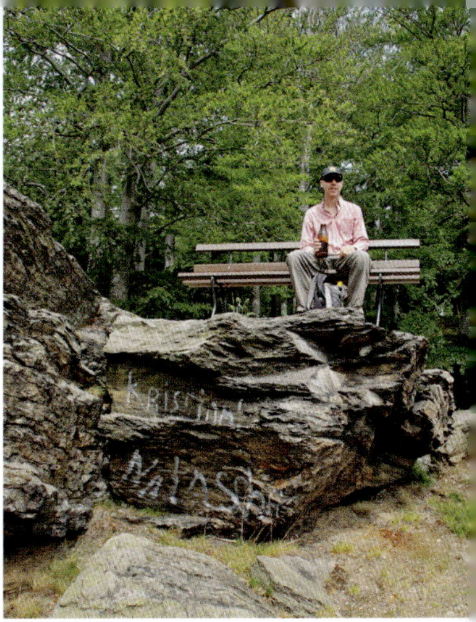

Rast am Vogeltoffelfelsen.

Zurück zum Abzweig, wo links einzubiegen ist. Bald führt der Weg ins Freie. Wir folgen dem ersten Weg links, markiert mit grünem Balken, dann immer auf dem Hauptweg weiter. An einer Gabelung führt zwischen Bäumen links ein Abstecher zur **Stiftskanzel (6)**. Eventuell ist der Weg anfangs zugewachsen, aber mit grünem Balken gekennzeichnet.
Nach dem Abstecher geht es zurück und an der T-Kreuzung links. Der Weg führt nun am Waldrand entlang. Am Ende des Waldes biegen wir schräg links in den Wiesenweg ein. Gleich in der Talmulde halten wir uns links, gehen an einem Hochsitz vorbei in den Waldpfad. An der T-Kreuzung geht es rechts, ggf. erschweren umgestürzte Bäume das Vorankommen.
An der Kreuzung biegen wir scharf links ein. Wir queren eine Straße und halten uns schräg links, der Weg ist sporadisch mit einem gelben Balken markiert und führt zunächst aufwärts. An der kleinen Straße biegen wir links ein, an der breiten rechts und gleich wieder links in den Weintraubenweg, dem gelben Balken nach. An der Gabelung halten wir uns rechts. Wir passieren das Berghaus am Katzenstein, nun auf einem geteerten Weg, der bald nach rechts schwenkt. Vor dem Parkplatz ist rechts einzubiegen und bald ist der Anfang des **Parkplatzes am Katzenstein (3)** erreicht. Nutzer öffentlicher Verkehrsmittel gehen wie auf dem Hinweg zur Kreuzung in Pobershau, dort geradeaus, an der Gabelung rechts und im Tal kurz links und rechts über die Brücke. Dann die Durchgangsstraße immer geradeaus zurück zur **Bushaltestelle »Pobershau, Brücke« (1)**.

24 Westlich von Arnsfeld

3.00 Std.

Bergwiesen und weite Blicke

Von Arnsfeld geht es in weitem Bogen über einen Panoramaweg zum Hohen Gut, dann in das romantische obere Rauschenbachtal und auf einem Baumlehrpfad in die Höhe. Oben wird der Blick auf eine vielseitige Landschaft frei – reliefartig fügen sich Felder und Wälder ineinander. Besonders im Mai erfreuen ausgedehnte Löwenzahnwiesen mit ihren gelben Tupfen den Wanderer. Die höchste Erhebung ist mit 728 m die Fuchshöhe, wo sich ein weiter Blick in alle Richtungen bietet und man die Seele baumeln lassen kann.

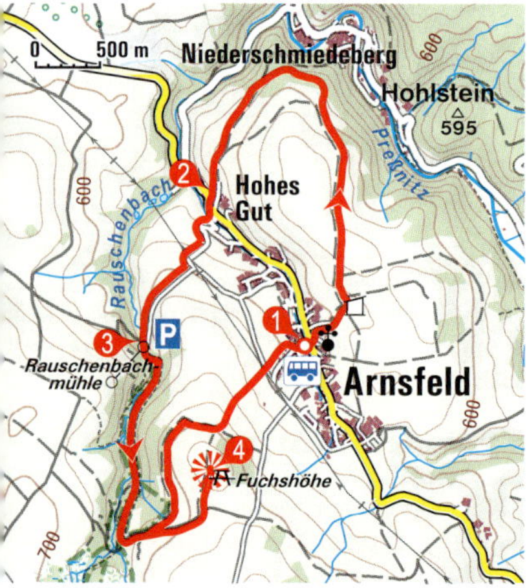

Ausgangspunkt: Kirche in Arnsfeld 589 m. Mehrere Parkmöglichkeiten nahe der Kirche (Navi: Hauptstraße 108, Arnsfeld). Ungünstig mit öffentlichen Verkehrsmitteln. Bus 431 von »Busbahnhof, Annaberg-Buchholz« zur Haltestelle »Arnsfeld, Abzweig Niederschmiedeberg« (nur Mo.–Fr., hin ca. alle 2–3 Std., zurück stündlich). Busnutzer laufen die Straße in Richtung Ort und starten beim Hohen Gut (2).
Höhenunterschied: 300 m.
Anforderungen: Wald- und Feldwege, überwiegend ohne Wanderzeichen. Im Sommer geht es bei der Fuchshöhe über einen Wiesenpfad, wo das Gras etwas höher stehen kann. Keine größeren Anstiege.
Einkehr: Unterwegs keine. In Steinbach gibt es die Raststätte Am Wildbach (Mo./Di. Ruhetag)
Karte: GeoSN 1:25.000, Blatt 23.

Der Rastplatz auf der Fuchshöhe lohnt einen Abstecher.

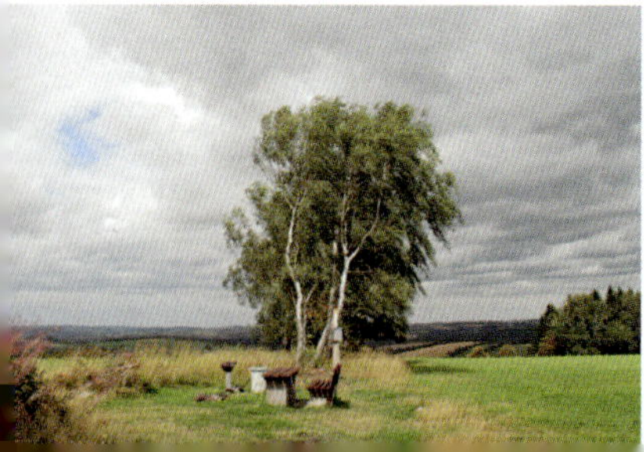

Von der Kirche in **Arnsfeld (1)** gehen wir die Hauptstraße hinunter und halten uns an der Hauptstraße 98 rechts. An der Gabelung ist links einzubiegen, so auch an der T-Kreuzung. Wir befinden uns jetzt auf einem Panoramaweg, der an Wiesen und Feldern vorbeiführt. An einem Rastplatz linker Hand gehen wir geradeaus in Richtung Niederschmiedeberg. Vor einer Linkskurve geht es bei Wegweisern geradeaus, am Feldrand entlang. Der Weg führt in den Wald und schwenkt nach links, ein schöner Waldweg. An einem weiteren Abzweig gelangen wir geradeaus ins Freie.

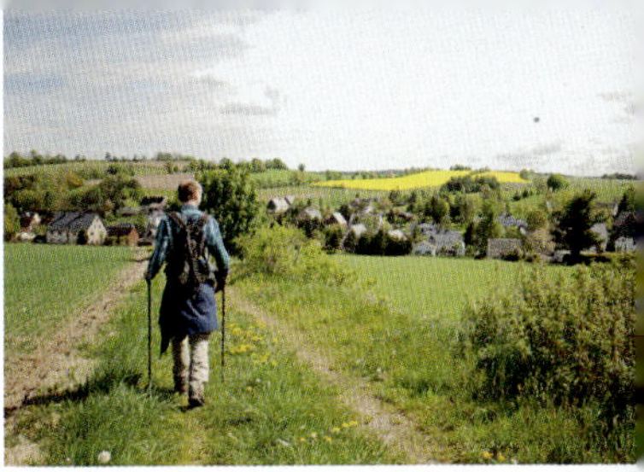

Auf dem Weg nach Arnsfeld.

Im Ort **Hohes Gut (2)** gehen wir die Straße hinunter, überqueren unten die Durchgangsstraße (hier stoßen die Busnutzer von rechts dazu), wandern den unbefestigten Weg hinunter, an der Scheune scharf rechts und dann links in den Niederen Weg. Nach dem Dorfbach nutzen wir den Teerweg links, der sanft in einer Rechtskurve aufwärtsführt. An der T-Kreuzung halten wir uns rechts, der Weg schwenkt nach links. Bald ist rechts in die Pfaumühlenstraße einzubiegen. Nach kurzer Zeit ist die **Rauschenbachmühle (3)** erreicht. Hier wenden wir uns dem Gebäude zu und gehen rechts daran vorbei, geradeaus über den Spielplatz und an der Feuerstelle links zum Baumlehrpfad. An der Kreuzung biegen wir rechts ein. Von Tafel zu Tafel werden hier kleine Aufgaben gestellt, die Lösung ist auf der jeweils nächsten Tafel zu finden. An einer Gabelung geht es links hoch, dem Lehrpfad nach, und an einer weiteren Kreuzung geradeaus. Wir folgen nun dem Wanderzeichen grüner Balken und kommen an einem überdachten Rastplatz vorbei. Am Forschungsinstitut Arnika wandern wir geradeaus weiter. Bald geht es an Wiesen vorbei. Am befestigten Weg biegen wir links ein. Nach ca. 300 m erreichen wir nach dem Schild »Naturschutzgebiet« einen Abzweig. Hier können wir sofort schräg links (unmarkiert) weitergehen.

Es bietet sich aber an, für einen Abstecher noch ca. 400 m auf der Straße weiterzulaufen und dann links in den Weg auf die **Fuchshöhe (4)** einzubiegen. Die 728 m hohe Erhebung auf der Jöhstadt-Grumbacher Hochfläche ist ein wunderbarer Aussichtspunkt (bis zum Hirtstein im Südosten und dem Fichtelberg im Südwesten) und ein ansprechender Rastplatz, es gibt sogar ein »Gipfelbuch«. Wer auf der Fuchshöhe war, geht auf der Straße zurück zum Abzweig und dann rechts.

Wir folgen dem Wiesenweg immer geradeaus, später an einem Abzweig vorbei, der links in den Wald führt. Im Sommer kann hier das Gras etwas höher stehen. Vor einem Feld biegen wir rechts ab. Bald lohnt ein Blick zurück über das »Mosaik der Felder«. An der zweiten Baumreihe geht es links einen Pfad hinunter, der bald breiter wird. Hier genießen wir den Blick auf den Ort und wandern an der Kreuzung geradeaus weiter. Beim ersten Haus von **Arnsfeld (1)** halten wir uns schräg rechts in Richtung Kirche und gehen zurück zu unserem Parkplatz.

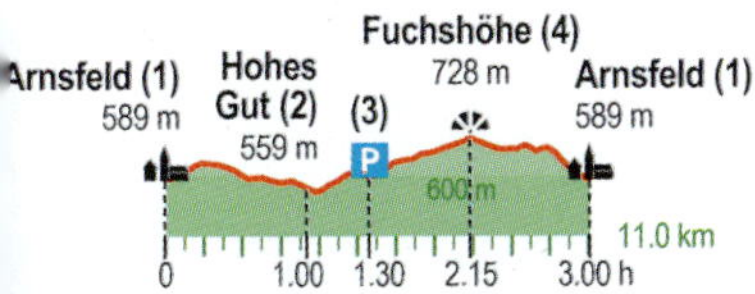

TOP 25 In die Wolkensteiner Schweiz

4.30 Std.

Eine Burg, spektakuläre Felsen und ein Heilbad

Auf hohem Bergsporn thront die im 12. Jh. errichtete Burg Wolkenstein über dem Zschopautal. Oft auch als Schloss bezeichnet, bildet sie eine Einheit mit der mittelalterlichen Stadt, einer der ältesten im Erzgebirge und einst Zentrum des Bergbaus. Die Wolkensteiner Schweiz trägt ihren Namen zu Recht, denn hier locken tolle Felsen und Aussichtspunkte, ein Höhepunkt folgt dem anderen. Von der Anton-Günther-Höhe geht es zum Kurort Warmbad, dessen Heilwasser schon im 13. Jh. entdeckt wurde. Der eher ruhige Rückweg in einsamer Landschaft erfolgt durch Wälder und Felder, vorbei an Zeugnissen des einstigen Bergbaus. Nach dem Ort Wolkenstein und seiner Burg bildet die steil ins Tal führende Wolfsschlucht einen krönenden Abschluss, die als einer der spektakulärsten Wegabschnitte im Erzgebirge gelten kann.

Ausgangspunkt: Bahnhof Wolkenstein, 395 m. Regionalbahn von Chemnitz Hbf. zum Bahnhof Wolkenstein (Sachs) (ca. stündlich). Parkmöglichkeiten in der Umgebung (Navi: Am Bahnhof, Wolkenstein) oder alternativ am Markt (7, Navi: Markt, Wolkenstein).
Höhenunterschied: 460 m.
Anforderungen: Orientierungssinn und Ausdauer erforderlich.
Einkehr: Zum Grenadier (nur Sa./So.) auf Schloss Wolkenstein; Gaststätte Zum Schloßberg (Mo. Ruhetag) in Wolkenstein; Café Brunnenfee (auf der anderen Seite des Trinkpavillons) in Warmbad.
Tipp: Museum Schloss Wolkenstein zur Stadt- und Schlossgeschichte, Mo. geschl.
Karte: GeoSN 1:25.000, Blatt 22.

Die Burg Wolkenstein.

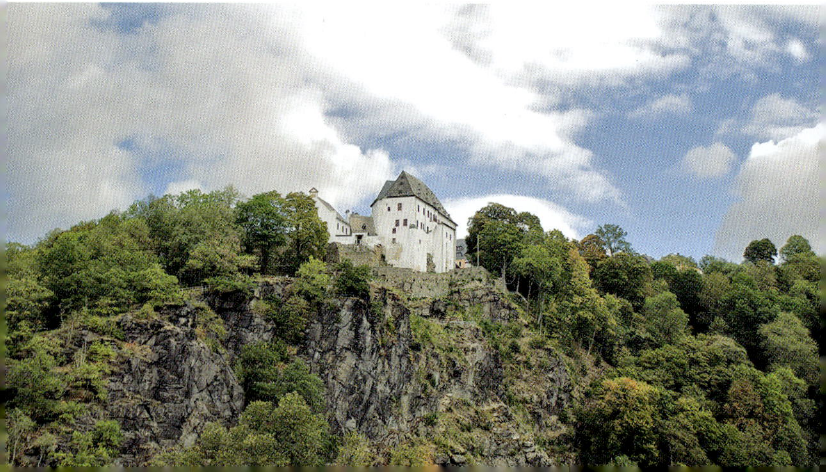

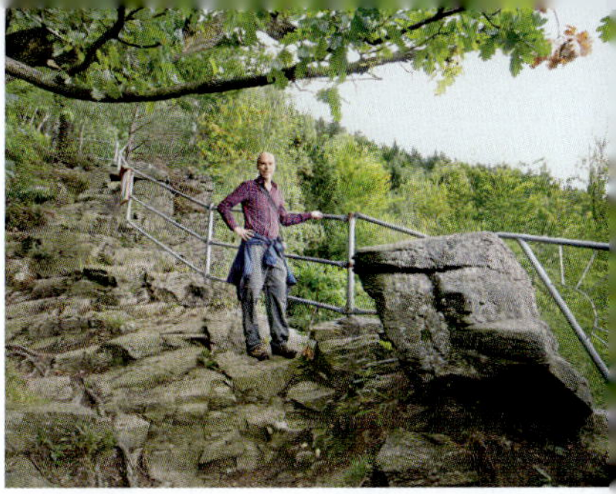

Aussichtskanzel Brückenklippe.

Am **Bahnhof Wolkenstein (1)** wenden wir uns zur Durchgangsstraße, dort kurz rechts und gleich wieder links. Weiterhin ist dem grünen Balken in Richtung Ziegenfelsen zu folgen. Nach der Rechtskurve biegen wir mit den Wanderzeichen rechts ein. Rechter Hand lässt sich bei wenig Laub ein Blick auf das Schloss erhaschen. Wir laufen nun auf einer Wiese am Waldrand entlang. Rechts führt ein lohnender Abstecher zum **Ziegenfelsen (2)** sowie zu einem weiteren Aussichtspunkt. Anschließend gehen wir den Weg zurück und halten uns an der T-Kreuzung rechts, dann geradeaus, ggf. ohne deutlichen Weg. Am Abzweig gehen wir rechts. Nun ist einige Zeit dem gelben Punkt zu folgen. Noch einmal bietet sich ein großartiger Blick auf Wolkenstein, dann biegen wir mit dem gelben Punkt scharf nach rechts ein. Auch vom Tollstein lässt sich die Aussicht genießen.

Jetzt laufen wir nach unten, über Wurzeln und Bäche hinweg. Nach dem letzten Bach geht es rechts und links des Bachs ins Tal. Unten queren wir die Straße und biegen vor der Zschopau links ein. Ca. 50 m vor der Bahnbrücke laufen wir steil links hinauf. An der Straße gehen wir rechts, folgen dem gelben Punkt und wandern wieder abwärts, unten links, bald parallel der Gleise. Schließlich überschreiten wir unten den Bahnübergang und biegen scharf rechts ein. Wir laufen nun auf der anderen Seite der Gleise zurück. Auf einer Brücke geht es über die Zschopau und dann rechts.

Wir nutzen links den Abzweig, der mit den Wanderzeichen roter Balken und gelber Punkt gekennzeichnet ist. In Serpentinen geht es aufwärts zum Aussichtspunkt **Brückenklippe (3)** in der Wolkensteiner Schweiz. Dort ist mit unseren Wegmarkierungen rechts abzubiegen. Am Waldende halten wir uns scharf links (Wanderzeichen gelber Punkt) zur Anton-Günther-Höhe. Nach der Schutzhütte geht es schräg links (rechter Hand erfreut ein Blick auf Warmbad), die Wanderzeichen geleiten uns den Pfad hinunter. Bei Stufen geht es geradeaus weiter und dann die Himmelsleiter hinunter. Bald laufen wir wieder in Serpentinen.

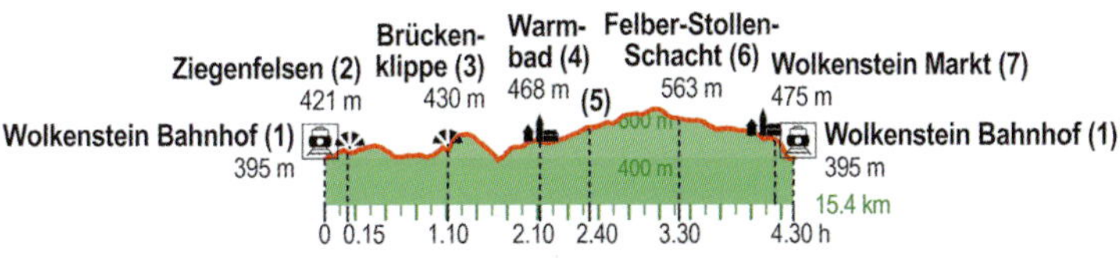

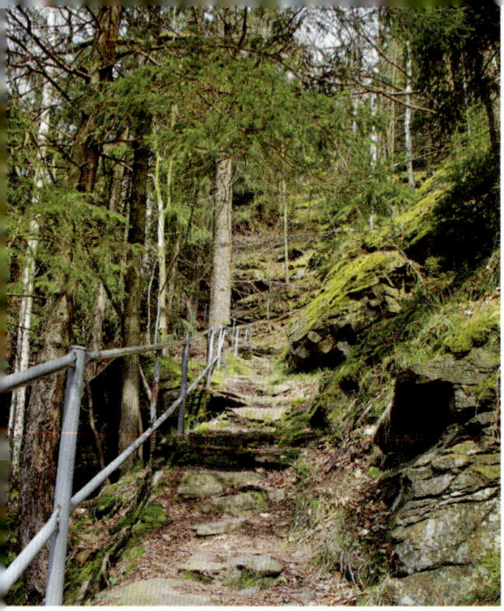

In der Wolkensteiner Schweiz.

Bei Hinweisschildern gehen wir links in Richtung Floßplatz, weiterhin dem Wanderzeichen gelber Punkt folgend. An der Kreuzung geht es geradeaus und links am Waldhaus vorbei. Auf der anderen Seite des Parkplatzes laufen wir erst links und dann rechts unter der Straßenbrücke hindurch. Wir wandern geradeaus weiter, nun auf dem Königsbachweg (Route 2), der ebenfalls mit dem gelben Punkt gekennzeichnet ist. An der Gabelung wählen wir den unteren Weg im wildromantischen Bachtal. Bald wird es steil. Wir kommen an ehemaligen Stollen vorbei und biegen an der T-Kreuzung ohne Wanderzeichen rechts ein. Im Nadelwald wandern wir geradeaus weiter. Wo der gelbe Punkt wieder beginnt, geht es geradeaus, dann an der nächsten T-Kreuzung schräg links.

Beim Feld geht es rechts nach **Warmbad (4)**. Im Ort überqueren wir die Straße und folgen der Lindenallee geradeaus. Im Kurpark biegen wir vor dem See links ein und laufen weiter geradeaus. Rechter Hand ist bald der Trinkpavillon zu sehen. An der Straße Am Kurpark halten wir uns links und nutzen dann rechts den Wanderweg, der mit dem gelben Balken gekennzeichnet ist. Bei einer Schutzhütte geht es in den Wald. An der ersten Gabelung gehen wir rechts, an der nächsten links, dem Schild »Palmbaum 0,1 km« nach auf einen bequem zu begehenden Waldweg. Wir passieren ein Haus und genießen beim Palmbaum, einer ehemaligen Grube, die reizvolle Aussicht.

An der kleinen Straße von **Gehringswalde (5)** gehen wir links und am Dorfende geradeaus, weiter dem gelben Balken folgend. An einem Abzweig halten wir uns rechts und queren die B 101. Hier und in nächster Zeit lohnt der Panoramablick zurück. Wir folgen dem Wiesenweg nach oben. Es geht in den Nadelwald und wieder hinaus. Vor dem Feld biegen wir links ein. Am Abzweig geht es geradeaus ins Kiesholz, der Ausschilderung zur Drei-Brüder-Höhe und den Wanderzeichen roter und blauer Balken nach. Wir bleiben immer auf dem Hauptweg, einem schönen Waldweg – man fühlt sich fast wie im Harz. An der deutlichen Gabelung halten wir uns rechts, die Wanderzeichen werden wieder verlassen. Wir wandern nun immer geradeaus.

An der Wiese halten wir uns rechts (ein paar Schritte geradeaus lohnen für eine Aussicht) und befinden uns gleich wieder im Wald. Wir kommen an Hütten vorbei. Am Feld gehen wir an der T-Kreuzung links. Bald sind wieder

Wanderzeichen zu sehen, der blaue Balken und der E3. Wir gehen vorbei am ehemaligen **Felber-Stollen-Schacht (6)**, wo bis Mitte des 19. Jh. nach Silber- und Kupfererzen geschürft wurde.
Bei einem Haus halten wir uns links und gehen an der T-Kreuzung rechts Richtung Wolkenstein, nun bis auf Weiteres angeleitet vom gelben Balken. Bald bietet sich ein Blick auf Warmbad. Gleich wandern wir an einer Gabelung links weiter, so auch an den zwei folgenden Gabelungen und links über einen Bach. Am Abzweig laufen wir geradeaus, dem gelben Balken nach Wolkenstein folgend. An der Straße (B 171) nutzen wir geradeaus den Fußweg.
An einer Straße wandern wir schräg rechts weiter, nun auch mit dem grünen Balken, vorbei am Schild »Sachsenland, Privatweg« und später an Gartenanlagen immer geradeaus. Weiter unten halten wir uns an der Straße rechts und gehen bei Wegweisern geradeaus, die Wanderzeichen werden verlassen. Wir blicken bald von oben auf die Villa Maxenstein. Die Straße schwenkt nach rechts und führt kurze Zeit wieder bergauf, vorbei an einer Turnhalle. An der Hauptstraße biegen wir links ein zum **Markt Wolkenstein (7)**. Hier geht es in Richtung Kirche hinunter zur Burg und vor dem Eingang links in Richtung Wolfsschlucht. Rechts die Stufen hinunter, wieder rechts, an Bänken mit Aussicht vorbei. Den Wanderzeichen ist zu folgen. Der Weg durch die Wolfsschlucht führt in Serpentinen abwärts. Am Abstecher links zum Einstieg vom Klettersteig biegen wir allerdings rechts ein. Weiter unten halten wir uns links und richten uns nach der Ausschilderung zum Ziegenfelsen, gekennzeichnet mit dem grünen Balken. Unten überschreiten wir links die Fußgängerbrücke und der **Bahnhof Wolkenstein (1)** ist erreicht.

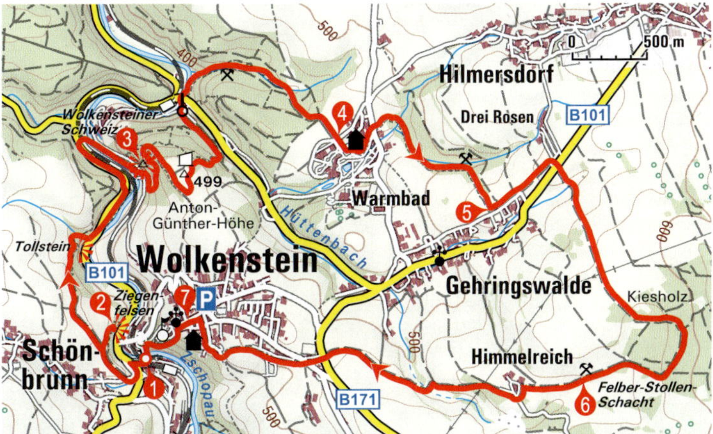

26 Östlich von Scharfenstein

4.30 Std.

Auf den Spuren des erzgebirgischen Volkshelden Karl Stülpner

Malerisch erhebt sich die Burg Scharfenstein hoch über dem gleichnamigen Ort. Die bereits 1250 urkundlich erwähnte Burg beeindruckt mit schönem Renaissanceportal und -giebel. Zu Füßen der Burg wurde 1762 Karl Stülpner geboren. Der Wildschütz, Soldat und Lebenskünstler stand immer auf der Seite der einfachen Menschen und gilt als »Robin Hood des Erzgebirges«. Das Burgmuseum, das auch eine Weihnachts- und eine Spielzeugausstellung zeigt, hat ihm eine eigene Abteilung gewidmet. Unsere Wanderung führt von Scharfenstein nach Großolbersdorf, wo Stülpner seit 1841 begraben liegt. Anschließend folgt der Panoramateil dieser Tour – vor uns breiten sich Fernblicke wie Gemälde aus. Den Abschluss bilden das romantische Grünauer Tal und der historische Lehrpfad in Scharfenstein.

Ausgangspunkt: Bahnhof Scharfenstein, 358 m. Regionalbahn ab Chemnitz Hbf. (ca. stündlich). Parkplatz anbei (Navi: Bahnhofstraße 45B).
Höhenunterschied: 360 m.
Anforderungen: Teilweise wenig oder nicht markierte Wege, Orientierungssinn erforderlich.
Einkehr: Gasthaus zur Linde in Großolbersdorf (Mo./Di. Ruhetag); Wurzelbachschänke bei Grünau (Di./Mi. Ruhetag).
Karte: GeoSN 1:25.000, Blatt 22.
Variante: In Großolbersdorf kann man abzukürzen, indem man dem Karl-Stülpner-Rundweg (grün markiert) bis zum Wiesengrund in Grünau folgt; ca. 6 km, 1.30 Std. weniger. Dann ist die Tour auch für Kinder geeignet, allerdings geht es für knapp 1 km an der Straße entlang.

Burg Scharfenstein, von der Bachbrücke aus gesehen.

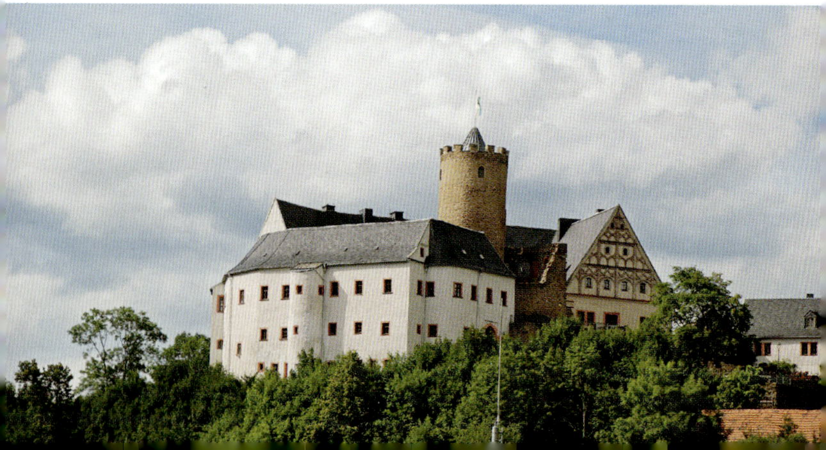

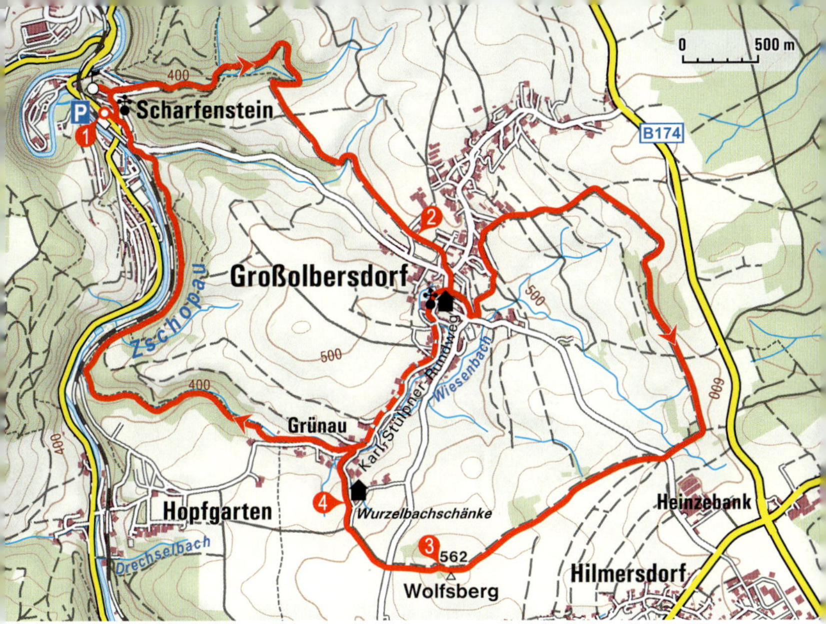

Vom Bahnhof in **Scharfenstein (1)** wenden wir uns in Richtung des Bachübergangs, folgen aber noch davor links dem ausgeschilderten Weg immer geradeaus hinauf zur Burg. Nach der Besichtigung kehren wir zurück und biegen links in den Karl-Stülpner-Weg ein, Wanderzeichen sind gelber und roter Balken. An einem Abzweig wandern wir geradeaus weiter und an der Gabelung rechts in den Wald, nun bis auf Weiteres dem grünen Balken nach.

Wir wandern immer geradeaus, dabei richten wir uns stets nach dem Wanderzeichen. An einer Dreier-Gabelung geht es links und nach einem Bach rechts, weiter in bisheriger Richtung. Der schöne Weg verläuft links des Bachs und weist viele Wurzeln auf. An einem Abzweig geht es rechts und mit der Markierung hinab. An einer Gabelung halten wir uns erneut rechts und gelangen geradeaus ins Freie. Der Weg führt aufwärts, oben wandern wir geradeaus über eine Kreuzung hinweg. Wir durchqueren geradeaus ein kleines Waldstück. Bald macht unser Weg einen Rechtsbogen und der Ort **Großolbersdorf (2)** wird erreicht.

Im Ort geht es links am Sportplatz vorbei, weiter dem grünen Balken nach. Am Ende des Sportplatzes ist rechts abzubiegen. An der Straße halten wir uns rechts und an der nächsten links, folgen den Wanderzeichen, gehen dann rechts zum Rathaus. Hier unternehmen wir geradeaus einen Abstecher zur Großolberdorfer Kirche, einer Stülpner-Gedenktafel und zum Gasthaus

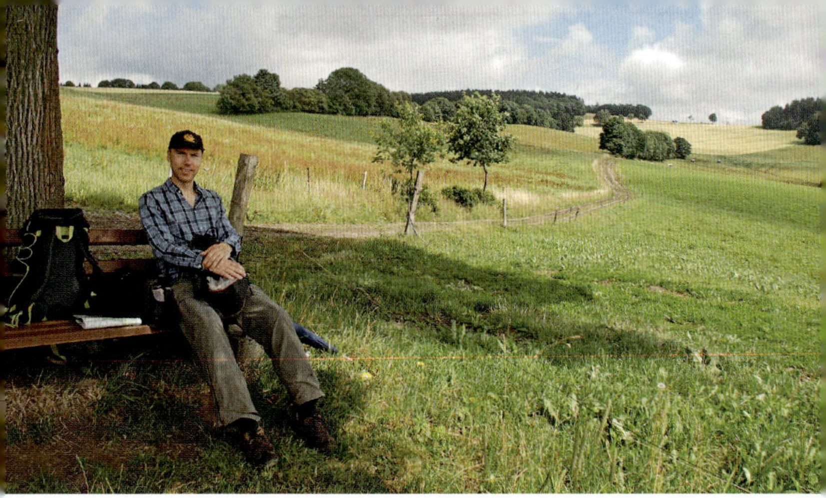

Rasten bei Großolbersdorf.

zur Linde. Anschließend kehren wir zum Rathaus zurück und biegen rechts in die Seilergasse ein, die uns zum Friedhof mit dem Grab des 1841 verstorbenen Karl Stülpner bringt.
Bei Verlassen des Friedhofs halten wir uns zweimal rechts und dann links an den Meyweg. Nach dem Spielplatz geht es rechts in den Pfad, grüner und gelber Balken sind nun unsere Wanderzeichen. An der Kreuzung geht es geradeaus. Der Weg schwenkt erst nach links, dann nach schräg rechts. Achtung, ca. 50 m vor einem Haus geht es schräg rechts in den Pfad und vor dem Zaun nach rechts. An einem Teerweg ist rechts und gleich wieder schräg links einzubiegen. Danach wandern wir geradeaus weiter, an mehreren Abzweigen vorbei.
An einer großen Linde mit Bank und Wegweisern halten wir uns rechts, dem gelben Balken folgend. Hier bieten sich rechter Hand großartige Panoramablicke. An einer Gabelung laufen wir rechts weiter und kommen durch ein Wäldchen. Bei der nächsten Bank mit Wegweisern geht es geradeaus in den unmarkierten Weg. Am Waldrand biegen wir rechts ein. An der Straße halten wir uns rechts und biegen links in den dritten Weg ein, der rechts am Feld

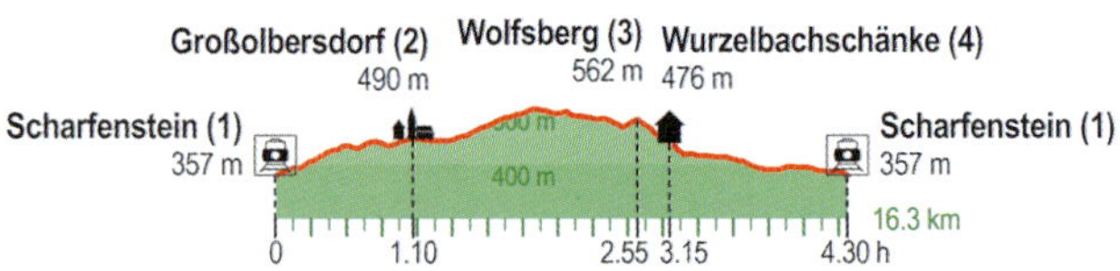

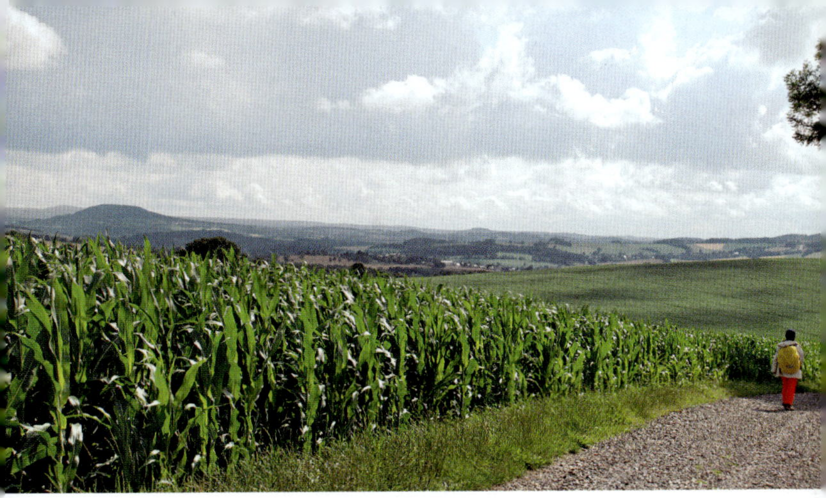

Auf dem Weg zum Wolfsberg breitet sich die Landschaft aus.

entlangführt. Linker Hand ist der Scheibenberg zu sehen. Bald ist der **Wolfsberg (3)**, eine kleine Erhebung, erreicht. An der Straße laufen wir geradeaus, weiter unten gehen wir rechts zur **Wurzelbachschänke (4)** und links daran vorbei, diesem Weg ist immer zu folgen.

Unten biegen wir nach dem Bach links ein und folgen der kleinen Straße knapp 1 km geradeaus durch Grünau. Bei Wegweisern laufen wir schräg rechts hinunter in den Waldpfad, einen Naturlehrpfad. Wir überschreiten die Brücke und biegen dann links ein. Der Weg im Grünauer Tal ist wildromantisch, mit Felsen rechts des Bachs. Zweimal nehmen wir an einer Gabelung links den unteren Weg. Schließlich laufen wir über zwei Brücken und folgen weiter dem Weg. Vor der Bahnlinie geht es rechts, weiter auf dem Naturlehrpfad und immer geradeaus. An der Gabelung nutzen wir wieder links den unteren Weg, der mit grünem und rotem Balken gekennzeichnet ist. Es geht weiter geradeaus.

An der Straße biegen wir links ein. Wer schnell zurückwill, folgt einfach der Straße. Alle anderen steigen auf dem historischen Lehrpfad mit Kräutergarten rechts hinauf. Oben laufen wir an der Kindertagesstätte vorbei. An der Straße geht es links hinab und unten rechts zurück zum Bahnhof in **Scharfenstein (1)**.

Die Wurzelbachschänke lädt zu Rast ein.

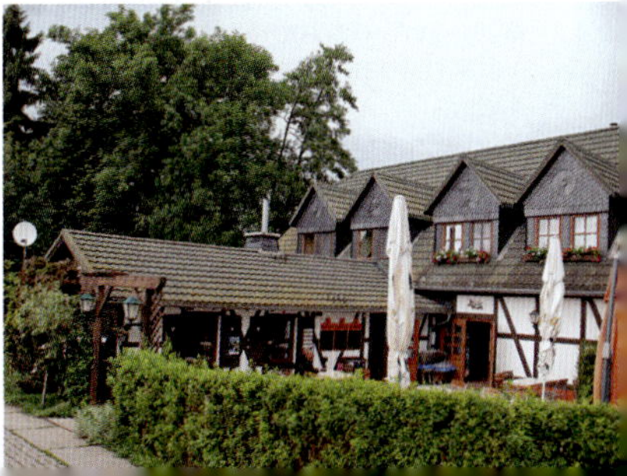

27 *Rund um Auerbach*

2.45 Std.

Rund um ein idyllisches Dorf in typischer Berglandschaft

Auerbach war früher ein wichtiger Ort der Strumpfindustrie, wirkt aber heute, in engem Tal gelegen, etwas verschlafen. Diese Wanderung vermittelt Ruhe, Beschaulichkeit und erfreut mit schönen Aussichtspunkten von den umgebenden Hängen. An klaren Tagen erkennen wir hier markante Berge der Umgebung wieder: den Scheibenberg (Tour 30), den Bärenstein (Tour 31) und den Fichtelberg (Tour 33).

Vorbei an Feldern, Wiesen und Wäldern wandern wir hoch über dem Tal des Gornsdorfer Baches zum gleichnamigen Ort. Weiter geht es hinauf in den Abtwald, an dessen Rand sich reizvolle Blicke auf Auerbach bieten. Der Rückweg erfolgt durch den lieblichen Ort, vorbei an der hübschen, 1745 erbauten Kirche, deren Westturm erst im 19. Jh. angefügt wurde.

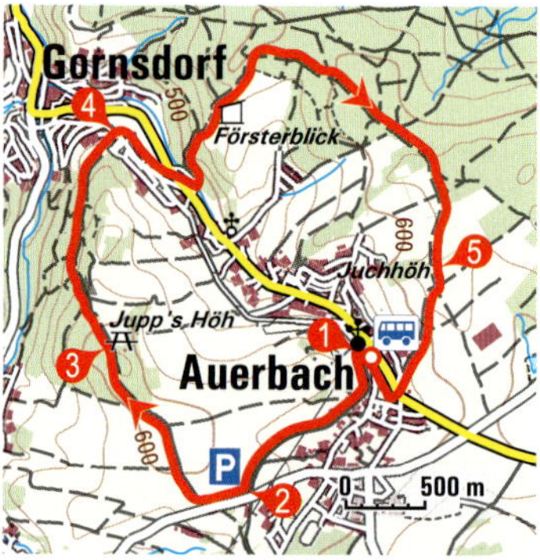

Ausgangspunkt: Auerbach, Evangelisch-Lutherische Kirche, 553 m. Mit dem Bus 196 von Thalheim nach »Auerbach, Kirche« (ca. alle 2 Std.). Parkmöglichkeiten im Bereich der Dorfkirche (Navi: Kirchsteig, Auerbach/Erzgebirge) oder die Tour beim Parkplatz (2) in Auerbach beginnen (Navi: Hormersdorfer Straße 40, Auerbach/Erzgebirge).
Höhenunterschied: 260 m.
Anforderungen: Kurze steile Streckenabschnitte, ansonsten eher leichte Wanderung (Tendenz zu »blau«). Überwiegend markiert.
Einkehr: Unterwegs keine.
Karte: GeoSN 1:25.000, Blatt 14.

In **Auerbach** wenden wir uns zur **Evangelisch-Lutherischen Kirche (1)**, folgen dem Kirchsteig und biegen am Ende der Garagen scharf nach links ein. Nun geht es immer geradeaus, mit etwas Glück sehen wir am Wegesrand verschiedene Tiere, z. B. Hühner. Nach knapp 2 km ist der **Parkplatz (2)** am Ortsrand von Auerbach erreicht, wo manche Autofahrer die Tour beginnen. Wir folgen der Straße weiter (von Auerbach weg) und halten uns nach ca. 250 m bei Wegweisern rechts in den Feldweg. Nun ist für eine Weile dem Wanderzeichen gelber Balken zu folgen. Infotafeln zur Geschichte von Auerbach und Umgebung werden uns auf dieser Wanderung begleiten, so z. B. am Aussichtspunkt »Am Pfarrsteig«. Immer ist dem Hauptweg zu folgen, es geht in den Wald und dort an einer Kreuzung geradeaus.

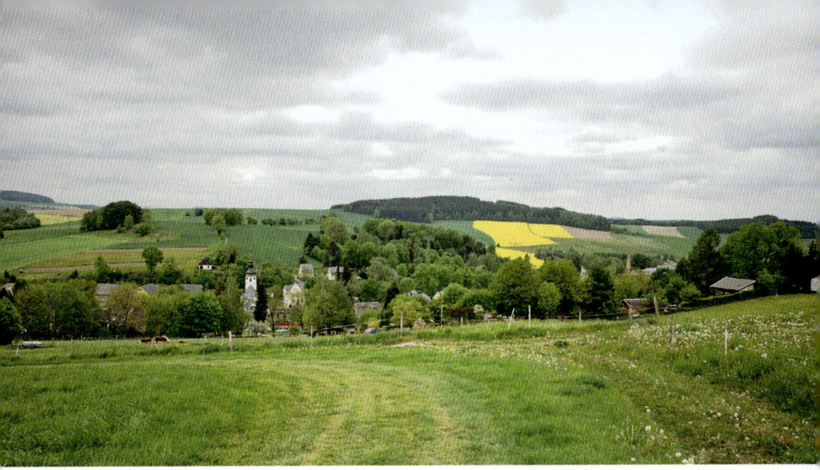

Hinunter zum idyllischen Auerbach.

Am Waldrand ist der Aussichts- und Rastplatz **Jupp's Höh (3)** erreicht, nach Auskunft der Tafel war die historische Flurbezeichnung »Auf der Alm«. Unten geht es geradeaus in den Wald, immer in diese Richtung weiter. Der gelbe Balken wird dabei zwischenzeitlich verlassen, dann aber wieder aufgenommen.
In **Gornsdorf (4)** kommen wir an einer Gartenanlage vorbei. Bei Garagen halten wir uns geradeaus, unten ist rechts in die Straße einzubiegen (geradeaus ist mitunter ein Lama im Gehege zu sehen). An der Hauptstraße geht es kurz geradeaus, dann links in den Mühlweg.
Nach dem Bach wenden wir uns schräg links hinauf in den Waldweg und laufen an einer Kreuzung geradeaus weiter. Weiter oben schwenkt der Weg nach rechts. Dann halten wir uns links, bald am Waldrand. Bei der Tafel »Burkhardtsdorfer Jahrmarkt« wandern wir weiter am Waldrand entlang, immer dem gelben Balken folgend. Wir kommen an der Schutzhütte Försterblick vorbei und biegen schräg links in den Wald ein. Auf dem Hauptweg geht es an mehreren Abzweigen vorbei, auch an einer Kreuzung. Nach der Tafel »Der Kärnerweg« halten wir uns an der Gabelung schräg rechts.
Am Waldrand genießen wir den schönen Blick in die Landschaft. Wir wandern geradeaus und kommen am Aussichtsplatz **Juchhöh (5)** vorbei. Weiter geht es bei einer Bank rechts, bald wird die Kirche sichtbar, hier bietet sich Dorfidylle. In **Auerbach** biegen wir in die Straße nach rechts ein und überqueren an Ampeln die Hauptstraße in Richtung **Kirche (1)**. Unweit von ihr ist auch die Bushaltestelle erreicht.

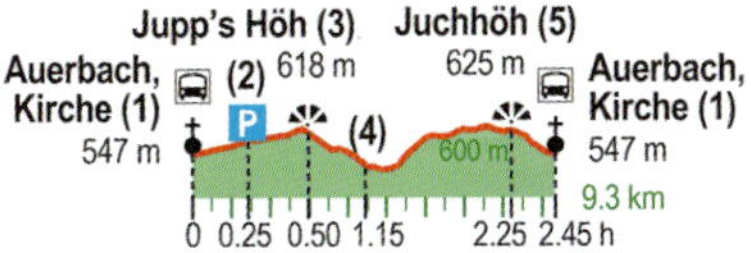

TOP 28

Zu den Greifensteinen

2.30 Std.

Spektakuläre Felsen und ein romantischer Grabenweg

Vom Rande der kleinen Bergbaustadt Ehrenfriedersdorf wandern wir zunächst durch den Pochwald, auch Greifensteinwald genannt. Mehrere thematische Wege führen zu den Greifensteinen, die nicht nur der unbestrittene Höhepunkt dieser Tour, sondern auch eines der spektakulärsten Ausflugsziele im ganzen Erzgebirge sind. Die hoch aufgetürmten Granitfelsen gehören zu den meistbesuchten deutschen Naturdenkmälern. Neben dem Aussichtsfelsen, der einen schönen Blick in die Umgebung gestattet, sind das Naturtheater im ehemaligen Steinbruch, das Berghaus mit mehreren Ausstellungen und sechs Kletterfelsen, die Kletterer aus dem ganzen Erzgebirgsraum anziehen, zu bestaunen. Weiter geht es zum ca. 1350 künstlich angelegten Greifenbachstauweiher, dann auf einem idyllischen Grabenweg zurück zum Parkplatz. Der Röhrgraben ist der älteste Kunstgraben des Erzgebirges und diente zur Wasserversorgung der Zinngruben am Sauberg in Ehrenfriedersdorf, wo sich im Anschluss ein Besuch des Besucherbergwerks lohnt.

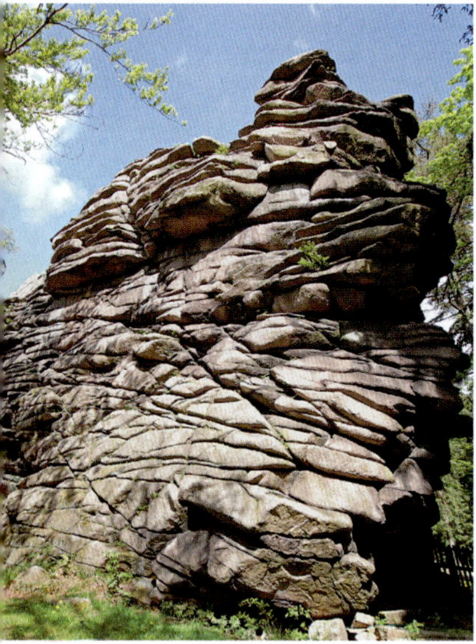

Ausgangspunkt: Ehrenfriedersdorf, Neumarkt, 562 m. Von Chemnitz Hbf. mit dem Bus 210 nach »Ehrenfriedersdorf, Neumarkt« (ca. alle 2 Std.). Parkplatz anbei. Für Autofahrer noch günstiger ist der Parkplatz Burgplatz (5), 546 m, in Ehrenfriedersdorf (Navi: Adolf-Damschke-Straße 8).
Höhenunterschied: 200 m.
Anforderungen: Am Anfang steil (Tendenz zu »rot«), sonst leichte Wanderung, geringe Höhenunterschiede, überwiegend mit Wanderzeichen ausgeschildert. Gut für Kinder geeignet.
Einkehr: Berghotel bei den Greifensteinen (Mo./Di Ruhetag); Am Greifensteinstolln (Imbiss, Mo./Di. Ruhetag); mehrere Gaststätten in Ehrenfriedersdorf.
Tipps: Etwas abseits der Route Besucherbergwerk Zinngrube, Am Sauberg 1, 09427 Ehrenfriedersdorf (Mo. Ruhetag, Mindestalter für Besucher 10 Jahre).
Karte: GeoSN 1:25.000, Blatt 14.

Der Kleine Brocken – einer der sechs Granitfelsen der Greifensteine.

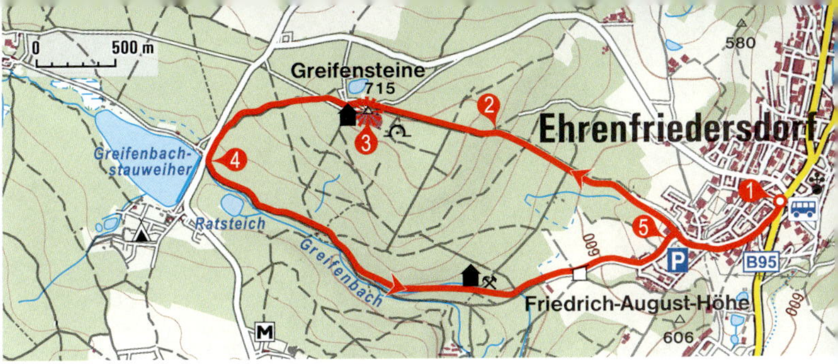

In **Ehrenfriedersdorf (1)** biegen wir vom Neumarkt, mit Rücken zur Stadtmitte, schräg rechts in die Thomas-Mann-Straße ein, dann schräg rechts in die Schillerstraße, links in den Triftweg und weiter geradeaus. Autofahrer, die am Burgplatz geparkt haben, gehen vom Parkplatz aus in Richtung Stadt und halten sich am ersten Abzweig links in den Triftweg. Hier treffen sich beide Varianten. Wir wandern immer geradeaus weiter, am Haus Nr. 57 geht die Straße in einen Waldweg über. Auch an einem Rastplatz halten wir uns geradeaus. Stetig geht es aufwärts, auf der Rodelbahn wird es kurz steil. Wir halten uns weiterhin geradeaus und biegen links in einen befestigten Weg ein. Wir wandern nun auf dem **Waldgeisterweg (2)**, der bald mit Schnitzereien und Skulpturen aus Baumstämmen geschmückt ist. Vorläufig ist dem Wanderzeichen roter Balken und den Beschilderungen eines allgemeinen Lehrpfads zu folgen. Nach der Tafel »Roteiche« biegen wir schräg rechts ein und folgen dem Hauptweg. An der Kreuzung geht es am Förster-Stein geradeaus. Bei Skulpturen führt scharf links ein lohnenswerter Abstecher zur Stülpner Höhle; wieder auf dem Hauptweg sind bald linker Hand die ersten Felsen der **Greifensteine (3)** erreicht. Dann halten wir uns schräg links. In der Nähe der Tourist-Information besteht die Möglichkeit, auf einen der Greifensteine zu steigen, von dem sich eine hervorragende

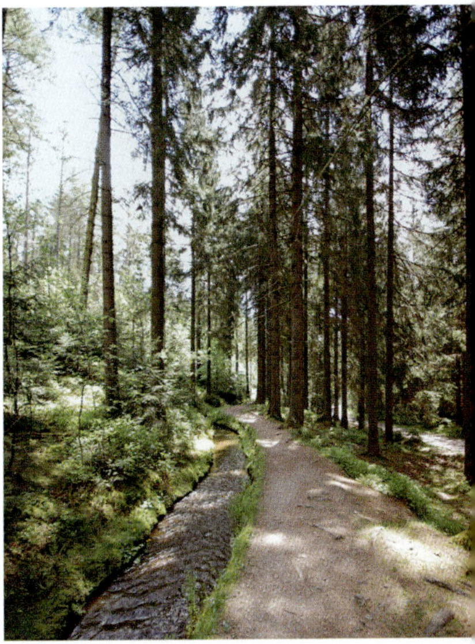

Am Röhrgrabenweg.

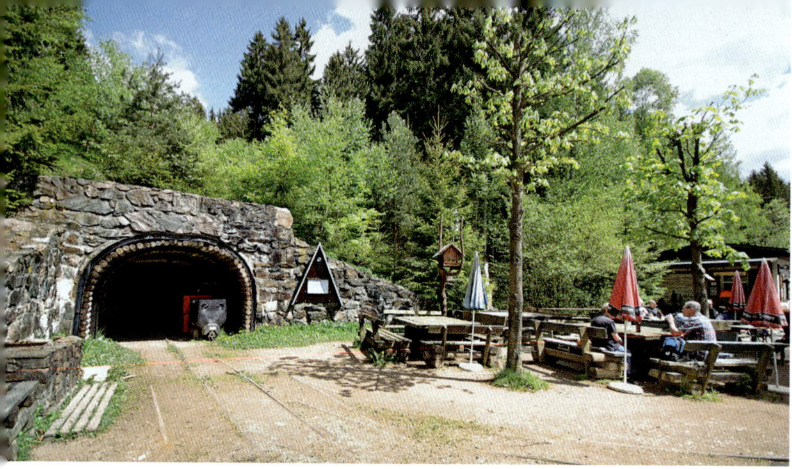

Am Greifensteinstolln nahe dem Röhrgrabenweg.

Aussicht bietet. Links ist der Eingang zum Theater. Wir laufen rechts am Berghotel vorbei, dann schräg rechts auf dem geraden Weg, der mit dem roten Balken gekennzeichnet ist. Nach ca. 200 m biegen wir mit der Markierung links ein. Nun ist immer auf dem Hauptweg zu bleiben. An einer Kreuzung wandern wir geradeaus weiter, ebenso an der nächsten. Dann erreichen wir den **Greifenbachstauweiher (4)**, auch Speicher Geyer, Dammteich oder Geyerscher Teich genannt. Wir gehen kurz parallel zur Straße und biegen dann schräg links ein.

Wir wandern für ca. 1 km geradeaus, bis zu einer Kreuzung mit Schutzhütte und Wegweisern. Dort rechts und gleich schräg links, über den Graben und immer dem Wanderzeichen grüner Diagonalbalken nach. Wir bleiben eine Weile auf dem Weg, der dem levada-ähnlichen Röhrgraben folgt. Wir kommen zum verfallenen ehemaligen Pochwerk und wandern hier geradeaus weiter. Bei Stufen führt ein Abstecher links hinauf zum Greifensteinstolln mit Imbiss. An der Straße biegen wir links ein und verlassen den Graben. Nach kurzer Zeit treten wir auf der ruhigen Straße aus dem Wald hinaus. An einer Kreuzung halten wir uns geradeaus und genießen den Blick auf die Stadt. Nach den ersten Häusern geht es weiter bergab, dann ist der **Parkplatz Burgplatz (5)** erreicht. Wir folgen der Straße weiter und treffen auf die Route vom Hinweg. An der Gabelung nutzen wir rechts die Thomas-Mann-Straße und kommen bald zum Neumarkt in **Ehrenfriedersdorf (1)**.

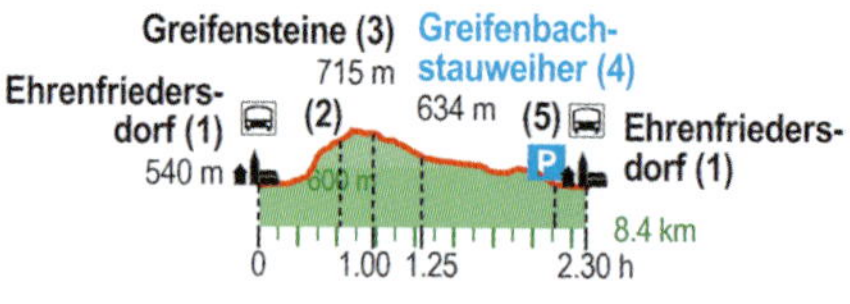

4.00 Std.

Bei Annaberg-Buchholz 29

Technische Denkmäler im Tal der Sehma und ein Naturerlebnispfad

Vom Tal der Sehma wandern wir den Bergbaulehrpfad hinauf, vorbei am Schreckenberg. Bald sind Bergschmiede und Pferdegöpel – eine mit Pferden betriebene Kraftmaschine – mit Ausstellung erreicht. Weiter geht es zum Sauwald, wo der Naturerlebnispfad besonders idyllische Wege nutzt. Auf dem Rückweg genießen wir auf dem Felsen Teufelskanzel eine tolle Aussicht. Den krönenden Abschluss bildet der Frohnauer Hammer. Man beachte zunächst das Herrenhaus, heute Gaststätte, mit schönem Fachwerk. Das technische Denkmal gegenüber ist das älteste Museum der Stadt und entstand 1436 als Getreidemühle, war um 1500 Münzstätte, dann Hammerschmiede. Noch heute sind vom Wasserrad betriebene Hämmer zu sehen.
Nach der Tour lohnt auch die Besichtigung der historischen Altstadt von Annaberg-Buchholz, »Hauptstadt des Erzgebirges«. Annaberg wurde als erste Bergstadt der Region um 1500 geplant angelegt. Ein besonderer Höhepunkt ist die Kirche St. Annen. Sehenswert ist auch das Erzgebirgsmuseum mit eigenem Besucherbergwerk.

Ausgangspunkt: Annaberg-Buchholz, Bahnhofplatz, 547 m. Mit der Regionalbahn von Chemnitz nach »Annaberg-Buchholz, Unterer Bahnhof« (ca. stündlich). Autofahrer starten beim Parkplatz nahe Frohnauer Hammer (7), 532 m (Navi: Sehmatalstraße 10, Annaberg-Buchholz) und folgen der Straße leicht abwärts (Wegpunkt 7 liegt rechter Hand).
Höhenunterschied: 400 m.
Anforderungen: Überwiegend ausgeschildert, mäßige An- und Abstiege. Tendenz zu »blau«. Bei der Gaststätte Am Sauwald ist weglos eine Wiese zu überqueren.
Einkehr: Gaststätte Frohnauer Hammer (Mo. Ruhetag); Gasthaus Bergschmiede Markus Röhling (nur Sa./So.); Waldgasthof Am Sauwald (tgl.); Café & Speisegaststätte Goldacker (Mo./Di. Ruhetag) in Annaberg-Buchholz.
Tipps: Technisches Museum Frohnauer Hammer, Sehmatalstraße 3, 09456 Annaberg-Buchholz, Mo. geschl. – Bergschmiede und Pferdegöpel Markus Röhling, M.-Röhling-Str. 1, 09456 Frohnau, nur Sa./So. geöffnet. – Erzgebirgsmuseum mit Besucherbergwerk, Große Kirchgasse 16, 09456 Annaberg-Buchholz, Mo. Ruhetag.
Karte: GeoSN 1:25.000, Blatt 23.

Vom **Unteren Bahnhof (1)** in **Annaberg-Buchholz** gehen wir vor dem Bahnhofsgebäude an der Straße links, wieder links in den Fußweg, scharf links durch die Unterführung, dann erneut links und nach der

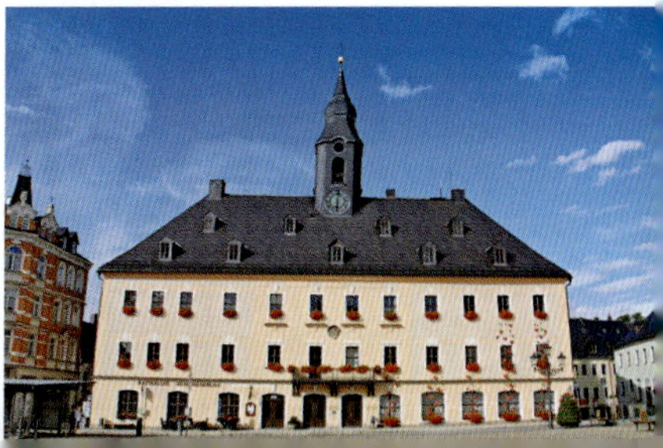

Das Rathaus von Annaberg-Buchholz.

Sehmabrücke an der T-Kreuzung rechts (Autofahrer stoßen von links zu). Nun geht es die Straße leicht bergab, an einer Lagerhalle vorbei (Bergbaulehrpfad, vorübergehend auch Wanderzeichen roter und gelber Balken) und dann geradeaus den Markus-Röhling-Weg hinauf, vorbei am Hundetreff. Nach dem letzten Haus beginnt ein schöner Waldweg. An der Wiese wandern wir geradeaus weiter. Wir kommen an mehreren weiteren Wiesen vorbei und biegen an der T-Kreuzung rechts ein. Nach dem Gelände von **Bergschmiede und Pferdegöpel Markus Röhling (2)** gehen wir geradeaus, später auf freiem Feld an der Kreuzung rechts. Rechter Hand bietet sich ein weiter Blick auf Annaberg-Buchholz. Nach ca. 400 m ist in den ersten Weg links einzubiegen (geradeaus führt ein Abstecher zum Besucherbergwerk). Der Bergbaulehrpfad wird hier verlassen.

Der Weg führt ins **Mühlholz (3)**. Nach dem Wendeplatz geht es geradeaus und am Waldrand nach links. Mehrere Linksabzweige in den Wald hinein ignorieren wir, der Weg führt später in den Wald und dort immer geradeaus. Bald laufen wir abwärts und dann oberhalb parallel zur Straße. An einer T-Kreuzung ist links dem Schild zum »Waldgasthof Am Sauwald« zu folgen.

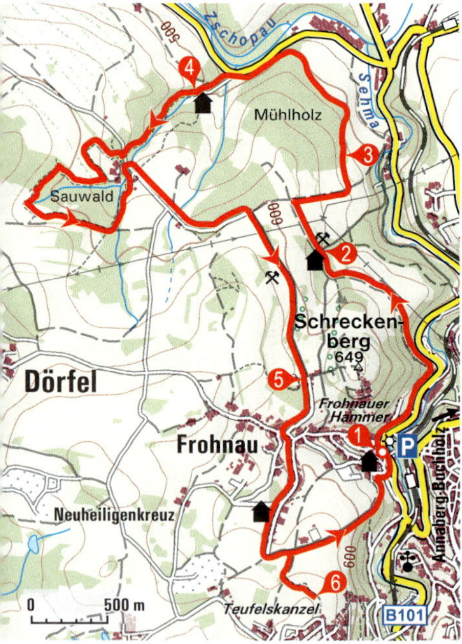

An einer Gabelung geht es rechts in den Pfad und am Waldrand über eine Wiese (sollte ein Weidezaun errichtet sein, ist außen herum zu gehen), hinunter zum geteerten Weg und dort links (nicht zur Straße!).

An der Gaststätte Am Sauwald laufen wir links hinauf und biegen unmittelbar an den beiden Infotafeln rechts ein, den kleinen Bach entlang. Wir befinden uns nun auf dem **Naturerlebnispfad Am Sauwald (4)**, der in den Wald, zweimal über eine Bachbrücke, weiter am plätschernden Bach entlang und wieder über eine Brücke führt.

Eine Straße wird überquert, dann gehen wir rechts zu einem Barfußpfad, bald links und schließlich rechts um eine Streuobstwiese herum. Nach einer Rasthütte geht es an der T-Kreuzung rechts, dem Schild »große Runde« nach, an einer

Kreuzung geradeaus. Später geht es im Wald links. Am Waldende halten wir uns wieder links und bleiben am Waldrand. Wir wandern auf einem Knüppeldamm und kommen an der Tafel »Dörfler Quellmoor, Lebensraum Zwischenmoor« vorbei. Nach einiger Zeit geht es wieder in den Wald, dann geradeaus. An einer Kreuzung ist links einzubiegen (Schild »Naturschutzzentrum Erzgebirge«). Bei einem Rastplatz wenden wir uns rechts zum Bach, dann nach links. Wir überschreiten die Brücke, gehen erst nach links und dann rechts des Bachs weiter. Links kommen wir wieder über eine Brücke. Vor dem Holzgebäude biegen wir rechts in den gepflasterten Weg ein. An der Straße halten wir uns rechts und gehen links an Gebäuden vorbei. Der Naturerlebnispfad wird verlassen, vorerst ist nun dem roten Balken zu folgen. Wo die Straße nach rechts biegt, geht es geradeaus und an einem Abzweig vor einem Feld rechts. Der rote Balken wird verlassen, wir sind wieder auf dem Bergbaulehrpfad. Linker Hand bietet sich eine schöne Aussicht.

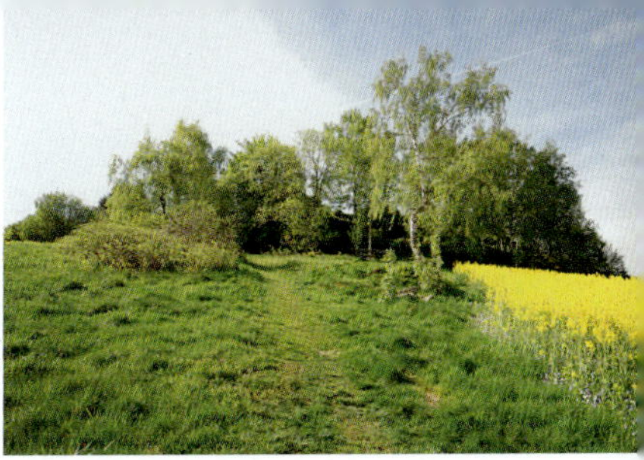

Bei der Teufelskanzel.

In **Frohnau (5)** geht es geradeaus. An der T-Kreuzung halten wir uns links, dann rechts. Immer ist der Straße zu folgen. An der Gaststätte Goldacker laufen wir geradeaus auf die Alte Schlettauer Straße. Außerhalb des Ortes biegen wir an einer T-Kreuzung links ein. An der nächsten Kreuzung führt rechts (und bald wieder links) ein Abstecher zur **Teufelskanzel (6)**.

Nach dem Abstecher geht es zurück zur Kreuzung, dort rechts. Wir kommen am Ausbildungsplatz des Hundesportvereins Annaberg e. V. vorbei. Hier bietet sich ein schöner Blick auf Annaberg. Der Weg schwenkt bei Bäumen schräg rechts ein, gleich ist an der Gabelung links einzubiegen. Weiter am Waldrand ins Tal. Bei einer Garage geht es geradeaus hinunter. An der Straße laufen wir mit dem roten Balken schräg rechts abwärts, an der T-Kreuzung nach links, dann schräg rechts in den Fußweg Mittelweg. Unten teffen wir linker Hand auf den **Frohnauer Hammer (7)**, wo die Autofahrer parken. Alle anderen biegen nach dem Parkplatz rechter Hand rechts auf den Hinweg ein. Über die Brücke, nach der Unterführung scharf rechts und an der Straße rechts wird der **Untere Bahnhof (1)** in **Annaberg-Buchholz** erreicht.

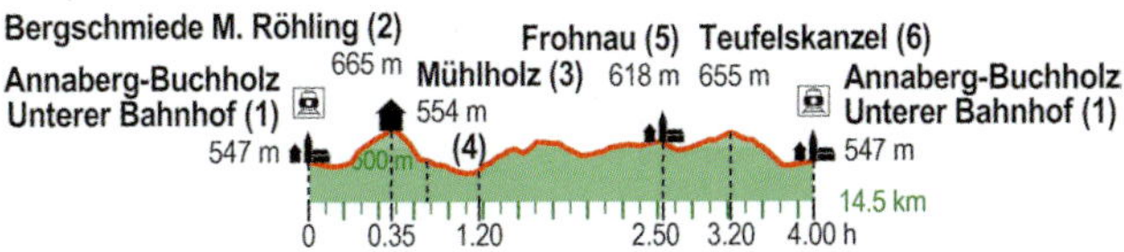

30 Auf den Scheibenberg, 807 m

3.00 Std.

Zu spektakulären Felsen und zu einem Schloss

Diese abwechslungsreiche Wanderung mit Wald und Wiesen, Aussichten, Schloss und Felsen beginnt im kleinen Ort Schlettau. Oberhalb des Marktplatzes kommen wir zuerst an der Schlettauer Stadtkirche St. Ulrich vorbei, die außen eine Kuriosität aufweist: den Mönchskopf an der Ostseite. Auf dem Kirchsteig geht es nach Walthersdorf, dann steigen wir durch den Wald auf den Scheibenberg, einen markanten Plattenberg, der wie der Bärenstein (Tour 31) auch aus der Ferne gut zu sehen ist. Auch von Nahem hat er etwas ganz Besonderes zu bieten, denn neben schönen Ausblicken kennzeichnen ihn die »Orgelpfeifen«, bis zu 40 m hohe Basaltsäulen – ein einzigartiges geologisches Denkmal. Den krönenden Abschluss der Wanderung bildet Schloss Schlettau hoch über dem Zschopautal, eines der ältesten Schlösser des Erzgebirges (um 1500). In seinem romantischen Park sind viele alte Bäume sowie zwei Teiche zu sehen. Vor dem Eingang zum Herrenhaus lockt ein kleiner Kräutergarten.

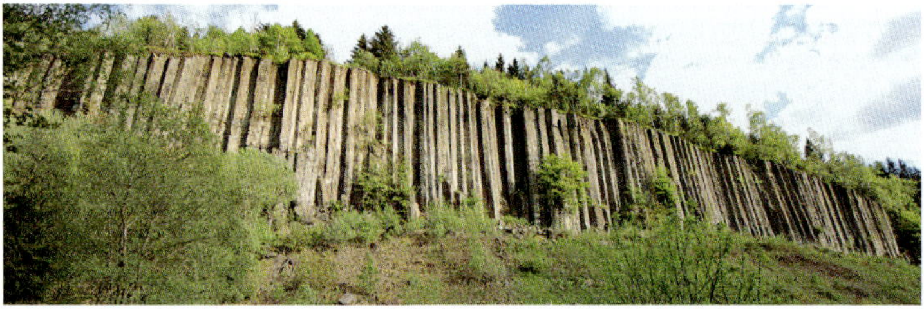

Die »Orgelpfeifen« genannten Basaltsäulen auf dem Scheibenberg.

Ausgangspunkt: Marktplatz in Schlettau, 565 m. Mit dem Bus 415 von »Busbahnhof Annaberg-Buchholz« nach »Schlettau, Markt« (ca. alle 2 Std.). Sporadisch fährt auch die Erzgebirgische Aussichtsbahn von Annaberg-Buchholz nach Schwarzenberg zum Bahnhof Schlettau. Wer mit der Bahn anreist, geht auf der Bahnhofstraße vor bis fast zur B 101 und biegt davor links in den Kirchsteig ein; der Markt Schlettau wird dann am Ende der Wanderung passiert. Parken am Marktplatz (Navi: Markt, Schlettau) oder an der Kirche (Navi: Kirchplatz, Schlettau).

Höhenunterschied: 300 m.

Anforderungen: Mischung aus befestigten Wegen und kleinen Pfaden, aus deutlichen und markierten und weniger gut erkennbaren Wegen. Steil geht es den Scheibenberg hinauf, ansonsten nur wenige Steigungen. Im Bereich des Scheibenbergs ist etwas Orientierungssinn nötig.

Einkehr: Weißes Roß (Mo./Di. Ruhetag) in Schlettau; Bürger- und Berggasthaus Scheibenberg auf dem Scheibenberg; Restaurant & Café im Schloss Schlettau (Mo. Ruhetag).

Karte: GeoSN 1:25.000, Blatt 23.

In **Schlettau (1)** folgen wir geradeaus der Durchgangsstraße aufwärts, vorbei an Rathaus und Kirche. Vor der Bahnlinie gehen wir kurz links und biegen gleich rechts in den Kirchsteig ein, der unter der Bahnlinie hindurchführt und dann nach links schwenkt. Wir bleiben immer auf dem befestigten Hauptweg (Wanderzeichen gelber Balken bis zum Fuße des Scheibenbergs). Bei einer Schutzhütte wird links der Blick auf die Landschaft frei. Der Weg ist weiter von Bäumen gesäumt. An einer Gabelung bleiben wir dem befestigten Weg treu und halten uns rechts.

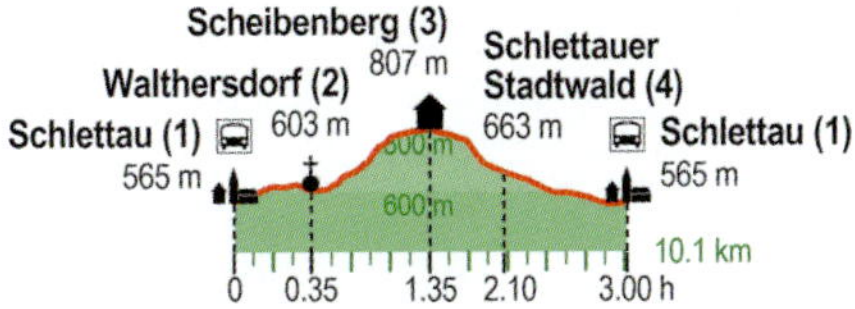

In **Walthersdorf (2)** gehen wir an der Friedhofskapelle geradeaus, so auch an mehreren Abzweigen. Nach der Alten Scheibenberger Straße geht es noch kurz geradeaus, dann schräg rechts in den Waldpfad. Nun ist eine Zeit lang dem Wanderzeichen gelber Balken zu folgen. An der T-Kreuzung biegen wir links ein, dann wandern wir immer geradeaus auf dem Hauptweg weiter. An einer Kreuzung überqueren wir geradeaus den mit Platten befestigten Weg. Nach ca. 50 m kommen wir an einer Schutzhütte vorbei. Stetig führt der Weg bergauf. Wieder im Wald wandern wir geradeaus. Schräg rechts geht es über eine Wiese, in den oberen Weg. Wieder wandern wir durch den Wald. Dann halten wir uns an der T-Kreuzung links und verlassen

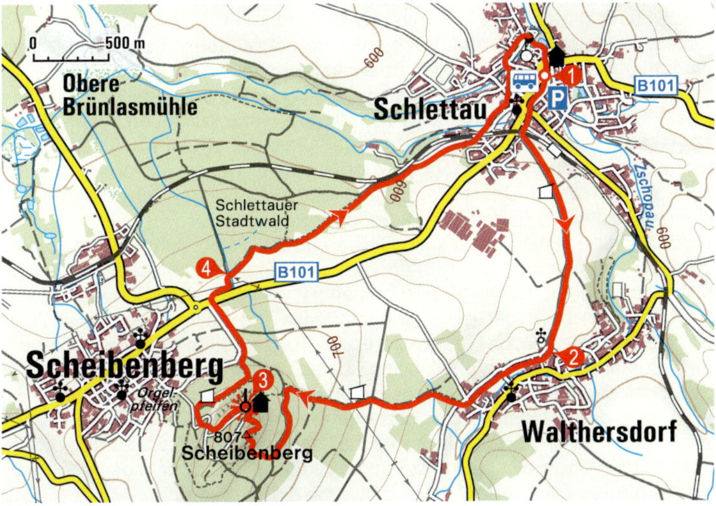

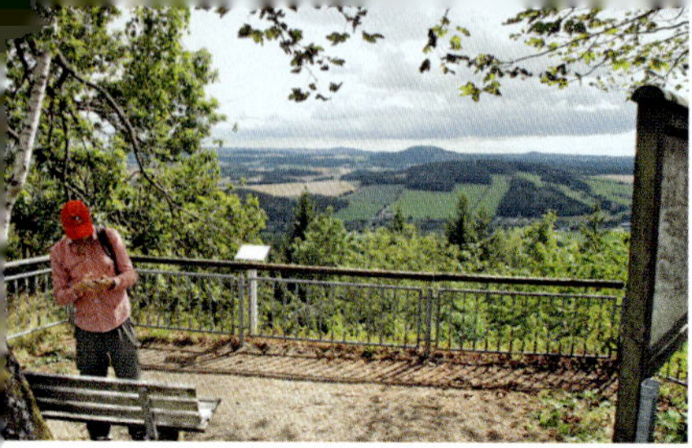

Am Aussichtspunkt auf dem Scheibenberg.

den gelben Balken. An der nachfolgenden Gabelung geht es nach links. Der Weg führt leicht abwärts. Nach ca. 0,5 km ist an einem Abzweig mit Bank rechts in den Zahmsteig einzubiegen (Wanderzeichen grüner Diagonalbalken und EB). An der Gabelung halten wir uns rechts, weiter oben liegt die Ottomar-Zahm-Schutzhütte. Wir folgen dem Weg, bis wir uns an einem Abzweig nach schräg rechts hinauf halten. Oben gehen wir an der T-Kreuzung rechts und noch vor dem Aussichtspunkt rechter Hand links. An dem geteerten Weg biegen wir rechts zu Aussichtsturm und Restaurant auf dem **Scheibenberg (3)** ein.
Vor dem Turm gehen wir links und weiter unten die Stufen rechts. Zweimal wird die Straße überquert. Dann halten wir uns an der Kreuzung rechts in den kleinen Pfad und nutzen den breiteren Weg geradeaus. Kurz geht es auf einem geteerten Weg weiter und die Orgelpfeifen liegen vor uns. Linker Hand ist ein Rastplatz. Wir wandern geradeaus weiter, an einer Tafel vorbei. Im Wald halten wir uns an der Gabelung links und gleich am Abzweig scharf links zur Mauer. Dort geht es mit dem Wanderzeichen grüner Balken weiter, dann rechts in die Straße, die hinunter zur B 101 führt. Dieser ist nach rechts zu folgen (Vorsicht, viel Verkehr!).
Nach ca. 200 m biegen wir links ab und nehmen dann den ersten Weg rechts, mit gelbem und rotem Balken, in den **Schlettauer Stadtwald (4)**, an einem auf eine Wiese führenden Abzweig geradeaus. An einer Gabelung mit Wegweisern geht es wieder rechts und am Waldrand entlang. Der Pfad kann bisweilen schwer erkennbar sein. Er führt uns in die Wiese, an einem Hochsitz vorbei und quer über die Wiese in den Wald (ca. 200 m von einem Hochsitz rechts entfernt). Bald geht es kurz über eine weitere Wiese und erneut zurück in den Wald. Unser Weg ist hier sehr idyllisch. Schließlich mündet er in einen breiten Weg, dem wir geradeaus folgen.
Bald verläuft der Weg parallel zu Gleisen. Beim ersten Bahnübergang geht es noch geradeaus, beim zweiten wird die Bahnlinie überquert. Wir halten nun immer auf die Kirche zu und biegen vor ihr links in die Schulgasse ein. An mehreren Abzweigen gehen wir geradeaus und am Ende der Gasse links. Nach dem zweiten Bach biegen wir rechts ein. Bald sieht man, dass die Straße Hermannsdorfer Weg heißt. Dann überschreiten wir rechts eine Brücke in den Schlosspark. Wir folgen dem mit blauem und rotem Balken markierten Weg links am Schloss vorbei, dann geht es rechts weiter den Wanderzeichen nach. Am Ende des kleinen Teichs laufen wir geradeaus zum Tor. Dann geht es rechts zum Schlossplatz. An der Straße ist rechts bald der Marktplatz von **Schlettau (1)** erreicht.

3.30 Std.

Bärenstein und Vejprty 31

Talsperre, Gipfel und ein Ausflug nach Böhmen

Die Orte Bärenstein und Cranzahl bilden das Tor zum Fichtelberggebiet. Das ruhige Bärenstein liegt direkt an der Grenze zu Tschechien im Tal des Pöhlbaches. Wir wandern zunächst zur von Waldhöhen umgebenen Talsperre Cranzahl, dann hinauf zum Berg Bärenstein, 898 m, einem markanten Plattenberg mit Basaltdecke. Wie beim Scheibenberg (Tour 30) sind hier eindrucksvolle Basaltsäulen, Abkühlungsklüfte einstiger Vulkantätigkeit, zu sehen. Vom Aussichtsturm bietet sich ein weiter Blick in die Umgebung. Dann geht es durch die hügelige Landschaft zum Pöhlbachtal, wo die Grenze zu Tschechien überschritten wird. Auf einem interessanten Lehrpfad zur einstigen Besiedlung – wo jetzt lauschige Wiesen- und Waldwege warten, standen einst bedeutende Häuser – geht es über den heutigen Ort Vejprty zurück nach Bärenstein.

Ausgangspunkt: Bärenstein, Rathaus, 710 m. Mit dem Bus 411 von »Busbahnhof Annaberg-Buchholz« nach »Bärenstein, Rathaus«. Parkplatz »Am Markt« im Ort Bärenstein (Navi: Krötenheerdtstraße, Bärenstein). Alternativ kann in einer der Straßen in der Umgebung geparkt werden.

Höhenunterschied: 370 m.

Anforderungen: Überwiegend ausgeschildert, kurze steile Abschnitte. Breite und schmale Wege.

Einkehr: Berghotel-Restaurant auf dem Bärenstein; Pod Lipami (dt. Unter den Linden) in Vejprty.

Karte: GeoSN 1:25.000, Blatt 16 oder 23.

Herrlich ist die Rast mit Aussicht am Bärenstein.

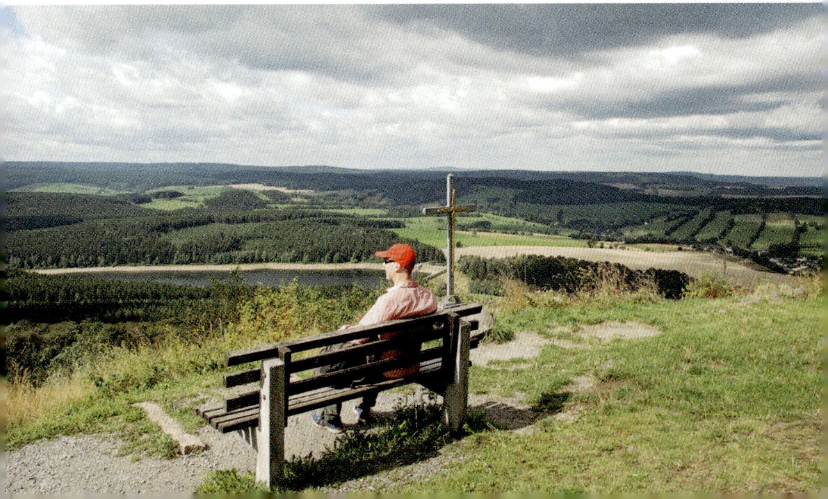

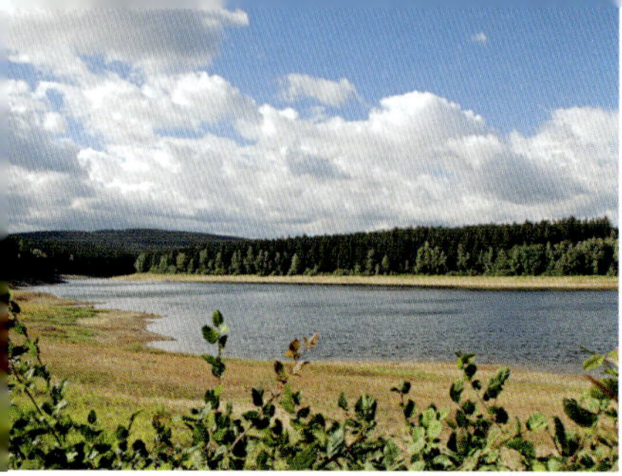

An der Talsperre Cranzahl.

Von der Bushaltestelle im Ort **Bärenstein (1)** gehen wir in Richtung Chemnitz und Annaberg-Buchholz. Dann biegen wir links hinauf in die Krötenheerdtstraße ein, wie es auch die Autofahrer vom Parkplatz »Am Markt« tun. Es geht rechts in die erste Straße, dann links und immer geradeaus zum Ende der Straße, so weiter in den Wald. Auch dort wandern wir zunächst immer geradeaus und biegen erst am Teerweg rechts ab. Vor uns liegt ein Wasserschutzgebiet. Nach ca. 1 km machen wir links einen Abstecher zur Staumauer der **Talsperre Cranzahl (2)**.

Danach gehen wir zurück und kurz links auf dem Teerweg weiter, biegen dann aber gleich scharf rechts in den Cranzahler Wald ein. Der blaue Balken vom Kammweg ist für eine Weile unser Wanderzeichen. Stetig führt der Weg bergauf. An der Kreuzung wandern wir geradeaus, so auch am Abzweig. An der Straße geht es nach links und gleich wieder nach links. Der Aussichtsturm ist nun in Sicht, rechter Hand grüßt eine Wiese. An einer Kreuzung geht es auf dem Kammweg geradeaus. Am Waldrand rechter Hand halten wir uns rechts. Weiter oben lohnt ein Blick scharf rechts zurück zum Klínovec und zum Fichtelberg. An einem Abzweig biegen wir links ein; wir verlassen damit vorläufig den Kammweg und folgen stattdessen dem gelben Balken. An einem Abzweig geht es geradeaus. Es wird nun steiler, mit vielen Wurzeln. An einer T-Kreuzung biegen wir links ein, der Kammweg stößt von rechts wieder dazu. In Serpentinen wandern wir aufwärts. An der Kreuzung unternehmen wir rechts einen Abstecher zur Gaststätte und zum Aussichtsturm am **Berg Bärenstein (3)**.

Anschließend gehen wir zur Kreuzung zurück und geradeaus zur Aussicht. Hier bietet sich eine Rast an, mit herrlichem Blick, auch auf die Talsperre. Dann laufen wir rechts weiter, am Wegesrand ist nun der gelbe Balken (Richtung Kühberg) zu sehen. Der Weg führt teilweise steil hinunter. Wo er in einen breiteren Weg mündet, wandern wir geradeaus auf dem Kammweg weiter, rechter Hand ist eine Schutzhütte. Am Abzweig geht es geradeaus, links wird bald der Blick in die Landschaft frei. Jetzt ist links abzubiegen, so auch hinter dem Haus. An der T-Kreuzung halten wir uns rechts (Baumreihe). Dann geht es links und wieder rechts, immer dem Kammweg nach. Vor der Straße biegen wir links in den Fußweg ein. Beim Parkplatz überqueren wir die Straße und laufen kurz auf der Wiese rechts der Straße entlang.

Wir biegen rechts in den ersten Weg ein. Er schwenkt gleich nach links, ist nun wieder idyllisch und führt uns an Wiesen und Wäldern vorbei. An einer Wiese geht es geradeaus, am linken Rand entlang. Am linken hinteren Ende

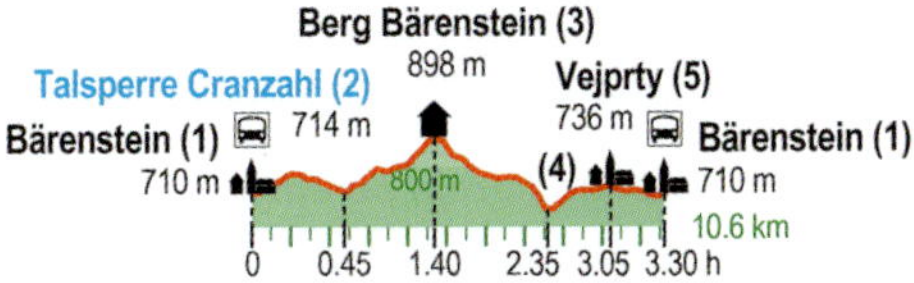

der Wiese kommen wir wieder in den Wald und überqueren eine Bahnlinie. Unten an der Straße halten wir uns links, am Ortseingangsschild **Kühberg (4)** vorbei. Rechts geht es über den Bach. Kurz ist der Straße zu folgen, gleich nach dem ersten Haus aber rechts einzubiegen, der Ausschilderung »Günther Ruh« nach, ansonsten ist der Weg (Privatgrundstück, Betreten auf eigene Gefahr) unmarkiert. Nach Überschreitung des kleinen Bachs, der im Sommer gelegentlich austrocknet, befinden wir uns in Tschechien.

Nun folgen wir eine Weile dem Lehrpfad »Weipert Grund«. Dazu ist gleich an der Tafel »Blechhammer« links abzubiegen. Es geht einen alten Hohlweg hinauf, vorbei an der Tafel »Alter Passweg«. An einer Gabelung gehen wir geradeaus und biegen oben an der Tafel »Alter Passweg mit Jönstedter Straße« scharf rechts in einen schönen, alleeähnlichen Weg ein (in die andere Richtung ist ein Abstecher zu einer weiteren Tafel möglich).

Bei den ersten Häusern von **Vejprty** (**5**, dt. Weipert) geht es geradeaus, auch an der Tafel »Der Stadtteil Weipert-Grund«. Die Straße führt am Bahnhof vorbei, dann nach ca. 500 m rechts über die Gleise. Am Ende der Straße ist schräg rechts einzubiegen (links liegt die Gaststätte Pod Lipami).

Über die Fußgängerbrücke gelangen wir wieder nach Deutschland. Schräg links führen Stufen hinauf zum Rathaus und zur Bushaltestelle im Ort **Bärenstein (1)**. Autofahrer gehen an der Straße rechts, dann links durch die Krötenheerdtstraße zum Parkplatz.

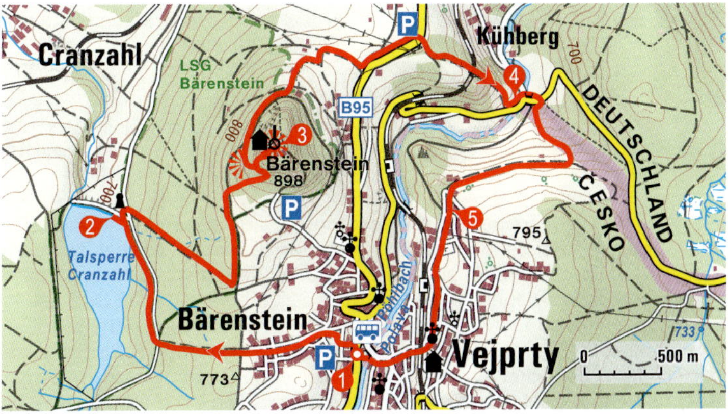

32 Von Hammerunterwiesenthal nach Kretscham-Rothensehma

3.30 Std.

Eine Waldwanderung mit Kneippbecken

Hammerunterwiesenthal ist, wie viele erzgebirgische Orte, reich an Bodenschätzen – besonders Erz, Kalk, Phonolith – und daher nach einem Hammerwerk benannt. Vom Bahnhof der Fichtelbergbahn, einer dampfbetriebenen historischen Schmalspurbahn, geht es auf dem Entdeckerpfad, der u. a. die erzgebirgische Bergbaugeschichte behandelt, in die Höhe. Im Wald erinnert der Bärenfangweg daran, dass Bären einst in großer Zahl und noch bis Ende des 17. Jh. im Erzgebirge lebten. Später kommen wir an einem Kneippbecken vorbei und lernen auf einem Waldlehrpfad viel über Bäume. Am Anfang und Ende der Tour erfreuen Blicke auf den Klínovec.

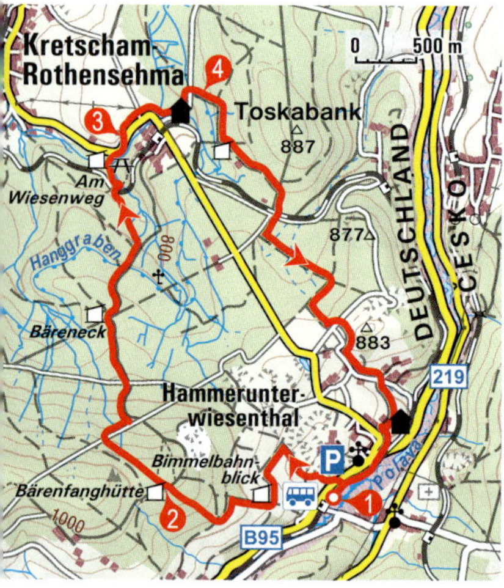

Ausgangspunkt: Bahnhof Hammerunterwiesenthal, 806 m. Mit der Fichtelbergbahn von Cranzahl oder Oberwiesenthal (ca. alle zwei Stunden). Wer vom »Busbahnhof Annaberg-Buchholz« mit dem Bus 411 nach »Hammerunterwiesenthal Kirche« anreist, folgt der Straße Richtung Bahnhof und biegt nach ca. 200 m rechts ein. Parkplatz am Bahnhof (Navi: Oberwiesenthaler Straße 9).
Höhenunterschied: 360 m.
Anforderungen: Einfache Tour, wenige steile Abschnitte, teilweise ausgeschildert. Tendenz zu »blau«. Am Schluss geht es ein kurzes Stück an der Durchgangsstraße entlang. Die waldreiche Rundwanderung ist gut für heiße Sommertage geeignet.
Einkehr: Gaststätte Waldfrieden in Kretscham-Rothensehma; Gasthof Rotes Haus (tgl. ab 17 Uhr) in Hammerunterwiesenthal.
Karte: GeoSN 1:25.000, Blatt 16.

Vom Bahnhof in **Hammerunterwiesenthal (1)** aus gehen wir in Richtung Kirche, biegen aber ca. 200 m davor (vor dem Haus Nr. 12B) bei Schildern links in den Entdeckerpfad ein, dem vorerst zu folgen ist. Wir wandern an Wiesen vorbei und biegen an der Tafel »Die Gewerbetätigkeit vor Ort« schräg rechts ein. An einem Teerweg halten wir uns links, ein schöner Höhenweg. An der Schutzhütte Bimmelbahnblick geht es rechts hoch. Wir nutzen den Querweg links, der bald eine reizvolle Aussicht auf den Klínovec bietet. Wo es geradeaus bergab geht, ist an einer Bank rechts in den Wald abzubiegen, es

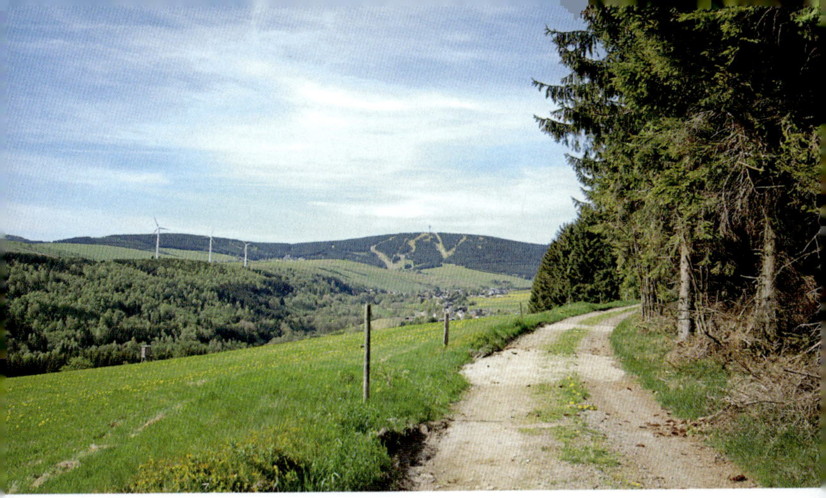

Vom Entdeckerpfad aus ist der Klínovec zu sehen.

wird nun steil. An einer Kreuzung laufen wir geradeaus weiter, so auch oben an der **Bärenfanghütte (2)**. Der Weg ist ab hier etwas holprig, dafür aber auch idyllisch.

In den breiten Weg ist rechts einzubiegen und an der Kreuzung links (Bärenfangweg). Ab hier lässt es sich bis zum nächsten Ort auf dem Kammweg entspannt leicht bergab durch den Wald laufen. Der Weg schwenkt nach rechts, führt an der Kreuzung geradeaus, dann schlängelt er sich durch den Wald. An der Schutzhütte Bäreneck biegen wir rechts ein, dann wieder links. Erneut macht der Weg einige Kurven. Wir passieren die Station 8 des Bergbaulehrpfads, die über »Alte Eisenerzzeche und Kalkbruch« informiert. Wir folgen immer dem Hauptweg, an einem Abzweig dann links dem Kammweg. Wir überqueren die Bahnbrücke, halten uns dann rechts und am Rastplatz links. Hier beginnt ein herrlicher, idyllischer Waldweg, der am Bach entlang führt. Die Kneipp-Anlage lädt zu einer Pause ein.

Nach dem Wassertretbecken geht es rechts, an der Schutzhütte Am Wiesenweg vorbei und bei den ersten Häusern von **Kretscham-Rothensehma (3)** links über die Brücke. Vor der Straße schwenkt der Weg nach rechts. An der

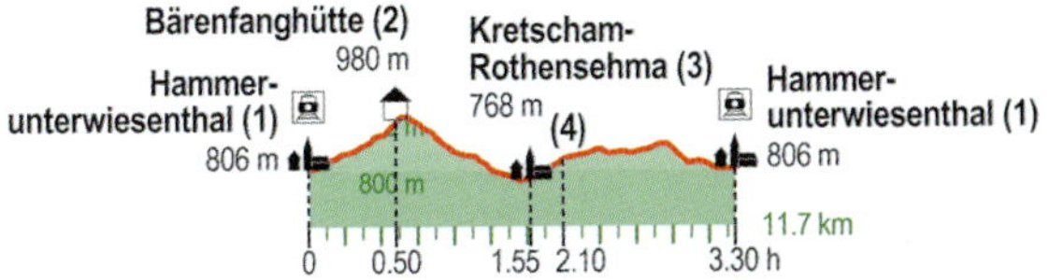

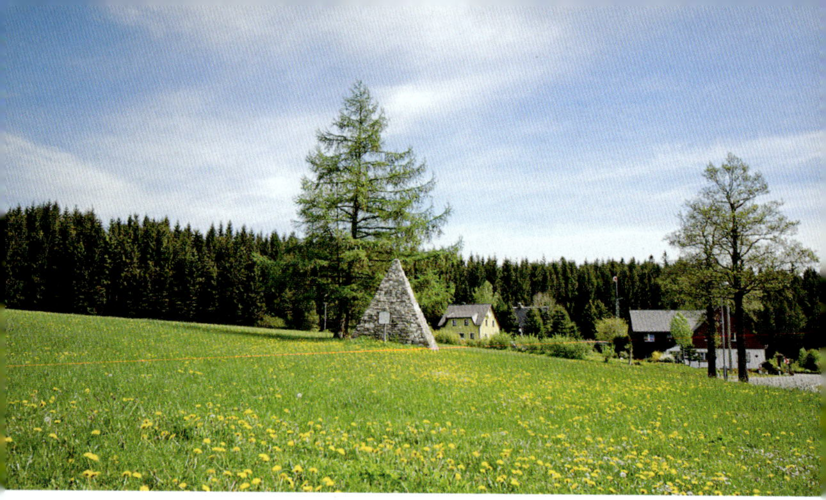

Die Pyramide in Kretscham-Rothensehma.

Straße halten wir uns rechts, schräg links lohnt ein Abstecher zur Pyramide, einer Nachbildung von 1916 der ägyptischen Cheops-Pyramide. Wir laufen weiter an der Straße entlang und gehen nach der Rechtskurve links in Richtung der Gaststätte Waldfrieden. Der geteerte Weg führt uns geradeaus den Wald hinauf.

Oben geht es rechts, nun ist für ca. 1,4 km dem **Waldlehrpfad (4)** zu folgen. Er biegt an einer Kreuzung rechts ein, der Kammweg wird hier verlassen. An einer Schutzhütte ist links abzubiegen, dann schwenkt der Lehrpfad nach rechts. Nach der Tafel »Waldkiefer, Gemeine Kiefer« geht es rechts und bald über die Bahnlinie, der Waldlehrpfad wird verlassen.

Wir wandern zunächst geradeaus und am ersten Weg (Tafel »Historischer Abbau von Eisenstein«) links, bald vorbei an der Tafel »Luxheide – Alter Torfstich«. Wir laufen immer geradeaus weiter, bis wir an der Kreuzung rechts und an der nächsten links in Richtung Hammerunterwiesenthal einbiegen. Geradeaus wird ein schöner Blick auf den Steinbruch frei. An der folgenden Kreuzung gehen wir geradeaus, rechts lohnt wieder ein Blick auf den Klínovec.

Beim Ortsschild Hammerunterwiesenthal biegen wir rechts ein, der Straße ins Tal folgend, weiter unten geradeaus in Richtung Ortsmitte. An der Tafel »Vereine und Gruppen« geht es rechts und dann links vorsichtig ein kurzes Stück an der Durchgangsstraße entlang, vorbei an Gasthof & Pension Rotes Haus. Schräg rechts führt der Weg auf einen Hügel zur Tafel »Die Ortsgründung«. Anschließend laufen wir rechts die Oberwiesenthaler Straße entlang, vorbei an der Kirche. Bald ist der Parkplatz in Bahnhofsnähe in **Hammerunterwiesenthal (1)** erreicht.

3.15 Std.

Auf den Fichtelberg, 1215 m

33 TOP

Auf kleinen Wegen hinauf zum höchsten Berg Sachsens

Zum höchsten Berg Sachsens und des deutschen Erzgebirges – diese Ankündigung verliert ihren Schrecken, wenn es in der höchstgelegenen Stadt Deutschlands losgeht. Oberwiesenthal, im Winter Zentrum für den Wintersport, im Sommer Ausgangspunkt von Wanderungen, und den Fichtelberggipfel trennen gerade mal rund 350 Höhenmeter. So beginnt die Tour mit einem sanften Aufstieg durch die Stadt, dann geht es über die Viehtrift zum Philosophenweg. Von eindrucksvollen Panoramen begleitet, steigen wir zum Nordrand der Kammhochfläche hinauf. Oben locken ein Aussichtsturm, der schöne Blicke beschert, mehrere Gaststätten und die älteste Seilschwebebahn Deutschlands. Der Rückweg erfolgt durch den romantischen Zechengrund, den Ursprung des Pöhlbachtals.

Ausgangspunkt: Kurort Oberwiesenthal, Bahnhof der Fichtelbergbahn, 895 m. Mit dem Bus 411 von »Busbahnhof Annaberg-Buchholz« (ca. alle 2 Std.), oder mit der Fichtelbergbahn von Cranzahl (ca. alle 2 Std.). Autofahrer nutzen den Zentralparkplatz, gebührenpflichtig (Navi: Annaberger Straße 25, Oberwiesenthal) und folgen der Bahnhofstraße zum Bahnhof.
Höhenunterschied: 370 m.
Anforderungen: Relativ einfache Tour, nur im Zechengrund ist Trittsicherheit erforderlich. Alternativ kann der parallel verlaufenden Alten Poststraße gefolgt werden. Deutliche Wege, teilweise ausgeschildert, kurze steile Anstiege. Etwas Orientierungssinn ist beim Aufstieg hilfreich. Ein kurzes Stück führt an der Piste der Monsterrollertour entlang. Wenig Schatten, nicht für heiße Sommertage geeignet.
Einkehr: Bergrestaurant Himmelsleiter (Selbstbedienung, Di.–So. bis 16.30 Uhr, Mo. Ruhetag) und Erzgebirgsstuben (tgl. ab 11 Uhr) auf dem Fichtelberg; Hotel Sachsenbaude; Berggasthof Neues Haus.
Karte: GeoSN 1:25.000, Blatt 16.

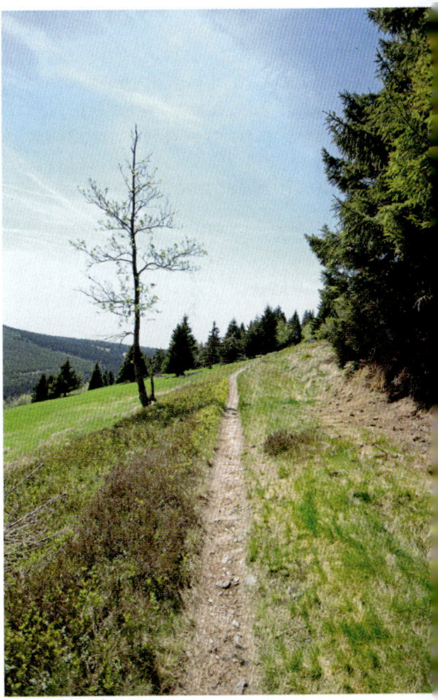

Auf schmalem Weg geht es zum Gipfel.

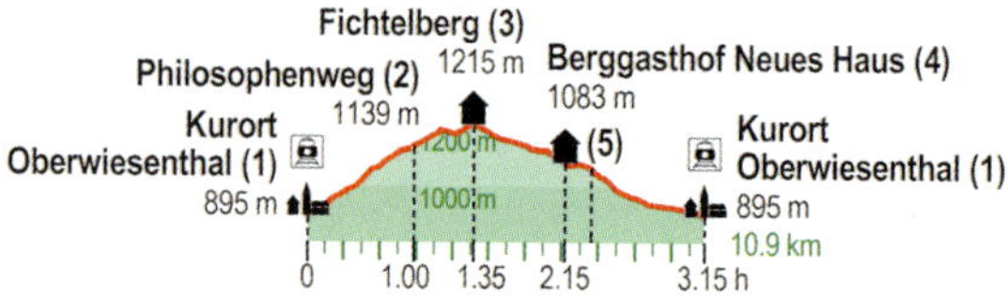

Von Bushaltestelle und Bahnhof der Fichtelbergbahn im **Kurort Oberwiesenthal (1)** wenden wir uns zur Straße, dort rechts hinauf und nach der Linkskurve Stufen nach oben (Teichgasse). An der T-Kreuzung halten wir uns rechts und gleich wieder links. Am Markt geht es rechts und die Karlsbader Straße aufwärts. In der Rechtskurve biegen wir links in die Bergstraße ein.
Am Ende der Bergstraße geht es den Fußweg weiter hinauf, der wieder in die Karlsbader Straße mündet. Wir behalten die Richtung bei, laufen beim Hotel am Fichtelberg rechts der Straße weiter und nutzen dann den Weg oberhalb der Straße (Konrad-Winkler-Tour 4). Dieser schwenkt bei einem Gebäude erst nach rechts, dann nach links. Am ersten Abzweig ist wieder rechts abzubiegen.
Wir folgen dem Teerweg bis zur Natura-2000-Tafel »Fichtelbergwiesen«. Dort geht es links hinauf in den unbefestigten Weg. Bei einer Bank lohnt der Blick zurück nach Oberwiesenthal. Nach einem Lift beginnt die Viehtrift, ein angenehmer Höhenweg mit vielen Heidelbeeren. An einer Kreuzung halten wir uns geradeaus in den oberen Weg. Vor der Straße biegen wir scharf rechts in den **Philosophenweg (2)** ein. Am Abzweig geht es links, den Wegweisern folgend zum Kleinen Fichtelberg, einem Nebengipfel des Fichtelbergs. Bei Bänken mit Wegweisern und Höhenangabe wandern wir weiter geradeaus. An der Straße geht es rechts, dann links über den Parkplatz und am rechten Ende rechts des Gebäudes vorbei. Dann halten wir uns links. Nun gehen wir vorsichtig am Rande der Piste (Monsterrollertour) hinauf und biegen in den zweiten Weg rechts zum **Fichtelberg (3)** ein. Hier lohnt ein Blick zurück auf den Kleinen Fichtelberg. Zudem sollte man sich die Besteigung des Aussichtsturms nicht entgehen lassen, von dem sich an klaren Tagen eine hervorragende Sicht bietet.

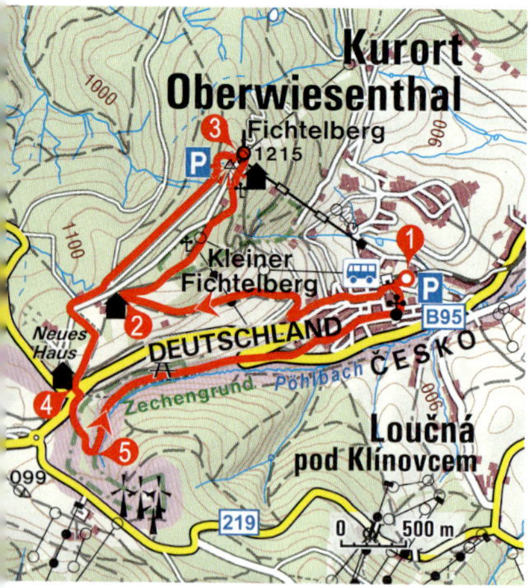

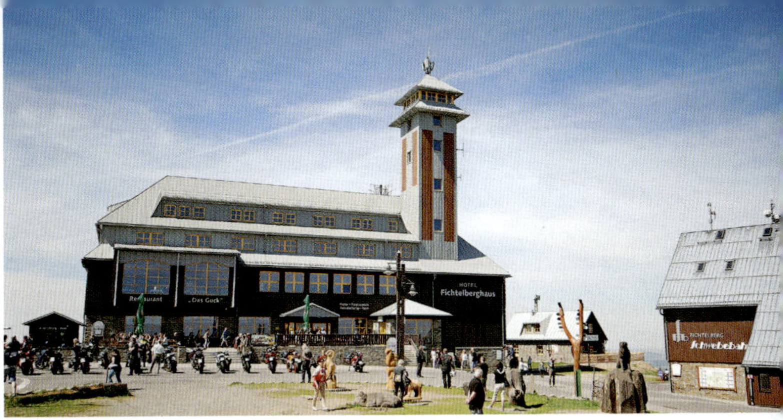

Auf dem Fichtelberg.

Anschließend geht es zwischen dem Holzturm der Bergwetterwarte und dem Restaurant Das Guck hindurch zum großen Parkplatz, schräg links weiter zu Stufen und nach einem kurzen Stück wieder links. Nun ist dem Kammweg zu folgen. An einer Kreuzung halten wir uns schräg rechts und nutzen wahlweise den unteren oder oberen Weg. Der gerade Weg führt sanft hinab. In Sichtweite der Sachsenbaude biegen wir schräg links ein, parallel zur Straße.

Es geht am Hotel vorbei und dann in den ersten Weg links. Am Schild »Hotel Sachsenbaude« wird die Straße überquert, der Weg führt am NSG-Schild rechter Hand vorbei. Wir bleiben zunächst auf dem Hauptweg. Wo dieser in einen Teerweg übergeht, ist rechts in den Wiesenweg einzubiegen, der sanft ins Tal führt. Beim Berggasthof **Neues Haus (4)** ist vorsichtig die B 95 zu überqueren. Auf der anderen Straßenseite biegen wir links in die Alte Poststraße ein, dann gleich scharf rechts in den ersten Weg und nach ca. 90 m links in den Wald, am Wegweiser des mit dem gelben Balken markierten Anton-Günther-Wegs – hier ein charmanter kleiner Waldweg mit vielen Wurzeln. Wo vor uns der Weg schmaler wird, geht es am Abzweig links. Wir folgen nun dem Pfad für ca. 1,5 km durch den idyllischen **Zechengrund (5)**. An zwei Abzweigen geht es geradeaus, weiter am Pöhlbach entlang. Erst bevor sich das Tal zu Auenwiesen weitet, biegen wir nach einer Bank schräg links in die Höhe ab.

Vorsichtig gehen wir über die Straße und gegenüber in den Fußweg. Am Ende des Fußwegs folgen wir immer geradeaus der Straße. Wir kommen am Markt vorbei in die Annaberger Straße und biegen links in die Bahnhofstraße ein. Dieser folgen wir zurück zum Bahnhof im **Kurort Oberwiesenthal (1)**. Autofahrer biegen nicht links ein, sondern gehen weiter bis zur T-Kreuzung, dort kurz rechts und dann links zum Zentralparkplatz.

34 Auf den Klínovec, 1244 m

4.00 Std.

Wanderung auf den höchsten Berg des Erzgebirges

Seit Anfang des 19. Jh. zählt der Klínovec zu den beliebtesten Ausflugszielen des Erzgebirges. Auf Deutsch heißt er Keilberg, früher wurde er auch Sonnenwirbelberg genannt. Im Winter ist er ein beliebtes Skigebiet. Von Oberwiesenthal wandern wir durch den idyllischen Zechengrund, der bis zum Sattel zwischen Fichtelberg und Klínovec ansteigt und eine Vorstellung vom ursprünglichen Erscheinungsbild der Natur in den Kammlagen des Erzgebirges vermittelt. Auf tschechischer Seite geht es hinauf zum Funkturm des Klínovec, der nicht nur selbst weithin sichtbar ist, sondern an dessen Fuß wir auch eine großartige Rundumsicht genießen können, die von jener auf dem 2013 wiedereröffneten Aussichtsturm allerdings noch übertroffen wird. Auf kleinen Wegen wandern wir wieder hinab ins Tal und gelangen über Loučna pod Klínovcem zurück nach Deutschland.

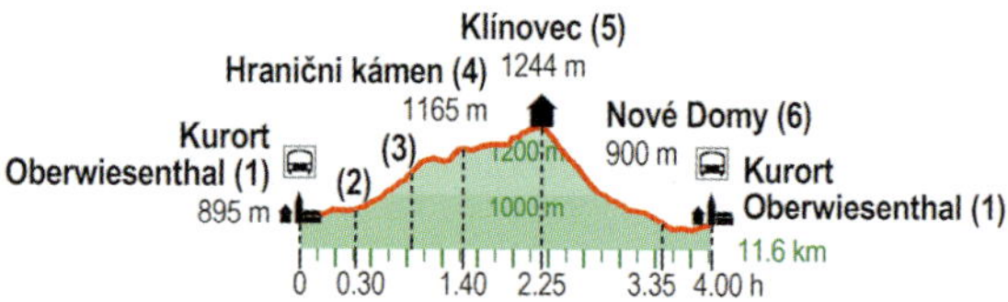

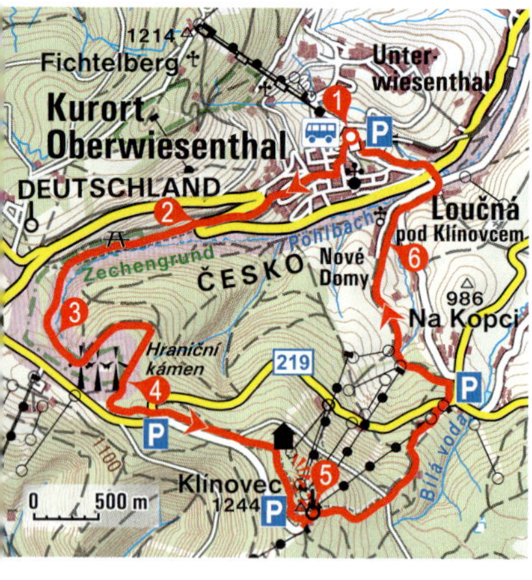

Ausgangspunkt: Kurort Oberwiesenthal, Bahnhof der Fichtelbergbahn, 895 m. Mit dem Bus 411 von »Busbahnhof Annaberg-Buchholz« (ca. alle 2 Std.), oder mit der Fichtelbergbahn von Cranzahl (ca. alle 2 Std.). Autofahrer nutzen den Zentralparkplatz, gebührenpflichtig (Navi: Annaberger Straße 25, Oberwiesenthal) und folgen der Bahnhofstraße zum Bahnhof.
Höhenunterschied: 420 m.
Anforderungen: Zum Teil feuchte kleine Wege, nur teilweise ausgeschildert. Weiter oben geht es an Windrädern vorbei. Tendenz zu »schwarz«. Mit Kindern möglich, aber für diese sind die weniger anstrengenden Touren 33 und 35 besser geeignet.
Einkehr: Imbiss Zur schönen Aussicht auf dem Klínovec; diverse Einkehrmöglichkeiten in Oberwiesenthal.
Karte: SHOCart 1:40.000 Nr. 406/407.

Von Bushaltestelle und Bahnhof der Fichtelbergbahn im **Kurort Oberwiesenthal (1)** wenden wir uns zur Straße, dort rechts hinauf und nach der Linkskurve Stufen nach oben (Teichgasse). An der T-Kreuzung halten wir uns rechts und gleich wieder links. Wir gehen geradeaus über den Markt und am Ende rechts. Autofahrer gehen vom Parkplatz die Annaberger Straße hoch, dann links, um auf ihr zu bleiben. Wir kommen an der Kirche vorbei. Am Markt laufen wir geradeaus weiter. Hier treffen sich beide Varianten. Wir folgen nun der Zechenstraße, gehen immer geradeaus, an einer Gabelung rechts und an der nächsten Gabelung rechts hoch (Am Zechengrund); ein Schild verweist auf den Anton-Günther-Weg. Am Ende der Straße halten wir uns geradeaus in den Fußweg, der uns an Gartenanlagen vorbeiführt. Wir überqueren vorsichtig die Durchgangsstraße und wandern geradeaus in den **Zechengrund (2)**.

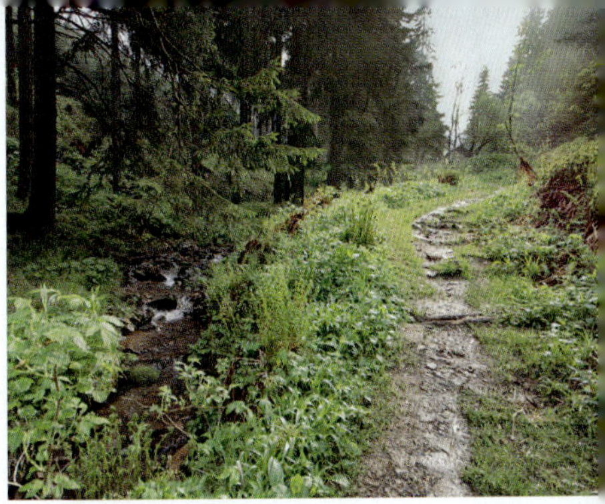

Im Zechengrund.

An der Gabelung geht es rechts auf den malerischen Waldweg und später über eine Brücke. Unterwegs führen Stufen hinunter zum Pöhlbach. Wir wandern weiter geradeaus, vorbei am Rastplatz am Tiefen Lämmelstollen. Bei einem Abzweig (Lehrpfadrundweg) gehen wir geradeaus hinauf, an der T-Kreuzung links. An einer weiteren T-Kreuzung biegen wir erneut links ein; der Weg im Bachtal wird nun schmaler.
Wir kommen an den **Schlauderwiesen (3)** vorbei. Es wird steiler und teilweise auch nass. Durch Heidelbeeren steigen wir weiter nach oben. An einer T-Kreuzung geht es links, nach Nordosten, kurz geradeaus, auch an einer Gabelung in den oberen Weg. Links wird bald der Blick ins Tal und auf den Fichtelberg frei. An einem befestigten Weg steigen wir scharf rechts den (eventuell als »Skipiste 10« beschilderten) Weg hinauf.
Oben erreichen wir vor einer Wiese den **Hranični kámen (4)**, 1165 m. Bei Windrädern wandern wir auf dem Pfad weiter, beim linken hinteren Windrad halten wir uns in Sichtweite einer Straße links. Der Weg führt über die Straße hinweg und an einer langen Reihe Parkplätze vorbei in Richtung des Turms. Am Abzweig laufen wir schräg links weiter, dem roten Balken folgend. Nach 300 m ist linker Hand der Imbiss Schöne Aussicht erreicht.
Wir wandern geradeaus weiter bis zum Aussichtsturm auf dem **Klínovec** (**5**, dt. Keilberg). Vor dem Aussichtsturm gehen wir rechts am Kassenhäuschen vorbei, steuern auf die Sessellifte zu und biegen in den Weg rechts der Lifte ein, eine Weile noch mit dem roten Balken als Wanderzeichen. Steil geht es

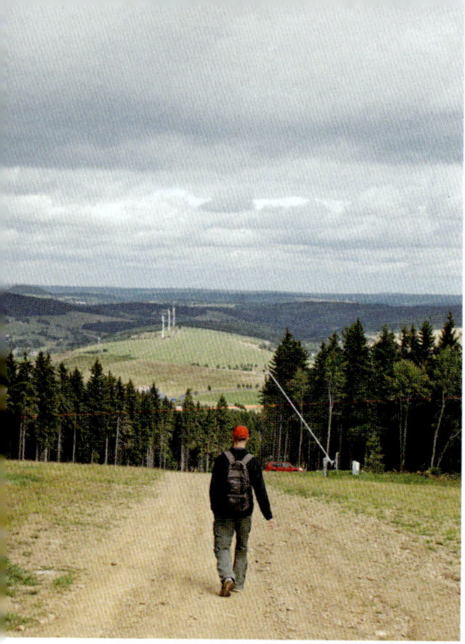

Der Abstieg vom Klínovec erfolgt anfangs auf der Skipiste.

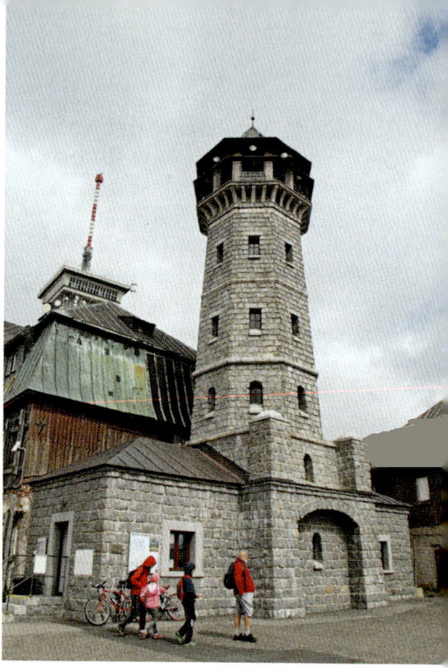

Der achteckige Aussichtsturm auf dem Klínovec wurde im Jahr 1884 eingeweiht.

hinunter, an der Kreuzung wandern wir geradeaus, weiter auf der Skipiste. Vor dem Querweg biegen wir mit dem roten Balken links ein. An der nächsten Kreuzung geht es geradeaus weiter und links unter dem Sessellift hindurch, weiter dem roten Balken nach. Weiter unten an der Pension laufen wir schräg rechts hinab.

An der Straße halten wir uns rechts und an der Straßenkreuzung links, der rote Balken wird verlassen. In der Mitte des Parkplatzes geht es links in den Wald. An der Gabelung wählen wir geradeaus den unteren Weg, vorbei an Gebäuden, die nur bei Skibetrieb genutzt werden. Bei der nächsten Gabelung halten wir uns wieder rechts und kommen an Häusern vorbei. Es bietet sich ein schöner Blick auf Oberwiesenthal.

Die Siedlung **Nové Domy** (**6**, dt. Neue Häuser) wird erreicht. Wir halten uns am geteerten Weg rechts und kommen gleich an einer kleinen Kapelle vorbei. An der Straße biegen wir links ein, so auch beim Parkplatz in Loučna pod Klínovcem (dt. Böhmisch Wiesenthal). Es geht über den Pöhlbach (tschech. Polava) und nach Deutschland. Wir nutzen die Ampel und halten uns an der nächsten Straße links in Richtung Stadtzentrum. Die Autofahrer haben gleich rechter Hand den Parkplatz erreicht. Bus- und Bahnfahrer gehen am Parkplatz vorbei und folgen der Bahnhofstraße bis zum Bahnhof im **Kurort Oberwiesenthal (1)**.

3.45 Std.

Westlich von Boží Dar 35 TOP

Viele Attraktionen am Wegesrand inmitten einer lieblichen Landschaft

Diese leichte Wanderung verbindet mehrere Lehrpfade. Vom touristisch geprägten Bergstädtchen Boží Dar geht es in einem großen Bogen auf dem von bunten Holzskulpturen und Spielgeräten gesäumten Christkindweg ins Božídarské rašeliniště, größtes Naturschutzgebiet des Fichtelberggebiets und Rest eines einst deutlich größeren Hochmoors, in dem über Jahrhunderte Torf gewonnen wurde. Vorbei am markanten Božídarský Špičák, dem mit 1115 m dritthöchsten Berg des Erzgebirges, treten wir den Rückweg entlang des Grabens Blatenský příkop an. Den Abschluss bildet ein Lehrpfad, der auf einem Knüppeldamm durch den Ostteil des Moors führt.

Ausgangspunkt: Parkplatz bei der Tankstelle am Ortseingang von Boží Dar, 1034 m, nach der Abfahrt gleich auf der rechten Seite (Navi: Hraniční přechod, 362 62 Boží Dar, Tschechien). Kein Bus zur Wandersaison. Nutzer öffentlicher Verkehrsmittel gehen ab Bahnhof Oberwiesenthal wie bei Wanderung 34 beschrieben und halten sich an der T-Kreuzung vor den Schlauderwiesen rechts, dann links und laufen vorsichtig links an der B 95 nach Boží Dar (einfacher Weg ca. 1 Std.).

Höhenunterschied: 210 m.
Anforderungen: Einfache Tour, geringe Höhenunterschiede, gute Ausschilderung. Überwiegend breite Schotterwege, aber auch schmale Pfade, Teerwege und Knüppeldamm. Wer die vielen Wurzeln und die weit in den Weg hineinhängenden Zweige auf dem Pfad am Blatenský příkop vermeiden möchte, geht nördlich auf der Parallelstraße. Besonders gut für Kinder geeignet.
Einkehr: Diverse Gaststätten in Boží Dar.
Karte: SHOCart 1:40.000 Nr. 406.

Vom Parkplatz bei der Tankstelle in **Boží Dar** (**1**, dt. Gottesgab) gehen wir die Straße hinunter, dann schräg rechts über das Wiesenstück und links an der Kirche vorbei. Dahinter folgen wir schräg links der Straße durch den Ort. Am Ortsende ist rechter Hand der Friedhof erreicht, letzte Ruhestätte des in Boží Dar geborenen erzgebirgischen Volksdichters und Sängers Anton Günther (1876–1937), Namensgeber des grenzüberschreitenden Wanderwegs (siehe Tour 34). Das Grab ist an der Mauer gegenüber dem Eingang zu finden. Am Friedhofsausgang

Auf dem Christkindweg.

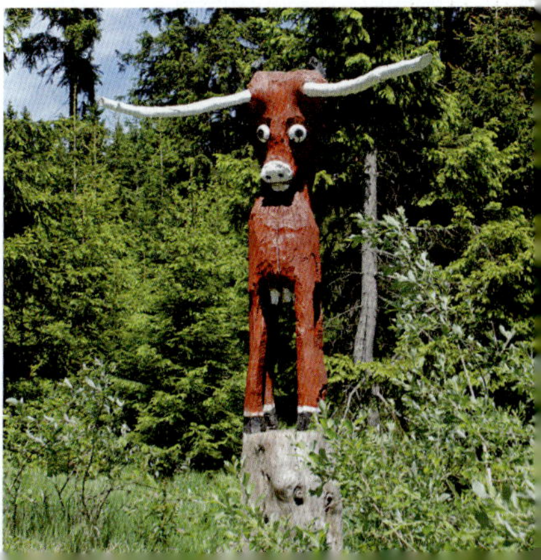

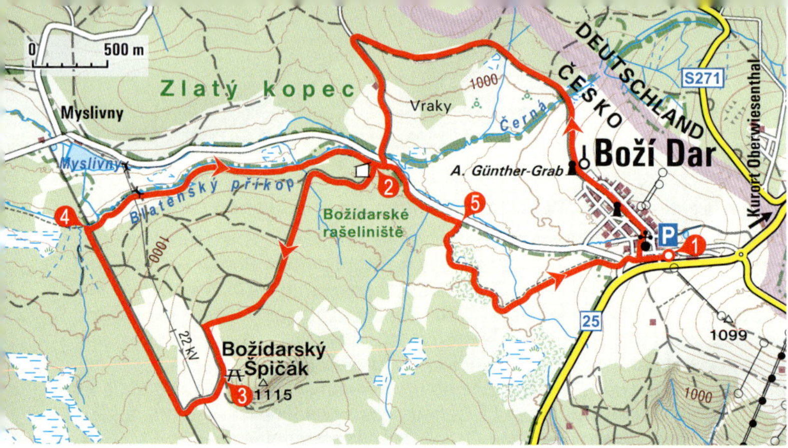

geht es rechts, wieder rechts und dann links am Funkturm vorbei. Hier beginnt der auch als Radweg genutzte Christkindweg mit Station 1 (immer als Haltestelle bezeichnet) in einer Hütte. Wir bleiben für ca. 1,5 km immer auf dem Hauptweg, auch nach einem Bach. Bald wird der Weg von Spielgeräten und Holzfiguren begleitet. An der nächsten Hütte laufen wir geradeaus weiter, so auch an der folgenden (Station 3), aber bei Station 4 halten wir uns scharf links. Der Weg führt an einer Wiese vorbei hinunter zur Straße, wo wir die Station 11 vorfinden. Hier ist kurz rechts und gleich wieder links einzubiegen, dann ist an einer Schutzhütte das Hochmoorgebiet **Božídarské rašeliniště** (**2**, dt. Gottesgaber Torfmoor) erreicht. An einer Kreuzung geht es rechts, dem Wanderzeichen roter Balken nach. Wir folgen dem Christkindweg nun in Gegenrichtung. Nach Station 10 geht es auf dem Hauptweg weiter. Zunächst ist eine kurze Durststrecke zu überwinden, der Weg führt leicht bergauf. An der Kreuzung geht es noch einmal auf dem Hauptweg geradeaus, dann wird an der nächsten Kreuzung (mit kleinem Rastplatz) der Hauptweg geradeaus verlassen. Wir richten uns bald immer nach dem roten Balken und laufen dazu gleich geradeaus weiter, belohnt durch einen schönen und schattigen Waldweg. An der Gabelung geht es rechts und an der T-Kreuzung links.

An der Hütte von Station 9 halten wir uns schräg links, rechter Hand erfreut eine Bergwiese. Wo der Hauptweg nach schräg rechts abbiegt, wandern wir geradeaus weiter. Nun ist der jeweils breitere Weg zu nutzen. Bald führen links Stufen zu einem Abstecher, dem Rastplatz unterhalb des **Božídarský Špičák** (**3**, dt. Gottesgaber Spitzberg) und zu Erläuterungen zur »Wunderblume«. Die Besteigung ist aus Naturschutzgründen verboten. Eine Aussicht gibt es wegen des Waldwuchses ohnehin nicht.

Wir gehen die Stufen zurück zu unserem Weg, der bald wieder in den Hauptweg mündet. Wir folgen ihm in einer Rechtskurve mit dem Wanderzeichen roter Balken und halten uns an der T-Kreuzung rechts. Nun befinden wir uns für 2 km auf einem geraden, leicht bergab führenden Weg. Rechter Hand grüßt die Bergwiese von vorhin. An Station 7 gehen wir geradeaus. Achtung, an der Infotafel zum **Blatenský příkop** (**4**, dt. Plattener oder Blattner Graben) biegen wir rechts in den Pfad am Gewässer ein.

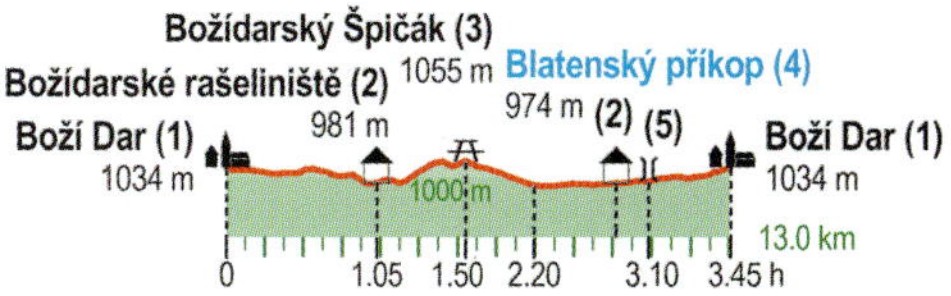

Der idyllische schmale Weg weist viele Wurzeln und tief hängende Zweige auf. Links ist der Stausee bei Myslivny zu sehen, später vor uns in der Ferne der Fichtelberg und der Klínovec. Nach dem Knüppeldamm sind wir wieder bei der Schutzhütte am Eingang zum **Božídarské rašeliniště (2)**. Es geht links zur Straße, dort rechts in den geteerten Fuß- und Radweg, weiter in der bisherigen Richtung. Wir sind nun wieder auf dem Christkindweg.

Bei Station 11 nutzen wir den Fußweg links der Hütte, der parallel zur Straße verläuft. Jetzt folgen mehrere Informationstafeln. Wo rechter Hand der Wald endet, ist rechts in den **Knüppeldamm (5)** des Naturlehrpfads einzubiegen. Zahlreiche Tafeln geben über das Torfmoor Aufschluss.

Am Ende des Damms folgen wir weiter dem Weg und laufen bald links durch eine Unterführung. Bei der Gaststätte Hospůdka Špičák geht es rechts, dann gleich links und geradeaus zum Parkplatz in **Boží Dar (1)**.

Bergwiese südlich des Christkindweges.

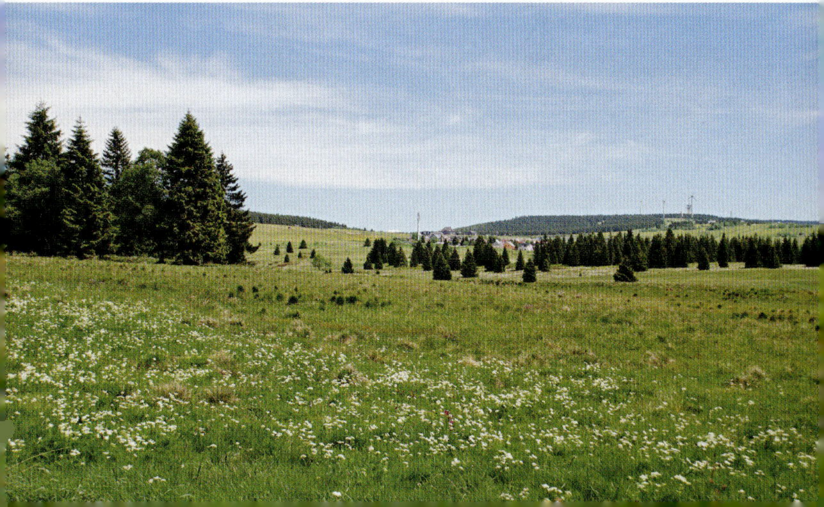

36 Auf den Plešivec, 1028 m

6.00 Std.

Über Wald und Wiesen auf einen Aussichtsberg

Viele Wege führen auf den Plešivec – die hier vorgeschlagene Route folgt kleinen idyllischen Wegen, vorbei an Wiesen und durch kühlen Wald. Zunächst begleitet uns der Gebirgslehrpfad Merklín über vier Stationen in Richtung Gipfel, weiter oben löst ihn der Gebirgslehrpfad Abertamy ab. Einst gab es hier den Weiler Oberes Kaff, dessen Wiesen – die Kaffer Wiesen – für geschützte und heilkräftige Pflanzen berühmt sind. Oben auf dem Plešivec bietet sich eine schöne Aussicht. Nach einem Stück waldigen Abstiegs, zunächst auf einem »mythischen Lehrpfad«, geht es über Felsen zum zweiten Höhepunkt dieser Tour, dem Vlčí hřbet, 902 m. Das letzte Stück verläuft wieder im Wald, dann durch den in einer reizvollen Ebene gelegenen Weiler Oldřiš zurück nach Merklín.

Auf dem Weg zum Plešivec.

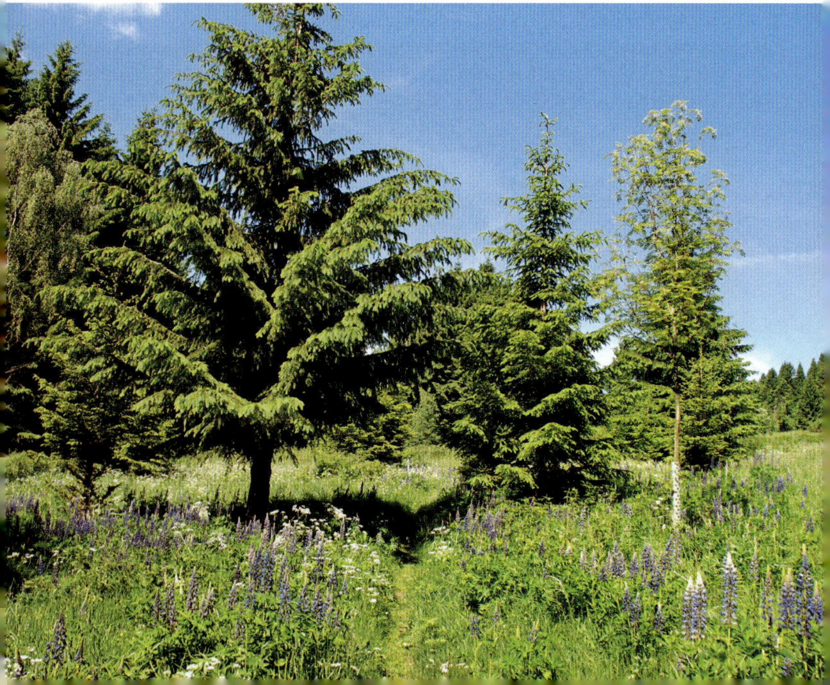

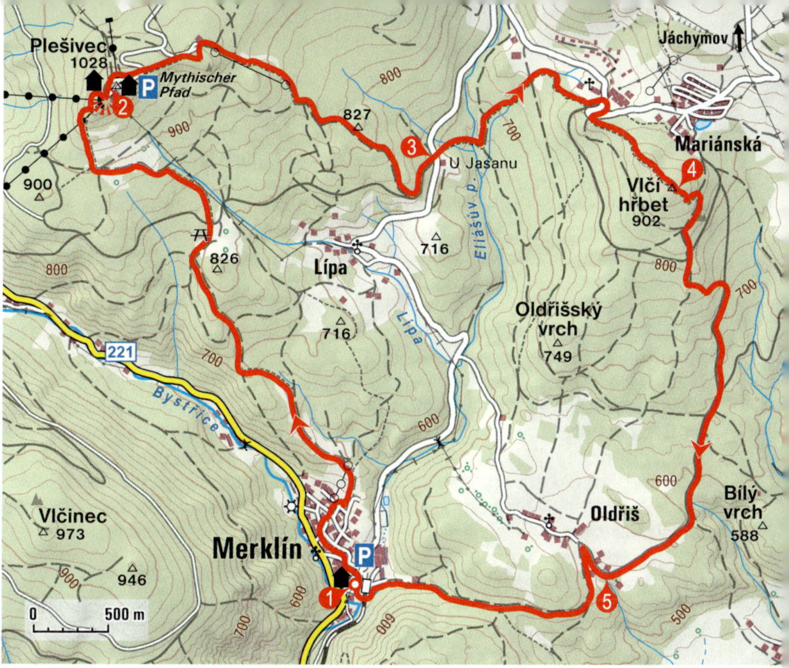

Ausgangspunkt: Bahnhof in Merklín, 515 m. Mit dem Regionalzug von Karlovy Vary (dt. Karlsbad) nach Merklín (ca. alle 4 Std.). Parkplatz anbei (Navi: Merklín 36, Merklín).
Höhenunterschied: 800 m.
Anforderungen: Anstrengendes letztes steiles Stück beim Aufstieg zum Plešivec, immer wieder nutzen Mountainbikefahrer die Strecke. Die Wege sind nur teilweise markiert. Zwischen Vlčí hřbet und Merklín ist Orientierungssinn nötig, Bachüberquerung ohne Brücke. An heißen Sommertagen früh zu dieser Tour aufbrechen. Wer mag, kann auch mit dem Sessellift auf den Plešivec hinauf oder hinunter fahren. Für Kinder lohnt dort besonders der »mythische Lehrpfad« (ansonsten ist die Tour für Kinder eher zu lang und zu anstrengend).
Einkehr: Restaurace Plešivec und Restaurace Na Nebi auf dem Plešivec; Hotel Pod Lesem in der Nähe des Bahnhofs.
Karte: SHOCart 1:40.000 Nr. 406.

Beim Bahnhof in **Merklín** (**1**, dt. Merkelsgrün) wenden wir uns in Richtung des Spielplatzes und der Informationstafeln. Wir folgen für einige Zeit dem Lehrpfad »Merkliner Ring/Gebirgslehrpfad Merklín« und achten immer auf den gelben Balken. Die Straße schwenkt nach links, es geht geradeaus an der Gaststätte vorbei. Nach dem Platz mit Kletterwand biegen wir rechts ein, laufen geradeaus am Kindergarten vorbei und halten uns nach dem Sportplatz an der Kreuzung rechts. Wir nutzen geradeaus den Pfad, laufen oben an der Straße links, gleich wieder rechts und dann an der T-Kreuzung noch

einmal rechts zur Tafel Nr. 1 des Lehrpfads. Wir gehen weiter und biegen vor dem Haus Nr. 161 links ab, dann gehen wir geradeaus hinauf. Weiter oben teilt sich der Weg, wir halten uns links und kommen bald unter dem Lift hindurch. Bergwiesen und Wald wechseln sich nun ab. Im Wald laufen wir an einer Gabelung rechts (gelber Balken), von links stößt gleich der grüne Balken hinzu. Bald geht es an Ruinen des Ortes Unteres Kaff vorbei (Tafel 4), dann den Wanderzeichen nach. An der Kreuzung halten wir uns an den grünen Balken und wandern geradeaus weiter. Hier sind ggf. noch Spuren vom Waldbruch zu sehen. Wir folgen dem grünen Balken den Hang hinauf. An der T-Kreuzung biegen wir rechts ab, der gelbe Balken stößt von links dazu. Weiter oben geht es geradeaus, am Rastplatz »812 mnm« mit dem grünen Balken in den Pfad.
Wir wandern immer geradeaus und halten uns nach einer großen Wiese an der T-Kreuzung kurz links, dann wieder rechts. Hier gab es einst den Ort Oberes Kaff mit den Kaffer Wiesen. Mit etwas Glück erteilt eine Tafel des Gebirgslehrpfads Abertamy hier darüber Auskunft. Jetzt ist den Wanderzeichen blauer Balken (E3) und grüner Balken zu folgen. Bald wird es steil, der Weg führt unter dem Sessellift hindurch. Achtung, ggf. nutzen auch Mountainbiker die Strecke! Fast oben gehen wir unter den beiden Liften hindurch, dann rechts und wieder links hoch zur Gaststätte auf dem **Plešivec** (**2**, dt. Pleßberg). Wir gehen rechts daran vorbei und kommen links am Spielplatz, am Hotel mit einem weiteren Restaurant vorbei.

Blick vom Plešivec.

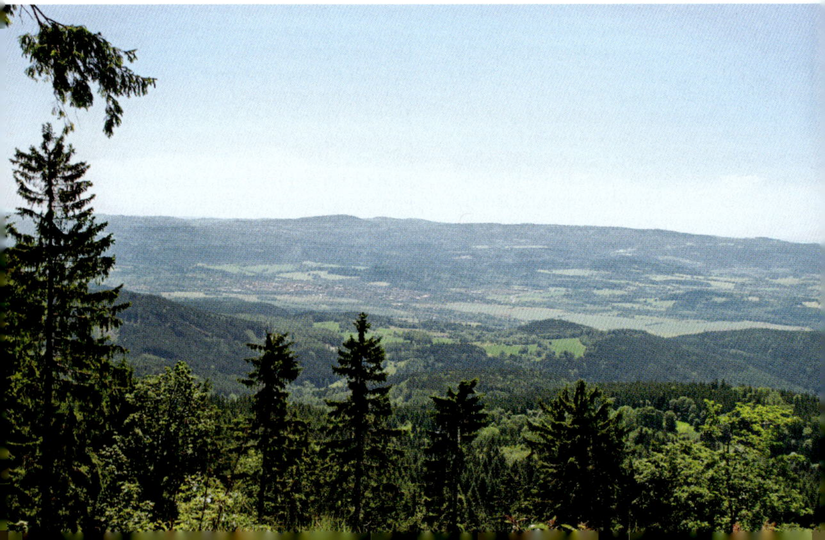

Am Ende eines Parkplatzes beginnt schräg rechts im Wald der »mythische Pfad«, in dessen Verlauf Holzskulpturen etwas über die Sagen des Erzgebirges erzählen. Besonders für Kinder sehr lohnend! Der Schotterweg geht bald in einen Waldweg mit vielen Wurzeln über, wir folgen immer der Markierung blauer Balken. Nach dem »Schrackagerl«, dem kleinen erzgebirgischen Hausgeist, halten wir uns ohne Wanderzeichen schräg rechts. Beim »Schwarzen Ritter« geht es links und bei den Wanderzeichen rechts.

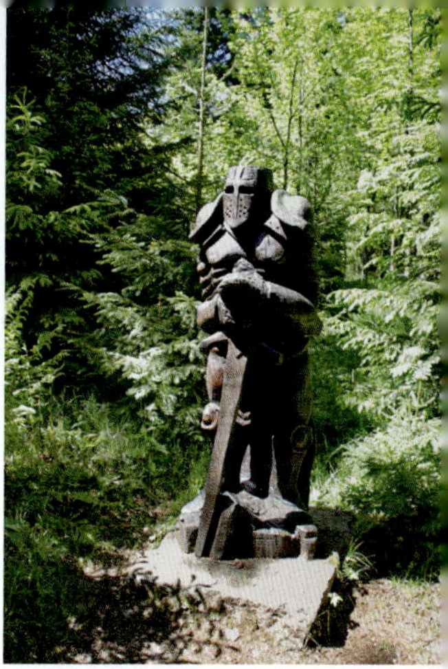

Schwarzer-Ritter-Skulptur auf dem »mythischen Pfad«.

Nach der Rechtskurve wandern wir an einer Gabelung rechts weiter und halten uns immer links des Lifts. Ab hier folgen wir für eine Weile dem grünen Balken. Bei einem kleinen Felsen geht es schräg links in einen idyllischen Waldweg, an der T-Kreuzung biegen wir wieder links ein. Der Weg ist jetzt breiter, aber dennoch schön. Nach einer Rinne im Boden ist links in einen Pfad einzubiegen, der bald in einen befestigten Weg mündet, auf dem wir nun weitergehen.
An der Straße bei **U Jasanu (3)** folgen wir dem Pfad geradeaus (leicht links versetzt). Hier beginnt ein lauschiger Waldweg mit großen Steinen. Wir wandern immer dem Wanderzeichen nach. Es geht über Geröll und dann vorsichtig ohne Brücke über einen Bach, dann schräg nach rechts. An der T-Kreuzung ist links einzubiegen. Der breite Weg führt leicht bergauf. An der Gabelung geht es rechts vom Hauptweg ab. An der Kreuzung halten wir uns geradeaus in den Pfad. Weiter oben biegen wir rechts ab, dann wieder links. Felsbrocken und große Steine säumen den Weg. Immer ist dem grünen Balken zu folgen. An der T-Kreuzung geht es links.
An der Straße biegen wir scharf rechts ein und verlassen den grünen Balken. In der scharfen Linkskurve halten wir uns schräg rechts an den ansteigenden Pfad. Nun ist dem Wanderzeichen roter Balken zu folgen. An Felsbrocken vorbei führt der Weg immer weiter aufwärts. An einem großen Stein

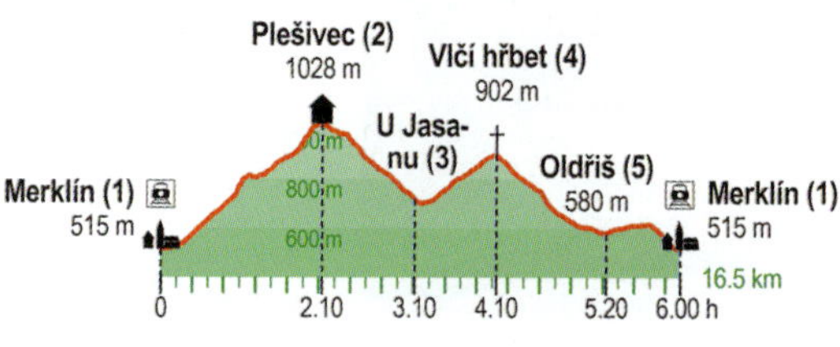

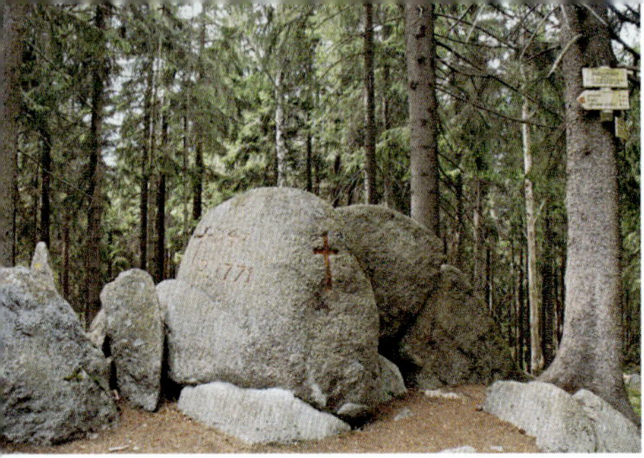

Felsen auf dem Vlčí hřbet. Hier soll einmal eine Kapelle gestanden haben.

zeigt ein roter Pfeil nach rechts, dem wir auf den ebenen Weg folgen. Nach ca. 100 m geht es schräg links. Jetzt wird es steil. Links laufen wir an einem großen Felsen vorbei, dann darüber hinweg, dabei ist immer nach dem roten Balken zu suchen. Am vorerst höchsten Punkt halten wir uns schräg rechts. Bald ist wieder ein roter Balken zu sehen. Es geht links an einem Felsen mit Wanderzeichen vorbei, denen wir auch weiter folgen. Bald ist der Gipfel des **Vlčí hřbet** (**4**, dt. Wolfskamm), wo uns Wegweiser die Richtung weisen, erreicht.

Auf der anderen Seite biegen wir nach wenigen Metern links ab. Der Weg führt nun abwärts und ist leicht zu laufen. Bei einem Aussichtspunkt schwenkt er nach links. Bald ist vor einer großen Buche scharf rechts einzubiegen, der rote Balken wird hier verlassen. An einer Gabelung halten wir uns links, weiter abwärts. Wir wandern immer geradeaus und queren unterwegs einen breiten Weg. Achtung, unser Weg kann hier etwas holprig sein.

An einem breiten Querweg ist rechts einzubiegen, dann geht es für ca. 2 km immer auf dem Hauptweg geradeaus. Schließlich sind im Freien Berge in der Ferne zu sehen. In **Oldřiš** (**5**, dt. Ullersgrün) passieren wir eine Schranke, gehen geradeaus und vorbei an der Pension. Nach ca. 300 m ist vor einem Teich scharf links einzubiegen, der Weg ist bald mit dem gelben Balken markiert. An einer Kreuzung geht es ohne Wanderzeichen geradeaus in den oberen Weg. An der Gabelung halten wir uns rechts und an der folgenden Dreier-Gabelung in den mittleren Weg, nun begleitet vom grünen Balken. Ein schöner Waldweg zum Abschluss, der leicht bergab und immer geradeaus führt. Vor der Ortschaft geht es über die Bachbrücke, dann der Markierung folgend schräg links. Jenseits der Gleise ist rechter Hand unser Ausgangspunkt am Bahnhof von **Merklín (1)** erreicht.

Am Bahnhof in Merklín.

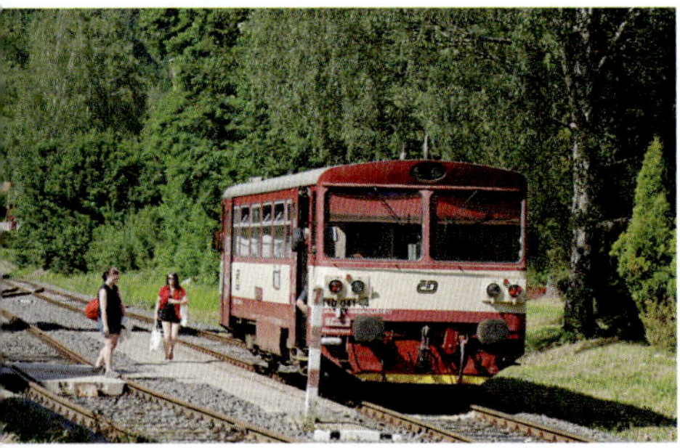

3.45 Std.

Auf die Morgenleithe, 812 m

37

Eine ruhige Waldwanderung westlich von Schwarzenberg

Vom Stadtrand von Schwarzenberg wandern wir an und durch Wald hinauf zur Morgenleithe, einer ganz von Wald bewachsenen Erhebung. So lässt es sich kaum erkennen, dass sie eigentlich zwei Gipfel hat. Auch unser nächstes Ziel, das Naturschutzgebiet Conradswiese, ist von Wald dominiert, der die eigentliche Conradswiese in Hufeisenform umschließt. Die Wanderung führt durch naturnahen Bergmischwald aus Buchen, Fichten, Tannen und Trauben-Eichen, der zahlreichen Vogelarten einen Lebensraum bietet. Auf dem Rückweg kommen wir am Naturdenkmal Neunstämmige Buche vorbei, die heute nur noch fünf Stämme aufweist. Nach der Wanderung lohnt es, Schwarzenberg zu besichtigen, eine kleine Stadt mit netter Altstadt, Schloss und der Kirche St. Georg.

Ausgangspunkt: Schwarzenberg, Erzstraße, 545 m. Mit der Regionalbahn von Zwickau nach Schwarzenberg (Erzgeb.), dann mit dem Bus A von »Schwarzenberg, Busbahnhof« nach »Schwarzenberg, Heide, Wendeschleife« (ca. stündlich). Parkmöglichkeiten vorhanden (Navi: Erzstraße 3, Schwarzenberg/Erzgeb.).
Höhenunterschied: 430 m.
Anforderungen: Orientierungssinn am Anfang der Tour, ansonsten ist der Weg überwiegend markiert und leicht zu finden. Kindern bietet diese Wanderung nur im Bereich der Conradswiese genügend Abwechslung.
Einkehr: Berggaststätte Morgenleithe (Mo./Di. Ruhetag) auf der Morgenleithe; Gaststätte Zur Morgenleithe bei Hinterhenneberg.
Karte: GeoSN 1:25.000, Blatt 15.

In **Schwarzenberg (1)** gehen wir von der Bushaltestelle ein Stück zurück zur Erzstraße, scharf rechts und nun hinauf, unser vorläufiges Wanderzeichen ist der grüne Diagonalbalken. Am Ende der Straße ist oben schräg rechts in den Fußweg in Richtung Ärztehaus Heide einzubiegen. Am Kinderspielplatz laufen wir links über die Wiese. Bald ist ein Wanderzeichen des Bergbaulehrpfads zu sehen. Kurz vor dem Wald kommen wir am Schild »Trockenmauern« vorbei. Am Anfang des Waldes schwenkt der Weg nach schräg rechts, dann geht es kurz rechts und an der Kreuzung schräg links in

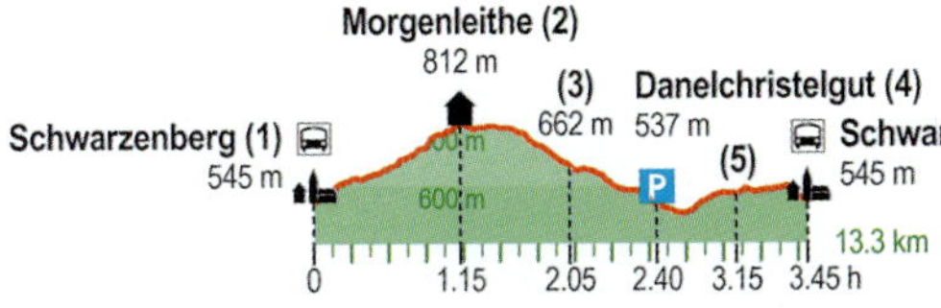

den mittleren Weg in Richtung Baumanns Graben (ggf. ausgeschildert). Nun wandern wir leicht bergauf. Rechter Hand bietet sich ein schöner Blick in die Landschaft. Wieder laufen wir durch Wald, dann an Wiesen vorbei. An einer Kreuzung gehen wir geradeaus weiter (links biegt der grüne Balken ab). Immer geradeaus, auch am Holzstapelplatz mit der Hütte »Hilfe Gottes Fundgrube«. Hier bietet sich ein lohnender Blick ins Tal.
An der nächsten Wegkreuzung verlassen wir den grünen Diagonalbalken; wieder geht es geradeaus weiter (ggf. ausgeschildert als »Morgenleithe über Forstmeistersteig«). Wir queren einen breiteren Weg, den Auerhahnweg, dann erreichen wir die Kreuzung Spinne, 765 m, wo rechts einzubiegen ist. Nun folgen wir eine Weile dem roten Balken, auch verläuft hier der Fernwanderweg E3. Nach ca. 150 m biegen wir links ein und folgen den Wegweisern zur Morgenleithe. Bald führt rechts ein Abstecher zur **Berggaststätte Morgenleithe (2)** mit Aussichtsturm. Der Wald ist hier allerdings so hoch gewachsen, dass auch vom Turm keine gute Fernsicht mehr möglich ist. Eine Tafel informiert über den Fernwanderweg E3.
Nach dem Abstecher halten wir uns an der T-Kreuzung rechts und folgen weiter dem roten Balken. Wir biegen an einem Abzweig schräg links ein, an der T-Kreuzung rechts, halten uns an einer Kreuzung geradeaus und an der nächsten Kreuzung (mit Schutzhütte) links. Es geht bald abwärts und der Weg wird holprig. Unser Weg mündet in einen breiteren; wir wandern geradeaus weiter. In den ersten Weg ist rechts einzubiegen, nun mit dem grünen Balken. An einer Kreuzung mit breiten Wegen geht es kurz rechts und gleich wieder links. Wir befinden uns nun im NSG Conradswiese. An der nächsten Kreuzung gehen wir geradeaus dem grünen Balken folgend bis zum **Waldschulheim Conradswiese (3)**.

Auf zur Morgenleithe.

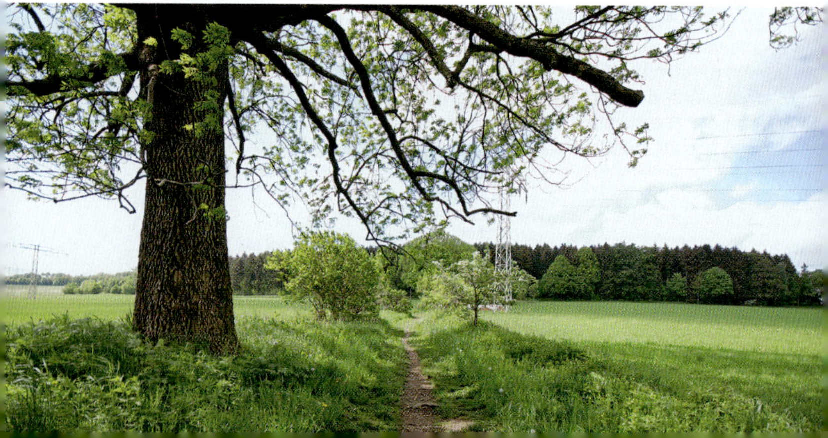

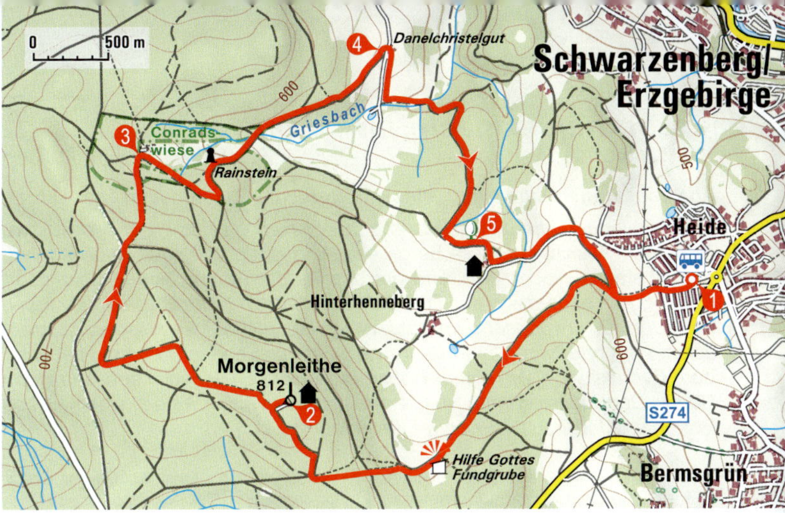

Dort ist rechts einzubiegen und weiter dem grünen Balken und nun auch einem für Kinder geeigneten Naturlehrpfad zu folgen. Wir halten uns geradeaus und kommen an der Tafel »Lebensraum Weiher und Tümpel« vorbei. Rechter Hand gibt es bald ein Labyrinth zu sehen. Wir gehen immer geradeaus weiter und an der T-Kreuzung mit dem grünen Balken scharf links, nun abwärts. Bei einer Tafel führt links ein kurzer Abstecher zum Rainstein, einem alten Grenzstein (mit Erläuterungstafel). An einer Kreuzung geht es geradeaus in den kleineren Weg, rechter Hand ist eine Wiese. Der Weg mündet in einen breiteren, wo wir die Richtung beibehalten und nun dem gelben Balken folgen. An einem Abzweig geht es geradeaus.

Am Parkplatz vor dem **Hotel Danelchristelgut (4)** biegen wir scharf rechts in die Straße und weiter unten links ein (Vugelbeer-Rundweg um Lauter). Wir kommen an zwei Weihern mit Ziegengehege vorbei. An der T-Kreuzung geht es rechts, über einen Bach, und an der nächsten T-Kreuzung wieder rechts, jetzt dem Wanderzeichen E3 nach und wieder aufwärts. Oben ist am geteerten Weg links einzubiegen, wir passieren die **Neunstämmige Buche (5)** mit einmaliger Wuchsform. Kurz biegen wir rechts zur Gaststätte Zur Morgenleithe ein. An der T-Kreuzung dahinter gehen wir links weiter.

Wer nicht einkehren möchte, geht geradeaus weiter und an der Straße links. Wir wandern geradeaus die wenig befahrene Straße entlang. Die ersten Häuser von **Schwarzenberg (1)** werden sichtbar. Hier halten wir uns an der ersten Kreuzung rechts (der gelbe Balken biegt nach links ab), an der nächsten schräg links hinunter zur Stadt. Nun laufen wir wie auf dem Hinweg zurück: über den Spielplatz, den zweiten Weg rechts, links am Plattenbau vorbei und geradeaus in die Erzstraße.

38 Von Nejdek nach Nové Hamry

7.00 Std.

Abwechslungsreiche Natur, einsame Bergwiesen und idyllische Wälder

Freunde langer Streckenwanderungen kommen hier voll auf ihre Kosten. Großartige Aussichten, weite Bergwiesen und reizvolle Waldwege bestimmen den Charakter dieser Tour rund um das Tal der Rolava. Vom Erholungsort Nejdek geht es in die Natur. Den Auftakt bildet ein Naturlehrpfad für Kinder, der auch für Erwachsene interessant ist. Weiter geht es in den Naturpark Jelení vrch und nach Nové Hamry, benannt nach einem Hammerwerk unter dem Dvorský vrch. Auf einem Höhenweg gelangen wir zur Kapelle in Horní Hamry. Der Rückweg nach Nejdek erfolgt durch kühlen Wald in einem weiten Bogen um den Tisovský vrch (dt. Peindlberg).

Ausgangspunkt: Bahnhof Nejdek, 553 m. Zug von Johanngeorgenstadt nach Nejdek. Parkbuchten in der Straße Nádražni (Ecke Rooseveltova) nahe dem Denkmal für Otakar Korec (Navi: Nádražni 114, Nejdek).
Höhenunterschied: 800 m.
Anforderungen: Ausdauer, kurz vor Nové Hamry geht es an einem Felsen ein steiles Stück abwärts. Generell ist Orientierungssinn nötig. Mit Kindern empfiehlt es sich, von Nové Hamry mit dem Zug oder Bus nach Nejdek zurückzufahren, sonst wird es zu lang.
Einkehr: Hotel Anna oder Restaurace U Žáby in Nejdek; Hotel Seifert in Nové Hamry.
Karte: SHOCart 1:40.000 Nr. 406.

Vom Bahnhof in **Nejdek** (**1**, dt. Neudek) geht es rechts Richtung Zentrum und nach ca. 250 m, noch vor der Gaststätte, rechts. Autofahrer folgen der Hauptstraße vom Zentrum weg und biegen vor dem Restaurant U Žáby rechts ein. Nach ca. 80 m geht es scharf links hinauf, Wanderzeichen grüner Balken. Hier stoßen die Bahnfahrer dazu. Wir überschreiten rechts die Gleise und nutzen dann den unmarkierten Weg schräg links. Wir kommen am Friedhof vorbei und laufen rechts die Straße weiter. Bald ist die erste Tafel des Lehrpfads Neudek erreicht. Den Lehrpfad gehen wir in Gegenrichtung an, um später möglichst lange den Wald zu genießen.
Geradeaus laufen wir weiter, an Häusern vorbei, die Straße heißt Kollárova. An der Gabelung geht es rechts zur Landstraße, dort geradeaus in den

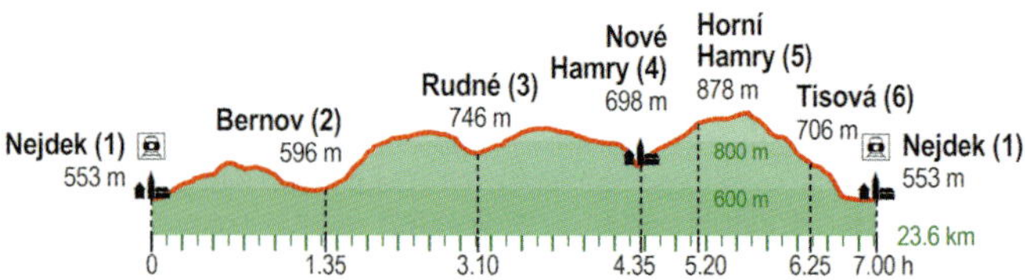

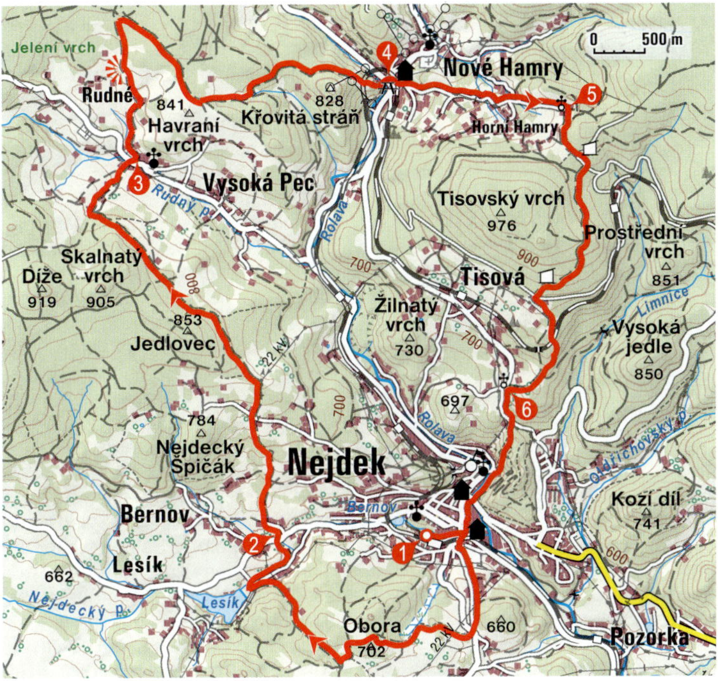

Wald. Wir wandern auf einem hübschen Waldweg an Tafel Nr. 6 vorbei und an der Gabelung links hoch. Weiter oben führt links ein Abstecher zur Nr. 5 (Wanderzeichen grünes Dreieck). Von dort laufen wir zurück zum Hauptweg, dort links und auch an der Gabelung links. An der T-Kreuzung geht es erneut links, hier ist das Wanderzeichen grüner Balken zu sehen. Der Weg führt abwärts, unten an einer platzartigen Erweiterung wird er ohne Wanderzeichen scharf rechts verlassen.

Wir bleiben nun immer auf dem Hauptweg, der leicht bergab führt, schließlich an Häusern vorbei, wo der Weg nach links schwenkt. Unten an der T-Kreuzung gehen wir rechts (links ist ein Abstecher zum See Lesík möglich). Nach ca. 30 m ist in die kleine Straße rechts einzubiegen und ihr für einen knappen Kilometer zu folgen.

Am Haus Nr. 260 geht es links über die Bachbrücke. Oben an der Straße halten wir uns rechts und gleich wieder links zur Siedlung **Bernov** (**2**, dt. Bernau). Nach dem Haus Nr. 246 biegen wir rechts ein, in Richtung der

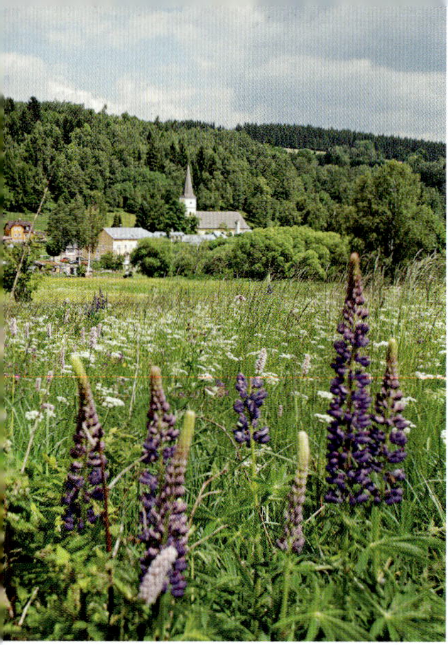

Blick auf Rudné.

Stromleitung. Wir wandern den Hauptweg aufwärts, an einer Kreuzung links und gleich wieder rechts. Wir laufen die Wiese hoch, es wird nun steil. Nach Ende der Wiese halten wir uns links und weiter oben an der Straße geradeaus.

Jetzt ist der Weg wieder markiert, wir folgen für einige Zeit dem gelben Balken. Dazu gehen wir an einem Abzweig geradeaus. Oben halten wir uns an der Gabelung links, dann wandern wir immer geradeaus weiter. Rechter Hand grüßt eine Wiese. Nun beginnt ein besonders schöner Waldweg, an einer Gabelung geht es links (gelber Balken), der vorübergehend auch vom blauen Balken begleitet wird. Wir aber halten uns an einer Kreuzung geradeaus und folgen nach Häusern dem gelben Balken weiter auf dem Waldweg. Kurz vor der T-Kreuzung kommen wir an der Tafel Nr. 7 eines älteren Bergbaulehrpfads vorbei (in der Gegend wurde früher Eisen- und Zinnerz gewonnen) und biegen rechts ein. Wir laufen immer geradeaus und erfreuen uns am Blick auf **Rudné** (**3**, dt. Trinksaifen) mit seiner markanten Kirche. Unten geht es an der Kreuzung kurz rechts und nach der Bachbrücke gleich links hinauf zu Tafel Nr. 9. Wir laufen eine Weile geradeaus, an mehreren Hofeinfahrten vorbei.

Auf halber Höhe biegen wir am Ende der Wiese an einer Kreuzung links ein. Bald bietet sich links eine großartige Aussicht. Nach einem Haus geht es in den Wald und dort über eine Bachbrücke. Wir folgen dem Pfad geradeaus (leicht rechts versetzt), ggf. wird es für kurze Zeit feucht. Der Weg schwenkt schließlich nach rechts. An der Kreuzung geht es rechts in den Forstweg. An der nächsten Kreuzung halten wir uns geradeaus, das Loipenzeichen roter Punkt kann zusätzlich zur Orientierung dienen. Wieder genießen wir den Blick auf eine Wiese. An einem Abzweig geht es bei Wegweisern nach links. Immer ist nun auf dem Hauptweg zu bleiben, so auch an der nächsten Gabelung links haltend. Bald passieren wir einen Tümpel rechter Hand. An einem weiteren Abzweig geht es geradeaus, die Loipe wird verlassen. Bei einer kleinen Lichtung ist schließlich im rechten Winkel rechts abzubiegen. Wir bleiben immer auf dem Hauptweg, gehen zweimal an Gabelungen links und wandern links um einen Hügel herum, ein lauschiger Waldweg. Im Freien laufen wir unter dem Skilift durch und geradeaus über die Wiese hinunter. Der Weg ist hier ggf. undeutlich. Auf halber Höhe biegen wir schräg links ein, im Wald ist wieder ein deutlicher Pfad zu sehen. Am Kletterübungsfelsen gehen wir links und gleich rechts in den steilen Pfad links des Felsens, Vorsicht. Unten an einem Rastplatz halten wir uns links und überschreiten dann rechts die Brücke.

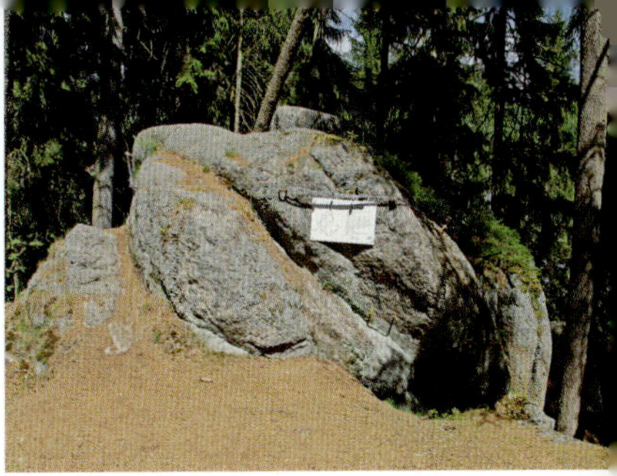

Der Kletterübungsfelsen.

In **Nové Hamry** (**4**, dt. Neuhammer) wenden wir uns an der Straße (rechts und an der Gabelung links geht es zum Bahnhof) gleich schräg rechts hoch, vorbei am Haus Nr. 217. Für eine Weile ist nun dem gelben Balken zu folgen. Wir überschreiten vorsichtig die Gleise. Geradeaus hoch ist an der Straße ein weiterer Lehrpfad erreicht, der Neuhammer-Weg. An der Tafel Nr. 2 geht es rechts bergauf und immer geradeaus. An einem Steinkreuz mit Bank halten wir uns schräg links und folgen dem Wanderzeichen. Am Haus Nr. 187 geht es geradeaus. Erst nach der Kapelle in **Horní Hamry (5)** mit Tafel Nr. 6 biegen wir rechts ab, der gelbe Balken wird hier verlassen.

Jetzt gilt für uns vorerst das Symbol Quadrat mit weißer und roter Ecke, das allerdings teilweise nur im Rückblick sichtbar ist. Nach einer Schutzhütte geht es geradeaus, ab dem Abzweig auch mit dem Wanderzeichen grüner Balken. In den ersten Weg ist rechts einzubiegen und an der Gabelung links. Der Schotterweg führt wieder aufwärts. Bei einem Felsen geht es geradeaus (der gelbe Balken wird verlassen), der Waldweg wird nun schmaler, dann lauschig. Über viele Wurzeln und Steine wandern wir hinab. An einer Kreuzung laufen wir erst geradeaus (links ist eine Schutzhütte), dann links, dann immer dem Hauptweg nach. Schließlich geht es an Häusern vorbei und über die Bahnbrücke.

An der Straße in **Tisová** (**6**, dt. Eibenberg) ist links einzubiegen, dann wieder links. Wir folgen noch immer dem grünen Balken und biegen daher nach ca. 400 m rechts ein. Dann aber lassen wir an einer Gabelung die Balkenmarkierungen hinter uns, gehen rechts und folgen immer dem Hauptweg abwärts. Bald haben wir einen schönen Blick auf den Burgturm. Den Teerweg geht es rechts, dann gleich links und wieder rechts zur Bachbrücke. Wahlweise kann man an der Brücke geradeaus einen Abstecher zur Kirche machen. Die Burg ist allerdings nicht zu besichtigen. Ohne Abstecher geht es links und am Fluss entlang. An der Straße ist rechts, dann wieder links einzubiegen. Immer geradeaus ist bald der Parkplatz erreicht. Bahnfahrer gehen noch ein Stück geradeaus und dann an der Gaststätte rechts zum Bahnhof in **Nejdek (1)**.

39 Auf den Blatenský vrch, 1043 m

4.45 Std.

Durch böhmische Wälder zu einem Aussichtsberg

Von Johanngeorgenstadt (siehe Tour 40) aus überschreiten wir die Grenze zu Tschechien, wo sich der Ort Potůčky anschließt. Ab dem Ortsrand wandern wir durch den Wald zum Blatenský vrch, der seinen Namen – übersetzt Großer Plattenberg – seiner platten Form verdankt. Vorher wandern wir in großem Bogen um den Berg herum, am idyllischen, bereits 1540 entstandenen Graben Blatenský příkop entlang. Beim Abstieg genießen wir die sehenswerten Felsen der Eis- und Wolfspinge und erreichen Horní Blatná, eine im 16. Jh. planmäßig angelegte Bergstadt. In der Umgebung des Berges herrschte bis ins 19. Jh. ein reger Zinn- und Eisenerzbergbau. Der Rückweg erfolgt durch tiefen Wald, vorbei an Felsen. Ein Abstecher führt zu den sehenswerten Kletterfelsen Skály Na strašidlech.

Ausgangspunkt: Johanngeorgenstadt, Herrenhaus Wittigsthal, 695 m. Mit dem Bus RB 95 von »Schwarzenberg (Erzgeb.), Bahnhof« nach »Johanngeorgenstadt, Wittigsthaler Hof« (ca. alle 2 Std.). Parkplatz anbei (Navi: Wittigsthalstraße 16, Johanngeorgenstadt).
Höhenunterschied: 430 m.
Anforderungen: Überwiegend markiert, vereinzelt kleinere unmarkierte Wege. Im Bereich des Blatenský vrch ist etwas Orientierungssinn nötig. Zahlreiche Wurzeln am Graben Blatenský příkop erschweren rasches Ausschreiten.
Einkehr: Mehrere Gaststätten in Horní Blatná, zahlreiche in Potůčky oder Johanngeorgenstadt.
Karte: SHOCart 1:40.000 Nr. 406.

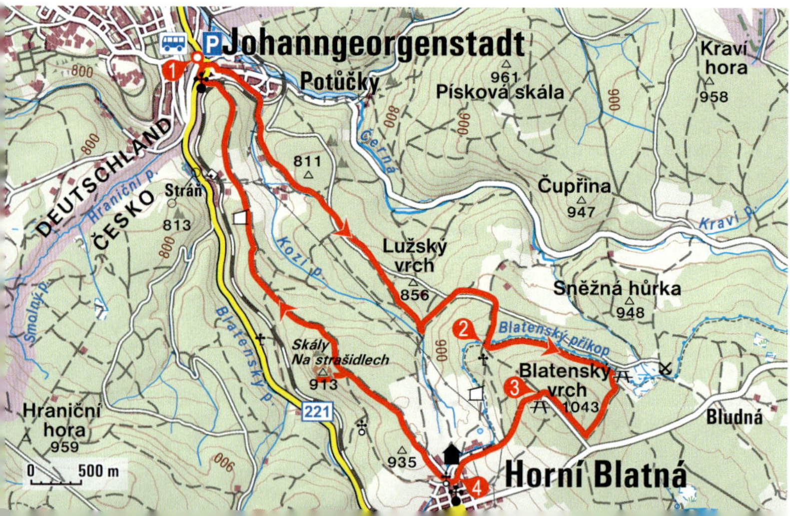

Vom Herrenhaus Wittigsthal in **Johanngeorgenstadt (1)** gehen wir die Straße weiter über die Grenze, dann zum Kreisverkehr in Potůčky (dt. Breitenbach) und dort geradeaus. An der T-Kreuzung biegen wir links ein und laufen gleich die erste Straße rechts hoch (Einfahrt verboten). Oben halten wir uns geradeaus, so auch an einem Abzweig. Schnell ist der Ort verlassen, dann überqueren wir die Bahnlinie und kurz darauf einen Bach. Oberhalb des Bachtals wandern wir an Häusern vorbei. An der Tafel 13 »Ehemalige Ortschaft Stran« des Gebirgslehrpfads Potůčky geht es schräg links. Wir folgen für einige Zeit dem Wanderzeichen roter Balken. An einem Abzweig wandern wir geradeaus weiter, dann mündet unser Weg in einen breiteren.

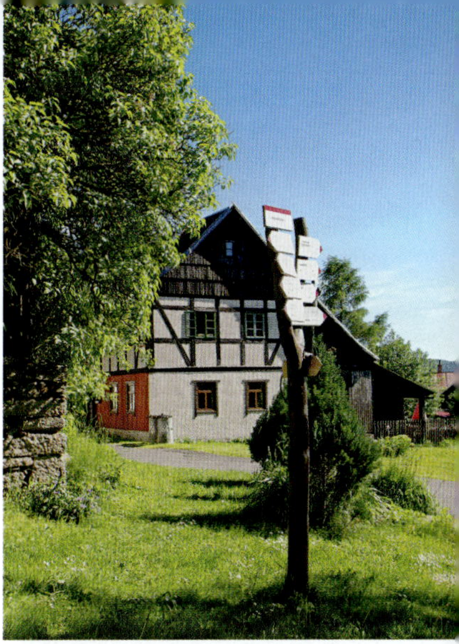

In Horní Blatná.

Wir behalten unsere Richtung bei, so auch an der nachfolgenden Kreuzung (Tafel 12). An der Gabelung biegen wir mit dem roten Balken rechts in einen schmaleren Waldweg ein. Wir überqueren den Bach, dann nach links und gehen rechts des Bachs weiter. Wir genießen den herrlichen Waldweg mit weichem Boden, Moos und Blaubeeren. Bald schwenkt unser Weg nach links, immer achten wir auf den roten Balken. An der T-Kreuzung biegen wir links in den breiten Weg ein, vorbei an Tafel 11. An einem Abzweig halten wir uns ohne Wanderzeichen schräg rechts, der Hauptweg wird kurz verlassen. Am breiten Weg wandern wir rechts weiter, oben am Rastplatz wieder rechts, wir folgen nun dem gelben Balken. An einer Kreuzung mit kleinem Rastplatz (schräg links steht Tafel 5) biegen wir links in den kleinen Pfad am **Blatenský příkop** (**2**, dt. Blattner oder Plattener Graben) ein. Nach 1,5 km wird an einer großen freien Fläche ein kleiner Rastplatz erreicht.

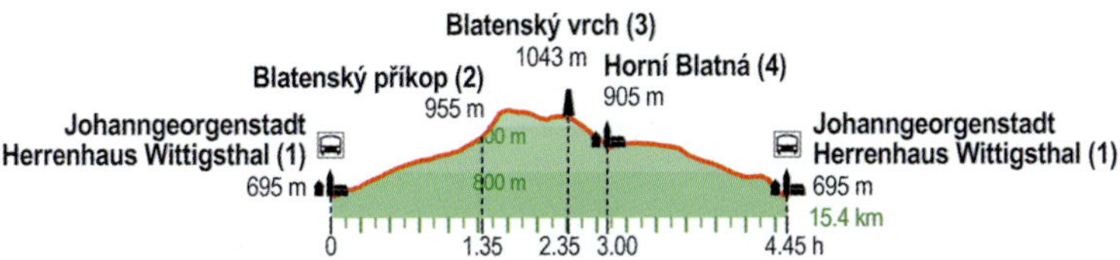

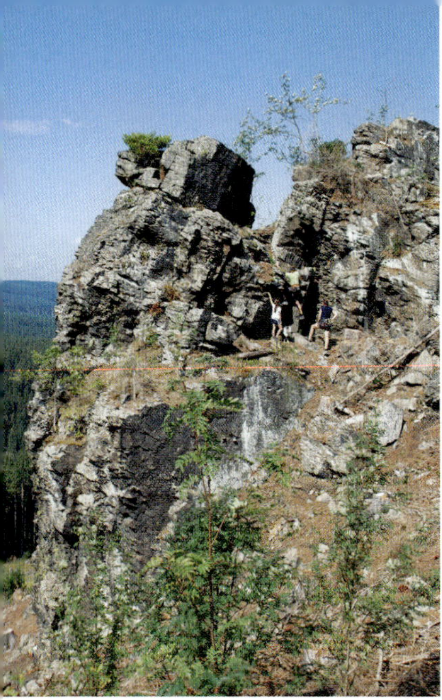

Kletterer am Heidelbeermassiv.

Hier wandern wir schräg rechts weiter und verlassen den Graben. An einer Gabelung geht es rechts in den Wald. Dem Waldweg ist nun für ca. 600 m zu folgen. Am befestigten Weg biegen wir mit dem roten Balken rechts ein. Geradeaus wird bald der **Blatenský vrch** (**3**, dt. Großer Plattenberg) erreicht.

Hinter dem Turm gehen wir schräg links in Richtung Horní Blatná hinunter, bald mit dem roten Balken. Erst wird der Felsspalt der Eispinge (Ledová jáma) erreicht, der nur ca. 1 m breit ist. Im Sommer ist er allerdings nicht mehr sichtbar mit Eis gefüllt, auch wenn die Informationstafeln dies versprechen. Danach folgen die nicht minder eindrucksvollen Felsen der Wolfspinge (Vlčí jáma), der ehemaligen Zeche Wolfgang. Anschließend folgen wir dem Weg weiter bis **Horní Blatná** (**4**, dt. Bergstadt Platten). Dort gehen wir geradeaus, bis nach Haus Nr. 135 rechts und gleich schräg rechts einzubiegen ist. An der Kreuzung halten wir uns geradeaus (Lesní). Wir kommen an netten Häusern vorbei und wandern beim Sportplatz an der Gabelung links weiter.

Nun folgen wir für ca. 3,5 km dem Hauptweg. Stetig geht es bergab, hier lässt es sich kräftig ausschreiten. Nach ca. 1,2 km (ab dem Sportplatz) führt 20 m nach einer Bodenrinne ein Abstecher links zu den sieben Felsformationen Skály Na strašidlech (dt. Heinrichstein). Dazu gehen wir an der Gabelung rechts. Bald werden die ersten Felsen rechter Hand sichtbar, genannt Ohnisková.

Weiter auf dem Pfad erreichen wir den Polední (dt. Mittagsstein). Noch eindrucksvoller sind die anschließenden Felsen des Borůvči (dt. Heidelbeermassiv). Wir gehen wieder zurück, am Hauptweg links und setzen unseren Weg immer geradeaus fort. Am Waldende finden wir eine Schutzhütte vor, dort bietet sich ein freier Blick in die Landschaft.

Es geht immer geradeaus weiter, über die Wiese, durch ein Waldstück, später über die Bahnlinie und eine Kreuzung hinweg. Unten an der Straße biegen wir rechts ein und dann links zum Kreisverkehr. Geradeaus geht es zur Grenze und zum Herrenhaus Wittigsthal in **Johanngeorgenstadt (1)**.

6.00 Std.

Auf den Auersberg, 1018 m, und zum Kleinen Kranichsee

40

Auf einen Aussichtsberg und zu einem Hochmoor

Von Johanngeorgenstadt, Wiege des Schwibbogens und einst bedeutende Bergbaustadt, wenden wir uns zuerst Richtung Pferdegöpel, einer rekonstruierten Förderanlage für den Bergbau. Weiter geht es auf Waldwegen zum Fuße des Auersbergs. Die Gegend hier war früher das reichste Zinngebiet des Westerzgebirges mit über 300 Fundgruben. Beim Aufstieg lassen sich noch einige Aushöhlungen und Halden erkennen. Der Auersberg ist der höchste Berg des Eibenstocker Granitgebiets, der zweithöchste Sachsens und der dritthöchste des Erzgebirges, und so bieten sich an klaren Tagen vom Aussichtsturm wunderbare Weitblicke. Hinab geht es auf dem breiten Mittelflügel zur Sauschwemme und weiter zum Kleinen Kranichsee. Ein Knüppeldamm führt hinaus in das ca. 29 ha große Kammhochmoor mit bizarr geformten Kiefern. Zum Naturschutzgebiet gehört auch der Henneberger Hang mit vielen seltenen Pflanzen, den wir danach durchwandern. Im Anschluss an die Wanderung lohnt ein Besuch des Schaubergwerks Glöckl.

Ausgangspunkt: Johanngeorgenstadt, Platz des Bergmanns, 832 m. Mit dem Zug von »Schwarzenberg (Erzgeb.), Bahnhof« nach »Johanngeorgenstadt, Bahnhof«, dann mit dem Bus 348 (Kleinbus) nach »Johanngeorgenstadt, Platz des Bergmanns«. Parkplatz anbei (Navi: Johanngeorgenstadt, Platz des Bergmanns).
Höhenunterschied: 500 m.
Anforderungen: Überwiegend breite, an machen Stellen auch schmale Wege, meist markiert. Kurzer steiler Aufstieg auf den Auersberg. Die lange Wanderung erfordert Kondition.
Einkehr: Auersberg Haus (tagsüber tgl.) auf dem Auersberg; Gasthaus Sauschwemme (nur tagsüber, Do./Fr. Ruhetag); Gasthof Henneberg (Mi. Ruhetag) beim Kleinen Kranichsee.
Tipp: Lehr- und Schaubergwerk Frisch Glück »Glöckl«. Wittigsthalstr. 13–15, 08349 Johanngeorgenstadt. Führungen alle eineinhalb Stunden bis 15 Uhr, Mo. geschlossen.
Karte: GeoSN 1:25.000, Blatt 15.

Von der Bushaltestelle in **Johanngeorgenstadt (1)** aus gehen wir erst zur kleinen, dann zur großen Pyramide und davor die kleine Straße rechts, den Parkplatz linker Hand. Autofahrer gehen vom Parkplatz aus zur Straße und

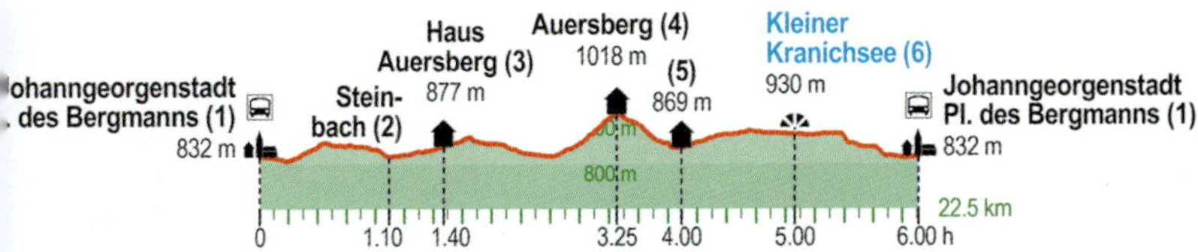

dort links (weg vom Schwibbogen) und beim Pferdegöpel schräg links in die Auenstraße. Wir laufen immer weiter auf der Straße. Nach ca. 1,5 km gehen wir vor einer wasserwirtschaftlichen Anlage unmarkiert rechts, parallel zum Schwefelbach. Am Naturbad halten wir uns links und weiter oben geradeaus zur Straße, dort wieder links, am Landhaus Sonnentau vorbei.
Beim Schild »Durchfahrt verboten« beginnt der Kammweg, dem wir nun eine Weile folgen. Am Waldrand geht es rechts, rechter Hand lohnt ein Blick zurück. An der Gabelung halten wir uns wieder rechts. Wo in Sichtweite eines Gebäudes rechter Hand ein Teerweg verläuft, geht es links dem Kammweg nach. An einer Kreuzung laufen wir geradeaus und an einer Gabelung rechts. Am befestigten Weg ist links einzubiegen und an der Kreuzung scharf rechts. Der schnurgerade Weg führt sanft abwärts.
Kurz vor der Straße in **Steinbach (2)** geht es mit dem Kammweg nach links. Später ist ohne Brücke ein Bach zu überqueren. Am Querweg halten wir uns rechts und gleich wieder links. Dann laufen wir rechts über eine kleine Brücke, später rechts zu einer Tafel und über die Straße. Mit dem Kammweg folgen wir dem Hauptweg. Am **Haus Auersberg (3)** geht es nach rechts, nun eine Zeit lang dem gelben Balken nach. An einer Kreuzung geht es schräg links, bald ist das Wegekreuz Kleiner Stern erreicht. Hier halten wir

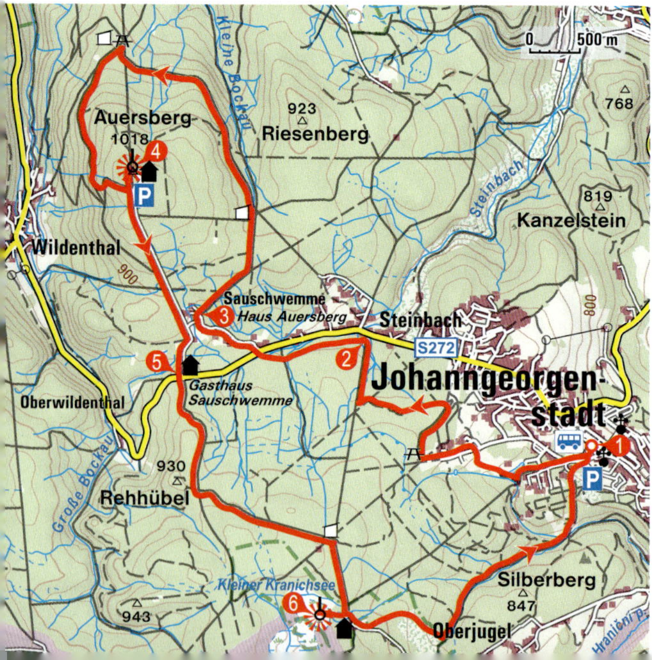

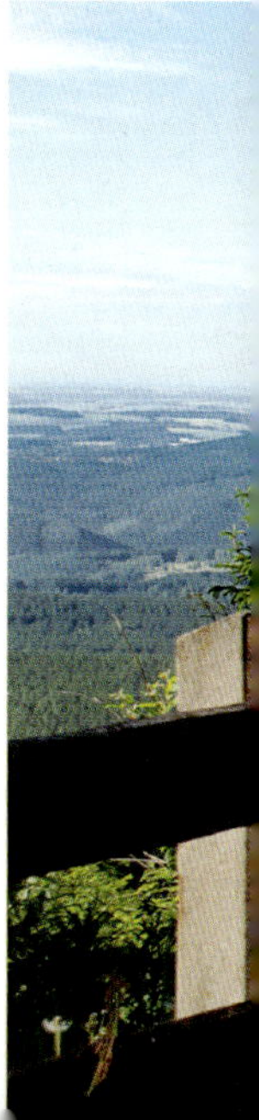

uns – weiter unserem Wanderzeichen folgend – ebenfalls schräg links. Wir bleiben mit dem gelben Balken immer auf dem Hauptweg bis zum Wegekreuz Großer Stern, wo wir scharf links einbiegen. An einer Gabelung geht es schräg links, noch immer dem gelben Balken folgend, an der nächsten wieder links. Schließlich verlassen wir den Forstweg und steigen schräg links einen idyllischen kleinen Weg hinauf zum Gipfel. Fast oben halten wir uns scharf links, der gelbe Balken trifft hier wieder auf den Kammweg. Am Parkplatz biegen wir noch einmal links ein, in den Bergwaldgarten. Kurz danach ist der Aussichtsturm auf dem **Auersberg (4)** erreicht.
Nach der Besichtigung gehen wir wieder hinunter zum Parkplatz und nun geradeaus den Weg rechts der Straße hinunter, der mit dem blauen Balken des Kammwegs markiert ist. Immer laufen wir die Straße abwärts, den Kammweg verlassend, die schließlich nach rechts schwenkt. Am **Gasthaus Sauschwemme (5)** wandern wir geradeaus weiter. Wir folgen weiter dem grünen Balken und bleiben stets auf dem Hauptweg. An der Kreuzung halten wir uns links und folgen an der nächsten rechts dem Radweg nach Johanngeorgenstadt. An der folgenden Kreuzung geht es geradeaus.

Blick vom Auersberg.

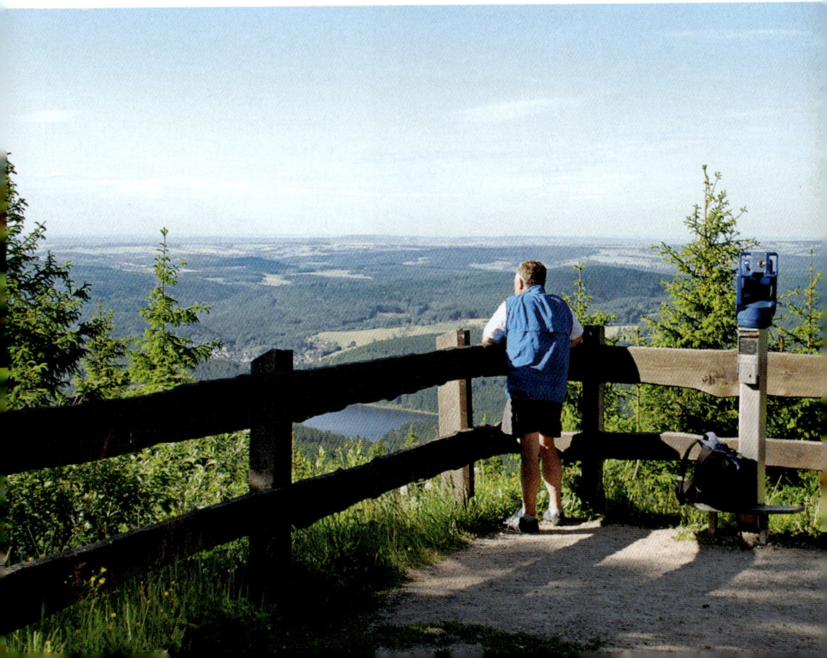

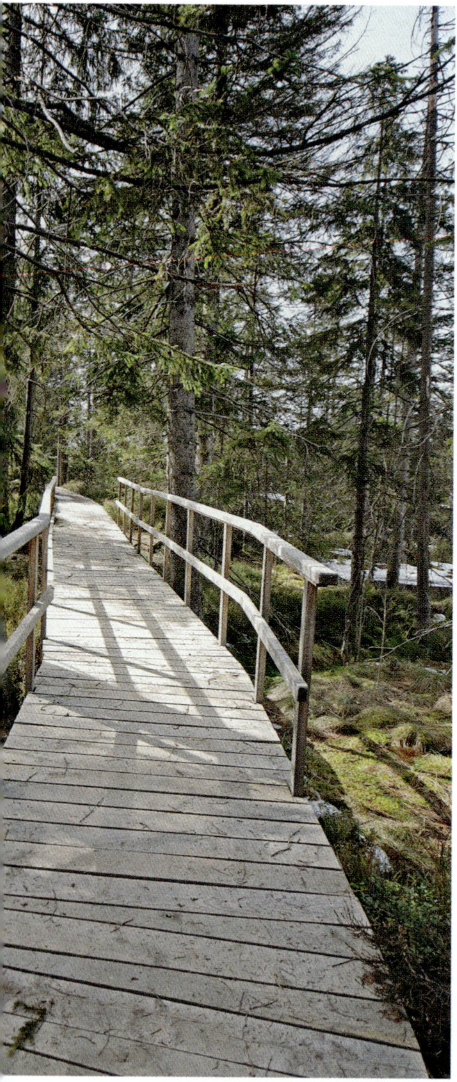

An der Tafel zum Moorgebiet **Kleiner Kranichsee (6)** führt rechts ein Abstecher zu einem Knüppeldamm und einer Aussichtsplattform. Nach dem Abstecher gehen wir an der Tafel rechts und an der Gaststätte Henneberg vorbei. Am NSG-Schild (Naturschutzgebiet) biegen wir schräg links ein. An der Gabelung geht es nach rechts, nun durch den sehenswerten Henneberger Hang. An der T-Kreuzung (Informationstafel) biegen wir links ein und wandern immer geradaus durch den Lehmergrund. Schließlich stößt wieder der Kammweg von links zu. Wo rechter Hand eine Schutzhütte zu sehen ist, gehen wir mit dem gelben Balken schräg links hinauf. An der Gabelung halten wir uns rechts. Weiter oben geht es an drei Kreuzungen geradeaus, weiter dem gelben Balken nach. Beim Pferdegöpel halten wir uns schräg rechts, gehen üben den Parkplatz und vor dem Gebäude rechts in den Fußweg mit Holzfiguren vom »Historischen Exulantenzug« (1681 waren Glaubensflüchtlinge aus Platten, heute Horní Blatná in Tschechien eingewandert). Oben ist wieder der Parkplatz mit Pyramide und Riesenschwibbogen erreicht. Geradeaus geht es zur Bushaltestelle in **Johanngeorgenstadt (1)**.

Am Kleinen Kranichsee.

4.00 Std.

Rund um Sosa 41

Auf den Spuren historischer Köhlerei und schöner Natur

Die Talsperre Sosa im Höllengrund staut das Wasser der Kleinen Bockau und ist heute Trinkwasserschutzgebiet. Früher wurde sie auch »Talsperre des Friedens« genannt, weil sie zu DDR-Zeiten von vielen freiwilligen Helfern errichtet wurde. Dort im Wald ist auch der eindrucksvolle Kletterfelsen Höllengrundspitze zu finden. Anschließend führt unsere Wanderung überwiegend auf dem Köhlerweg rund um Sosa, wo sich nicht nur allerlei über das historische Handwerk der Köhlerei lernen, sondern auch viel Natur erfahren lässt. Bemerkenswert sind die vielen kleinen Bergwiesen in Hanglagen um Sosa, insbesondere die Borstgrasweiden, die (noch) liebevoll gepflegt werden, aber auch von Aufforstung und natürlichem Baumwuchs bedroht sind. Im zweiten Teil kommen wir im Wald an einem Kneippbecken vorbei. Ein besonderer Höhepunkt ist der Obstbaumwanderweg kurz vor dem Ende der Tour.

Ausgangspunkt: Sosa, Talsperre, 659 m. Parkplatz An der Talsperre (Navi: Auersberger Straße, Sosa). Mit dem Bus 366 von Aue nach »Sosa, An der Binge« (nur Mo.–Fr.) mit Tourbeginn bei Wegpunkt 3.
Höhenunterschied: 400 m.
Anforderungen: Leichte Wanderung, überwiegend ausgeschildert (Tendenz zu »blau«). Kurze Anstiege, mehrere Brücken.
Einkehr: Gaststätte Zur Kanone (Di./Mi. Ruhetag, Do nur abends) in Sosa.
Karte: GeoSN 1:25.000, Blatt 15.

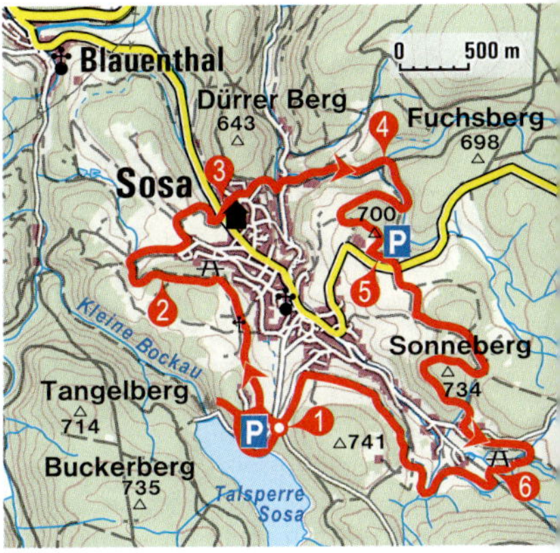

Als Auftakt der Tour gehen wir am Parkplatz an der **Talsperre Sosa (1)** geradeaus zum Stausee. Wo rechter Hand eine Mauer beginnt, wandern wir an der Markierung gelber Punkt den Pfad hinauf zur Freilichtbühne. Für einen Abstecher zum Felsen Höllengrundspitze halten wir uns links, dann wieder schräg links den Pfad hinunter. Zurück zur Freilichtbühne, dort geradeaus und durch die Schranke. Wir biegen nun in den zweiten, unbefestigten Weg links ein und folgen vorläufig dem Köhlerweg (Wanderzeichen rauchender Erdmeiler auf schwarzem Untergrund) sowie dem Zubringerweg zum Wanderweg Wildes Erzgebirge. Rechts bietet sich ein hübscher Blick auf Sosa. Immer geradeaus, bald mündet unser Weg in einen breiteren, wir behalten die Richtung bei. An einer Kreuzung mit einem großen Kreuz geht es

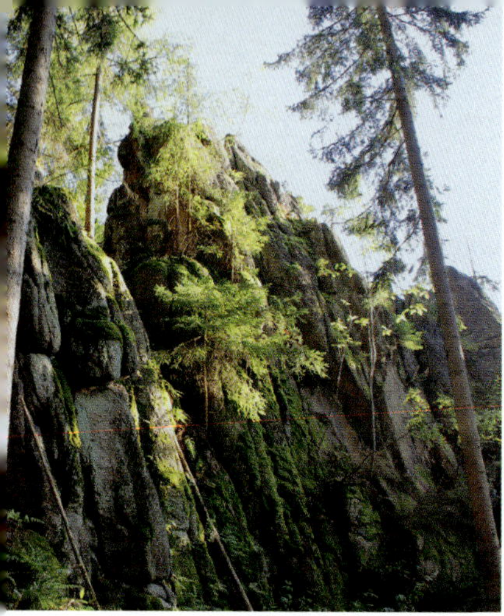

Die Höllengrundspitze.

geradeaus, so auch an der nächsten. Wir wandern am rechten Wiesenrand weiter.

Unten gehen wir an der Kreuzung erneut geradeaus und lassen damit den Köhlerweg hinter uns. Der Weg schwenkt nach links. Es geht über den Rastplatz der Bergbrüderschaft, geradeaus zwischen zwei Hütten hindurch, dann links hinauf. Nun ist dem Wanderzeichen Wildes Erzgebirge zu folgen, dem Kopf des Maskottchens Wurzelrudi auf gelbem Untergrund. Dazu halten wir uns am Querweg rechts und bald schräg rechts. Wir wandern auf einem schönen Waldpfad, der am **Barfußpfad (2)** und an einer Quelle vorbeiführt, wo wir hinuntergehen. An der T-Kreuzung ist links, an der nächsten Kreuzung scharf rechts einzubiegen. Auch an der 5er-Kreuzung biegen wir rechts ein, der Wanderweg Wildes Erzgebirge wird verlassen und wir laufen nun in Richtung der Ortsmitte von Sosa. Wir kommen an Häusern und am Wasserwerk vorbei. An der T-Kreuzung geht es nach links und an der Kreuzung nach rechts. Der Weg schwenkt im Bogen zur Hauptstraße von **Sosa (3)**. Rechts führt ein Abstecher zur Gaststätte Zur Kanone. Wir aber kreuzen die Straße nahe der Bushaltestelle und laufen weiter geradeaus. Oben biegen wir rechts ein und vor der Sportanlage schräg links. Am Ende des Gebäudes wandern wir den Weg geradeaus hinunter. Er schwenkt nach rechts und wird zum Pfad. Unten geht es am Wohnhaus vorbei. An der kleinen Straße ist links und in den ersten Weg rechts einzubiegen.

Ab hier ist immer dem Köhlerweg zu folgen. Wir gelangen in ein romantisches Bachtal, wo wir immer geradeaus weiterwandern. Wir kommen an einer **Kneipp-Anlage (4)** vorbei. Kurz danach geht es über den Bach und gleich danach rechts. Der Köhlerweg schlängelt sich, führt über eine Wiese und wieder in den Wald, dann leicht bergauf, schließlich schwenkt er nach rechts. Bald sind links und rechts vom Weg Felsen zu sehen. Wir kommen an der Zwergenhöhle (mit Tafel) vorbei.

Beim Waldende ist scharf links einzubiegen. Wir gelangen wieder in den Wald, halten uns an der Gabelung links und an der Kreuzung geradeaus. Auch nach der zweiten Tafel »Historische Meilerstätte« laufen wir geradeaus weiter, am Hang entlang. Der Wald ist hier zerstört. Unser Weg führt leicht nach rechts. An einem Abzweig wandern wir geradeaus weiter.

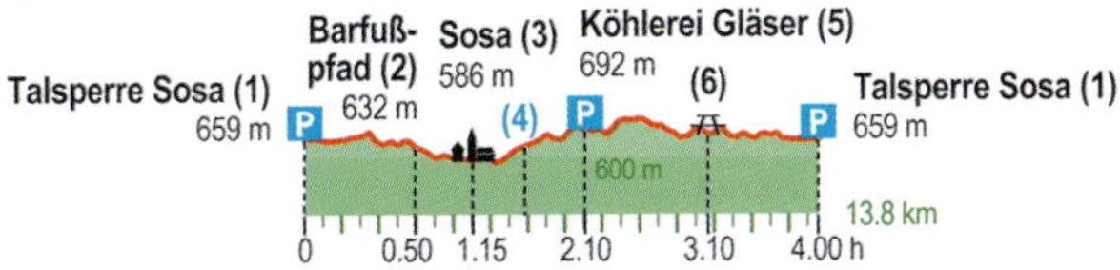

50 m vor der Straße halten wir uns links und am Parkplatz der **Köhlerei Gläser (5)** geradeaus. Wir überschreiten die Straße und biegen in den ersten Weg rechts ein, weiter auf dem Köhlerweg, der nach rechts schwenkt. An einer Gabelung geht es geradeaus, dann hinunter. Danach ist scharf links einzubiegen, wir wandern nun auf einem breiteren Weg und kommen an der Panoramakarte vorbei, wo ein Blick zurück lohnt.
An einer Kreuzung von Wirtschaftswegen biegen wir scharf rechts ein (ca. 100 m nach dem Wanderzeichen vom Köhlerweg). Nun wandern wir immer geradeaus weiter, auch an einem Abzweig. Der Weg beschreibt einen großen Linksbogen. Bald geht es stetig abwärts, an der T-Kreuzung rechts. Am Teerweg halten wir uns links und vor der Straßenkurve geradeaus. Bei einer Blockhaussiedlung ist scharf rechts einzubiegen. Wir kommen an einem Rastplatz und der Tafel zur **Klug-Köhlerei (6)** vorbei. An der Kreuzung geht es nach links und nach ca. 140 m rechts in den Pfad. Wir befinden uns immer noch auf dem Köhlerweg.
Der idyllische Weg entschädigt für die breiten Wege von vorhin. Bald geht er in einen Wiesenpfad über. Linker Hand begleiten beschilderte Obstbäume, überwiegend Apfel, den Wanderer. Wir überschreiten drei Brücken und biegen vor dem Weiher rechts ein. Ein Weg wird überquert, wir bleiben auf dem Köhlerweg, der weiterhin von Obstbäumen gesäumt ist. Wir überqueren den Teerweg und laufen weiter am Hang. Nach einiger Zeit kommen wir wieder an einer Panoramakarte vorbei. Bei Häusern halten wir uns rechts und gleich darauf an der T-Kreuzung links. Auf der wenig befahrenen Straße laufen wir zurück zum Parkplatz bei der **Talsperre Sosa (1)**.

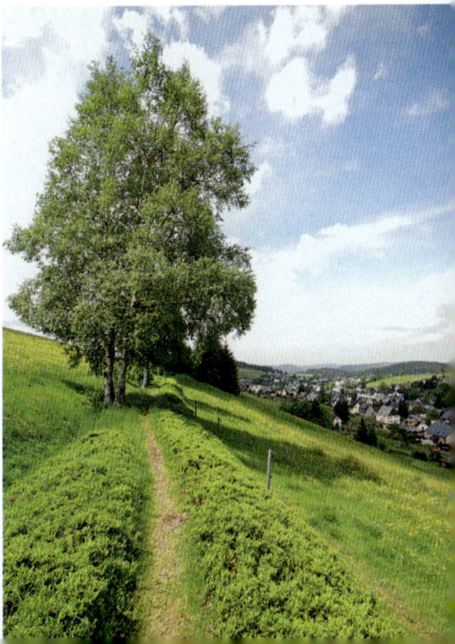

Am Ende der Wanderung.

42 Von Eibenstock zum Blauenthaler Wasserfall

2.45 Std.

Auf dem Wanderweg Wildes Erzgebirge

Von der Berg- und Stickereistadt Eibenstock geht es zunächst auf dem Wanderweg Wildes Erzgebirge auf kleinen Pfaden über Stock und Stein. Der erste Höhepunkt ist der ca. 30 m hohe Blauenthaler Wasserfall, nach dem ersten Weltkrieg künstlich angelegt und bis heute eine viel besuchte Touristenattraktion. Im Winter wird er von einigen Enthusiasten zum Eisklettern genutzt. Dann steigen wir hoch über das Tal der Großen Bockau hinauf und wandern durch Wiesen und Wälder zu einem Damwildgehege. Auch der Abstieg ins Tal erfolgt im Wald. Auf einem Radweg kommen wir schließlich zurück nach Eibenstock, wo sich ein Besuch des Stickereimuseums mit Schauwerkstatt anbietet. Kinder lockt Wurzelrudis Erlebniswelt bei der Skiarena.

Ausgangspunkt: Kreuzung Dr.-Leidholdt-Straße/Schneeberger Straße, 641 m, in Eibenstock. Mit dem Bus 373 von Aue nach »Eibenstock, Postplatz« (nur Mo.–Fr., ca. alle 3 Std.). Parkmöglichkeiten vorhanden (Navi: Postplatz, Eibenstock).
Höhenunterschied: 300 m.
Anforderungen: Beschwerliche Wege im Bereich des Wasserfalls. Bachquerung ohne Brücke. Besonders im ersten Teil ist etwas Orientierungssinn nötig.
Einkehr: Unterwegs keine; mehrere Einkehrmöglichkeiten in Eibenstock.
Tipps: Stickereimuseum, Bürgermeister-Hesse-Str. 7/9, 08309 Eibenstock, Mo. Ruhetag. – Wurzelrudis Erlebniswelt, Bergstr. 7, 08309 Eibenstock, tgl. geöffnet.
Karte: GeoSN 1:25.000, Blatt 15.

In **Eibenstock (1)** gehen wir die Schneebergstraße nordwärts hinauf und biegen nach dem Friedhof schräg rechts in die Alte Schneeberger Straße ein, der wir bis zum Ende folgen. An der Durchgangsstraße ist gleich rechts in den Wanderweg einzubiegen. Wir folgen nun für einige Zeit den Schildern

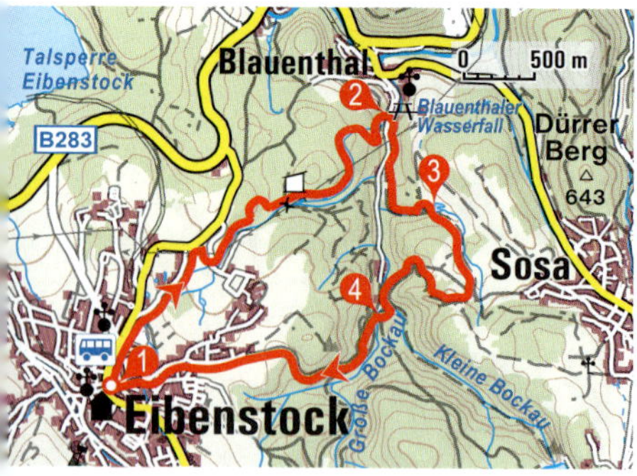

des Wanderwegs Wildes Erzgebirge (mit der Markierung Kopf des Maskottchens Wurzelrudi auf gelbem Untergrund). An einer Straße geht es rechts und nach dem Bach links. Unten überschreiten wir die Brücke, halten uns dann rechts und achten immer auf unser Wanderzeichen. Nach der Tafel »Alte Eichen/Totholz« geht es rechts und an der T-Kreuzung wieder rechts. Der Weg schwenkt nach links und führt ohne Brücke über einen Bach. Bei der Schutzhütte biegen wir rechts ein. Vor dem Bach wenden wir uns links zur Tafel 7 »Toellescher Graben«, ein Kunstgraben zum Blauenthaler Wasserfall. Wir wandern rechts von ihm weiter und ignorieren die Schilder geradeaus. Bei der Brücke laufen wir ebenfalls rechts des Grabens weiter und nach 50 m an der Gabelung rechts hinunter. Nun wird es z. T. steil. Weiter unten schwenkt der Weg nach links. Vor Erreichen der Straße biegen wir links und beim **Blauenthaler Wasserfall (2)** rechts ein. Unten gehen wir an der Straße nach rechts, dann links über die Brücke und rechts in den Wiesenweg. An der Schranke laufen wir hinauf in den Wald und am Abzweig geradeaus. Der Weg schwenkt links hinauf. An einem Abzweig halten wir uns geradeaus in den oberen Weg, an der Gabelung aber links. Vor der Weide ist an der T-Kreuzung rechts einzubiegen. Wir sind jetzt für kurze Zeit wieder auf dem Wanderweg Wildes Erzgebirge und kommen an der Tafel 17 »Hofteiche« vorbei. An der T-Kreuzung halten wir uns links, das **Damwildgehege (3)** liegt hier links vom Weg. An der folgenden Kreuzung ist etwa rechtwinklig rechts einzubiegen. Wir verlassen dabei den Wanderweg Wildes Erzgebirge, es gilt nun der gelbe Balken in Richtung Eibenstock. An einem Abzweig laufen wir geradeaus weiter. Im Wald biegen wir an einer Gabelung rechts in den ansprechenden Waldpfad ein. Wieder geht es bergab, z. T. recht steil. Weiter unten halten wir uns an der T-Kreuzung links in den breiten, aber angenehmen Weg, der kurvig hinabführt.

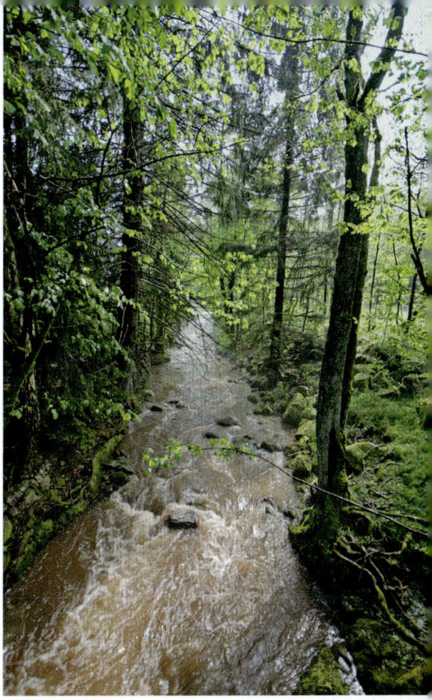

Nahe des Wasserfalls rauscht der Bach.

Unten im **Tal der Großen Bockau (4)** geht es rechts über zwei Bachbrücken. Unsere Route nutzt den zweiten Weg links (oberer Weg, Radweg nach Eibenstock), der geteert ist und sich schlängelnd stetig aufwärtsführt. Felsen

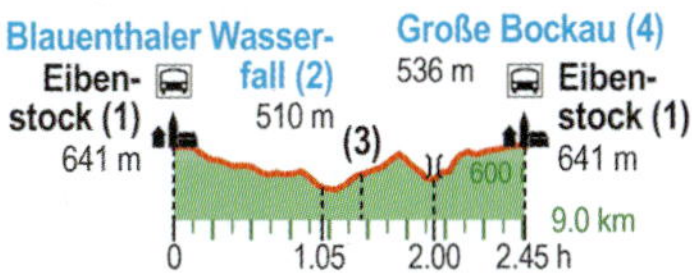

erfreuen rechter Hand, schöner Wald ist zu sehen. Am Waldende laufen wir geradeaus weiter in Richtung Ort. Links wird der Blick auf den Auersberg frei. Wir wandern immer geradeaus weiter und halten uns beim Gutsweg schräg links. Am Albertplatz ist rechts einzubiegen und dem Radweg zu folgen. Links geht es in die Dr.-Leidholdt-Straße und in Richtung Kirche. Bald ist unser Ausgangspunkt in **Eibenstock (1)** erreicht.

Der Blauenthaler Wasserfall.

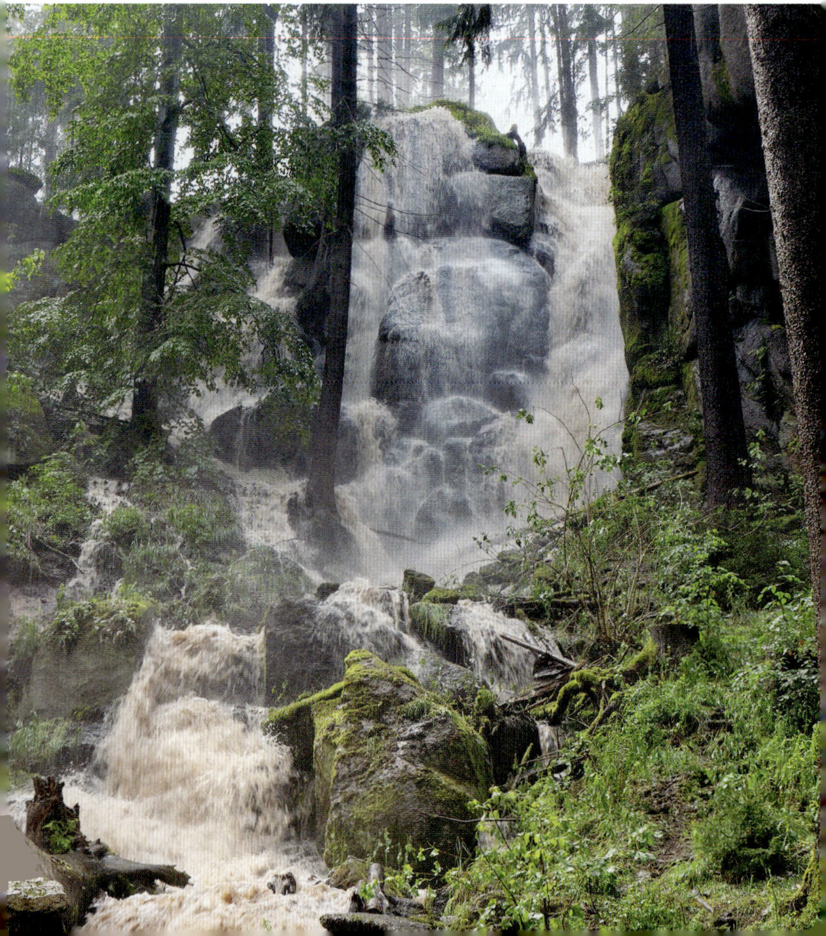

4.15 Std.

Rund um Schneeberg 43

Höhenblicke und historischer Bergbau

Die alte Bergstadt Schneeberg hoch über dem Schlematal verdankte ihren ersten Reichtum dem bereits im 15. Jh. geförderten Silber. Später kamen weitere 140 Mineralien dazu. Von der historischen Altstadt mit hochbarockem Markt geht es zum Wahrzeichen Schneebergs, der imposanten spätgotischen Wolfgangskirche aus dem 16. Jh. Anschließend bietet der Aufstieg zum Gleesberg, 593 m, schöne Panoramablicke auf die Stadt. In offener Landschaft erreichen wir den Schneeberg-Neustädter Bergbaulehrpfad, später kommen wir zum Filzteich, einem schon zwischen 1483 und 1485 angelegten Stausee, der sich heute als Badesee großer Beliebtheit erfreut. Auf dem Rückweg entdecken wir weitere spannende Zeugen des Bergbaus.

Ausgangspunkt: Marktplatz Schneeberg, 468 m, Mit dem Bus 383 von »Aue, Postplatz« nach »Schneeberg, Warte« (ca. stündlich), dann den Fürstenplatz weiter zum Marktplatz. Parkplätze in der Nähe, z. B. in der Zwickauer Straße (Navi: Zwickauer Straße 32, Schneeberg).
Höhenunterschied: 400 m.
Anforderungen: Leichte Wanderung, geringe Höhenunterschiede, teilweise ausgeschildert. Das letzte Stück ab dem Neuen Teich verlangt etwas Orientierungssinn.
Einkehr: Berggaststätte Gleesberg (nur Sa./So.); diverse weitere Gaststätten in Schneeberg.
Tipp: Museum für bergmännische Volkskunst, Obere Zobelgasse 1, 08289 Schneeberg, Mo. geschlossen.
Karte: GeoSN 1: 25.000, Blatt 13.

Vom Marktplatz in **Schneeberg (1)** gehen wir in Richtung Wolfgangskirche, vorbei am (ehemaligen) Gasthaus Goldener Hirsch mit barocker Fassade (Markt 11). Ab dem Ende des Marktplatzes bieten die Wanderzeichen roter und blauer Balken eine zusätzliche Orientierung. Vorbei am Zentrum »Erzgebirgische Volkskunst« ist bald die mächtige Kirche St. Wolfgang erreicht, in der sich ein Altar von Lukas Cranach dem Älteren befindet. Wir laufen weiter geradeaus und gehen links am Preiß-Haus vorbei, dem einstigen Standort der gleichnamigen Mineralwasserfabrik. Weiter unten an der Kreuzung ist rechts und nach dem Haus Nr. 20 links einzubiegen, dann wieder rechts in die

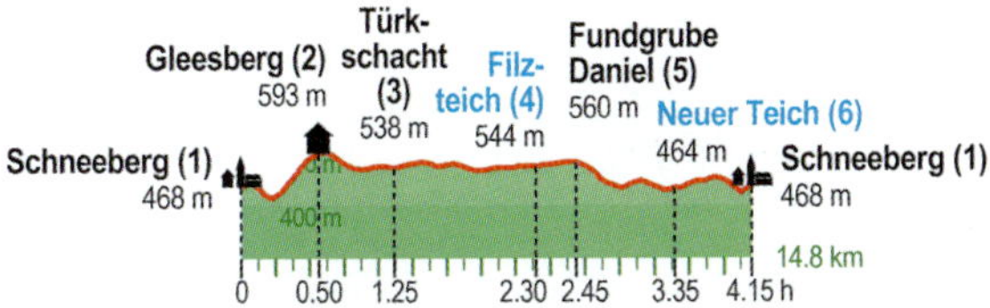

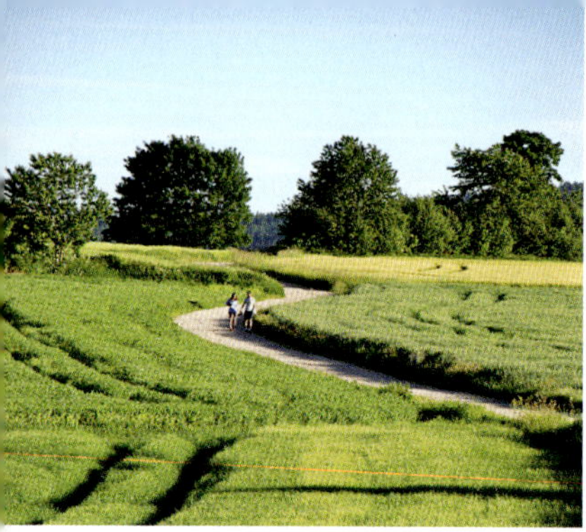

Auf dem Weg zum Türkschacht.

Steingasse. An der Durchfahrtsstraße geht es vor zur Ampel, auf der anderen Straßenseite dann kurz links und wieder rechts. Daraufhin ist schräg links in den begrasten Weg einzubiegen und an einer Gabelung rechts hinaufzulaufen. Bald wird links ein wunderbarer Blick auf Schneeberg mit seiner Kirche frei. Wir gehen geradeaus über die Straße und im Wald vorbei an der Köhlerquelle. Auch an der nächsten Kreuzung halten wir uns geradeaus. Oben kommen wir links an einem Parkplatz vorbei und halten uns bei Gebäuden rechts.

Auf dem **Gleesberg (2)** ist sowohl ein Aussichtsturm, der eine gute Sicht über das Westerzgebige und Vogtland bietet, als auch eine Gaststätte zu finden. Das Wanderzeichen blauer Balken führt uns links an den Gebäuden vorbei. Im Wald bleiben wir immer auf dem Hauptweg, hier wachsen viele Buchen. An einer Kreuzung mit Wegweisern geht es rechts. Bald wird linker Hand der Blick auf die Landschaft frei. Am Waldende halten wir uns zunächst noch geradeaus – nun ohne den blauen Balken –, an der Gabelung dann nach links. Wir wandern für einige Zeit auf einem Höhenweg, der freie Blicke in die Umgebung gestattet. Wir kreuzen eine Straße; bald darauf machen wir links einen Abstecher zum Fördergerüst des **Türkschachts (3)**. In der Fundgrube Türk wurde jahrhundertelang Silber, Kobalt und Wismut gefördert. Anschließend folgen wir weiter dem bisherigen Weg. Vor Gebäuden geht es an einer Gabelung links und dann immer geradeaus. In Zschorlau halten wir uns nach Überquerung der Straße rechts, überqueren die verkehrsreiche Landstraße und folgen dem Weg geradeaus ins Landschaftsschutzgebiet »Am Filzbach«. Vor einer Buschreihe nutzen wir an einer Fünfer-Kreuzung den rechtwinklig abzweigenden Weg links, immer Richtung Tal; der Höhenweg wird verlassen. Vor dem Filzbach ist rechts abzubiegen. Es geht links über die nächste Brücke

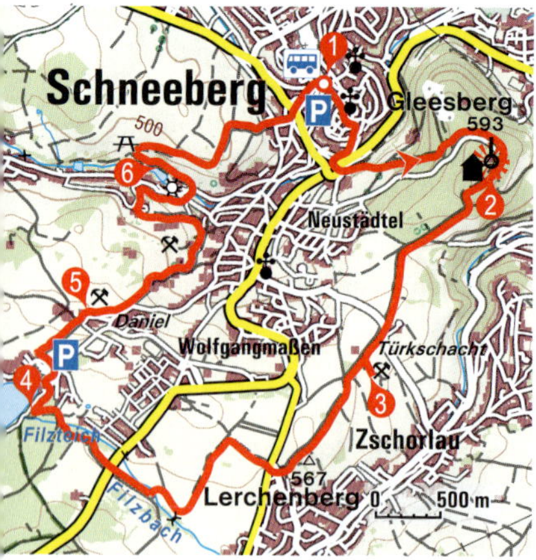

und auf dem Querweg nach rechts. Nach Überquerung einer weiteren Straße folgen wir dem Bergbaulehrpfad (Wanderzeichen grüner Diagonalbalken auf weißem Quadrat). Er führt uns an einem Abzweig links und dann geradeaus.
Nach einer Brücke ist vor der Gartensiedlung links abzubiegen und an deren Ende rechts. Gleich halten wir uns links (Schild »Hauptkunstgraben«) in den lauschigen, kleinen Weg. Wir befinden uns hier am Rande des Naturschutzgebiets »Heide und Moorwald am Filzteich«, ein Waldgebiet mit Resten eines fast ausgetorften Hochmoores. Vor dem **Filzteich (4)** ist rechts und am Ende der Gartenanlage links abzubiegen. Rechts geht es über einen Steg zum Parkplatz am Strandbad. Hier lohnt ein Blick auf den See. Wir halten uns rechts zu Bushaltestelle und Infotafel, gehen weiter bis zur Straße Am Filzteich und dort links.

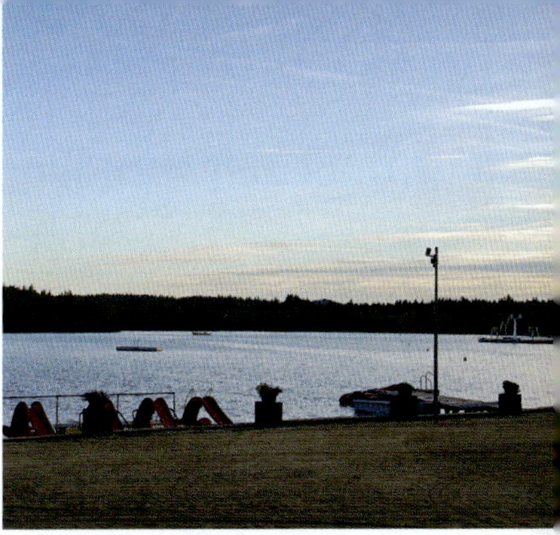

Abendstimmung am Filzteich.

Vor Häusern ist rechts einzubiegen. An der Straße geht es geradeaus zur **Fundgrube Daniel (5)**. Hier gehen wir mit dem Wanderzeichen des Bergbaulehrpfads rechts und kommen in der Folge an weiteren Zeugnissen des Bergbaus vorbei, linker Hand bietet sich bald ein schöner Blick auf Schneeberg. Es geht weiter die Straße hinunter und in der Rechtskurve gehen wir geradeaus auf der Straße Hüttengrund weiter, beim Haus Nr. 2 biegen wir schräg links ein. Unten laufen wir wieder schräg links hoch und an der Gabelung rechts. Der Bergbaulehrpfad wird kurz verlassen. An der nächsten Gabelung ist wieder rechts einzubiegen, am CVJM-Haus vorbei, dann halten wir uns rechts und unten an der Straße wieder rechts. Wir sind nun in Neustädtel, der ersten, schon 1463 erwähnten Bergmannssiedlung, und passieren Pochwerk und Ölmühle.
Nach der Silberschmelzhütte biegen wir in einer Rechtskurve der Straße links ab und gehen mit dem Wanderzeichen gelber Balken am **Neuen Teich (6)** vorbei. Der Weg führt wieder aufwärts. Am Picknickplatz folgen wir rechts dem Hauptweg. Nach der Streuobstwiese nehmen wir geradeaus den schmalen Wiesenpfad, der im Sommer ggf. undeutlich sein kann. Er schwenkt schließlich schräg links hinauf und wird bald breiter. Dann wählen wir den ersten Weg rechts, in Richtung Kirche. Unten an der Straße geht es geradeaus in die Straße Alter Mühlberg und, stets die Richtung beibehaltend, über einen kleinen Fußgängerweg hinweg. Dann ist schräg links zur Durchgangsstraße einzubiegen. Nach der Ampel laufen wir weiter geradeaus und folgen der Großen Badergasse bis zum Markt von **Schneeberg (1)**.

44 Über den Aschberg nach Kraslice

6.30 Std.

Auf einen Berg mit mehreren Gipfeln

Diese Wanderung zählt zu den Klassikern im Oberen Vogtland. Von Klingenthal, einst bekannt für den Musikinstrumentenbau, heute eher Ski- und Erholungsort, geht es vorbei an der imposanten Stadtkirche und hinauf zum »deutschen« Aschberg, 917 m, mit seinem berühmten Aussichtsturm, von dem sich großartige Blicke bieten. Dann lernen wir den »tschechischen« Aschberg kennen, denn jenseits der Grenze liegen drei weitere Gipfel. Die sogenannte Aschbergwiege bildet mit ihren Granitblöcken den Nordgipfel, 925 m, die Triangulationssäule steht auf dem Hauptgipfel Kamenáč, 936 m, und dann gibt es noch den Südgipfel, 916 m. Der Abstieg folgt idyllischen Wald- und Wiesenwegen über Bublava und den Olověný vrch nach Kraslice.

Ausgangspunkt: Bahnhof Klingenthal, 563 m. Diverse Züge und Busse. Busbahnhof und Parkplatz anbei (Navi: Bahnhofstraße, Klingenthal).
Höhenunterschied: 650 m.
Anforderungen: Die Wanderung erfordert wegen teilweise steiler Streckenabschnitte und ihrer Länge Kondition. Gegebenenfalls ist die Orientierung im Bereich der Aschbergwiege schwierig (Kompass nötig). Für Kinder ist die Runde zu lang.
Einkehr: Aschbergschänke in Klingenthal; Svejk in Bublava; Jägerschmaus in Kraslice; weitere Gastronomie in Kraslice und Klingenthal.
Hinweis: In Kraslice (6) lässt sich die Tour abkürzen, indem man mit der Vogtlandbahn nach Klingenthal zurückfährt (knapp 1 Std. Gehzeitverkürzung).
Karte: GeoSN 1:25.000, Blatt 5.

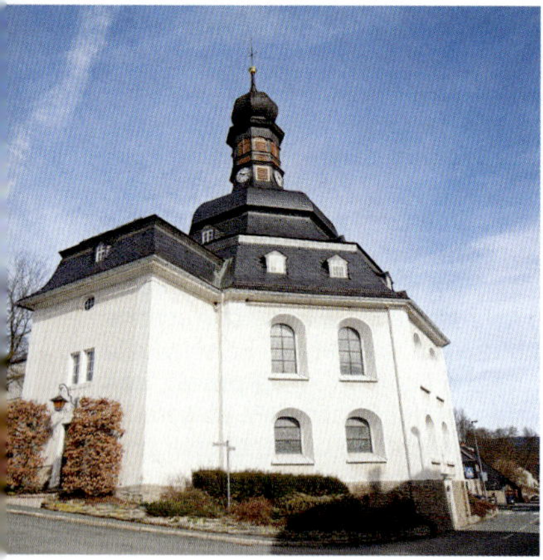

Vom Bahnhof in **Klingenthal (1)** gehen wir auf der Straße links am Busbahnhof vorbei und dann schräg links in die Schloßstraße. An der Bushaltestelle »Parkplatz Schloßstraße« laufen wir schräg links den Fußweg zur Rundkirche hinauf. Wir biegen rechts davor ab, dann links in die Kirchstraße und gehen am Zebrastreifen die Treppen rechts hinunter. Wir queren geradewegs den Markt und halten uns an der Durchgangsstraße kurz rechts. Dann nehmen wir links die Dietrich-Bonhoeffer-Straße. Nach knapp 1 km

Die Kirche in Klingenthal.

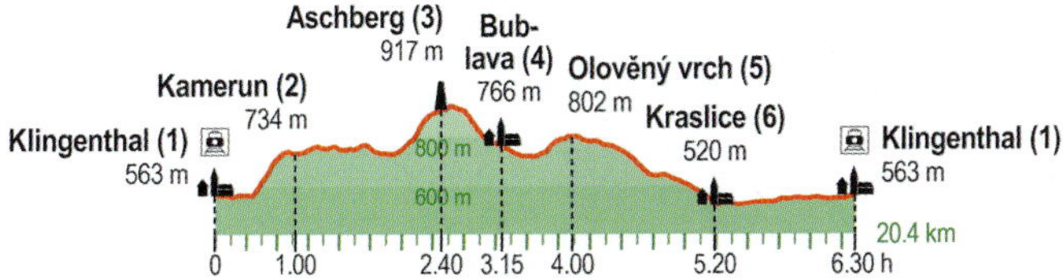

erreichen wir die Straße Zur Alm, wo wir nach dem Haus Nr. 2 schräg links dem Wanderzeichen grüner Balken in den Wald folgen. Steil geht es in die Höhe. Weiter oben wandern wir bei einem holzvertäfelten Haus geradeaus und auf einem steilen Wiesenweg hinauf, immer geradeaus. An einer Kreuzung geht es geradeaus und der grüne Balken wird verlassen. Bald grüßt rechter Hand eine Wiese. An der Gabelung geht es links und an der T-Kreuzung rechts. Links bietet sich ein schöner Blick auf Klingenthal.

An der ehemaligen Gaststätte **Kamerun (2)** laufen wir geradeaus, nun dem roten Balken folgend. An der Gabelung geht es links, dann am Waldrand entlang und wieder in ein Waldstück. Dahinter wird bei Häusern der Aschberg mit seinem Aussichtsturm sichtbar. An einer Kreuzung gehen wir mit dem roten Balken geradeaus und an der Querstraße (Vorfahrt achten!) links. Wir wandern nun auf dem Kammweg, der hier recht genau der Grenze zu Tschechien folgt. Unterwegs stößt der Wanderweg grüner Balken von links dazu. Beim Parkplatz Sonnenloipe kann man ein Stück Straße vermeiden (bequemer) und abkürzen, indem man rechts am Gebäude vorbeiläuft, nimmt dafür aber einen kurzen steilen Abstieg in Kauf.

Nun geht es immer geradeaus weiter. Bei der Pension Marica halten wir uns an der Gabelung rechts. Der Weg stößt auf einen

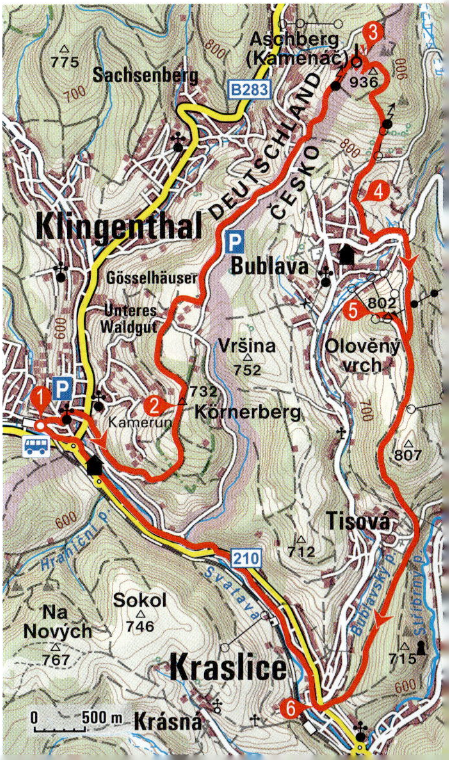

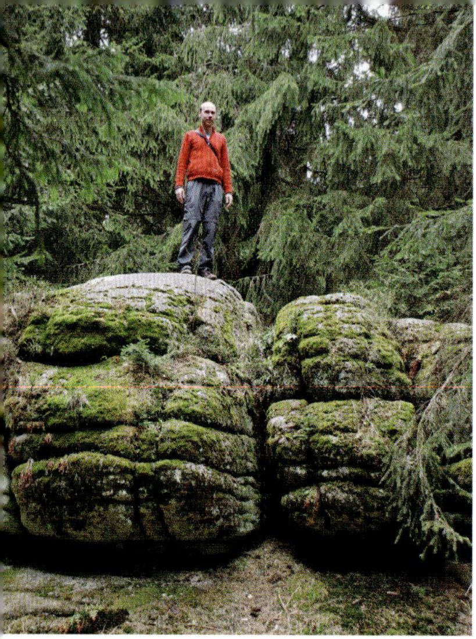

Die Aschbergwiege.

Schotterweg, dann wenden wir uns links zum Parkplatz und gegenüber dem Haus Nr. 3 wieder nach rechts (Grenzweg). Am Schild »Weg wird nicht geräumt« geht es geradeaus in den Vogtland Panorama Weg® (Wanderzeichen VPW; als »Qualitätsweg Wanderbares Deutschland« ausgezeichnet). Nun wird es steil, dann kommen wir an der Paul-Apitzsch-Bank vorbei, wo sich eine hervorragende Aussicht bietet. Am Teerweg geht es markiert nach rechts und auf dem Grenzweg bis zum Aussichtsturm auf dem **Aschberg (3)**.

Nach der Turmbesteigung laufen wir am Waldrand ein Stück zurück und biegen beim Sportplatz links in den Wald ein. Ggf. bietet das Schild »Zum Aschberggipfel« eine zusätzliche Orientierung. Der kleine Pfad führt zur Historischen Triangulationssäule auf dem Aschberg-Hauptgipfel, 936 m (tschech. Kamenáč). Ohne Abstecher halten wir uns davor links zum Felsen Aschbergwiege, dem Nordgipfel. Ab hier wird es schwierig, es ist genau aufzupassen. Tendenziell geht es nun nach Süden. Dazu gehen wir rechts am Felsen vorbei, dann wieder rechts, erst nach Südosten, dann nach Süden. Der undeutliche Pfad trifft auf einen geraden Weg, dort halten wir uns rechts, nach Südwesten. An der Gabelung geht es links, nach Süden. Der Weg trifft auf einen anderen, wo wir uns geradeaus halten und steil abwärtsgehen. An einer Kreuzung erneut geradeaus. Am Sendemast wandern wir geradewegs vorbei, schräg rechts über eine Wiese. Hier bietet sich eine herrliche Aussicht, auch auf unser nächstes Etappenziel mit seiner weißen Kirche.

Bei Wegweisern folgen wir links dem gelben Balken, den wir an einer Gabelung in **Bublava** (**4**, dt. Schwaderbach) links wieder verlassen. Auch an der nächsten Gabelung gehen wir links und an einem Abzweig geradeaus. Der Weg schlängelt sich. Kurz vor und an der Hauptstraße sind Häuser im Egerländer Baustil zu sehen; dort geht es links, mit dem roten Balken. Beim Restaurace und Penzion Langer ist rechts und an der Gabelung links einzubiegen.

Nun ist für längere Zeit dem blauen Balken zu folgen. Bald ist ein Rastplatz rechter Hand erreicht, mit Blick auf Bublavas weiße Kirche Maria Himmelfahrt und einer Informationstafel. Wir folgen weiter dem Weg und kommen in einer Unterführung unter der Lifttrasse hindurch. Die Straße biegt scharf

nach rechts und erreicht bald den **Olověný vrch** (**5**, dt. Bleibergspitze). Die Sicht ist hier allerdings durch Bäume stark eingeschränkt.
Wir gehen zurück zur scharfen Rechtskurve und laufen dort mit der blauen Balkenmarkierung geradeaus am Waldrand weiter. An einer Wiesenkreuzung halten wir uns schräg rechts. Nun wandern wir auf einem schönen Höhenweg. Der Weg führt durch den Wald und dann auch an Heidekraut vorbei. Erst geht es sanft, dann steiler bergab. An der großen Kreuzung halten wir uns schräg rechts in den Weg, der links am Friedhof vorbeiführt, weiter dem blauen Balken nach. Nach einer Schranke wandern wir geradeaus weiter. Nun geht es auf einem breiten Waldweg abwärts. Nach einiger Zeit wenden wir uns an einer Gabelung rechts hinunter, der blaue Balken wird verlassen. In **Kraslice** (**6**, dt. Graslitz) kann man zum Bahnhof laufen und mit der Vogtlandbahn nach Klingenthal zurückfahren. Dazu geht man geradeaus über die Durchgangsstraße hinweg und biegt nach dem Fluss Svatava (dt. Zwota) links in die Kpt. Jaroše ein.
Wer lieber weiter zu Fuß zurückkehren möchte, folgt der Durchgangsstraße auf dem Bürgersteig nach rechts. Bald ist das Wanderzeichen grüner Balken zu sehen, dem bis Klingenthal zu folgen ist. Wo der Bürgersteig endet, ist am Schild »Tempo 30« schräg links einzubiegen. An einer Kreuzung geht es links (Haus 1982) und dann rechts in den Fußweg am Bach. Später wandern wir erst durch eine Unterführung, dann über eine Brücke und schließlich rechts, an der Straße entlang, vorbei an allerlei Gastronomie (z. B. der Gaststätte Jägerschmaus). Jenseits der Grenze geht es am Kreisverkehr links und vor der Bahnbrücke rechts. Die Hauptstraße schwenkt nach links, vorbei an einer alten Straßenbahn geht es zurück zum Bahnhof in **Klingenthal (1)**.

In Bublava.

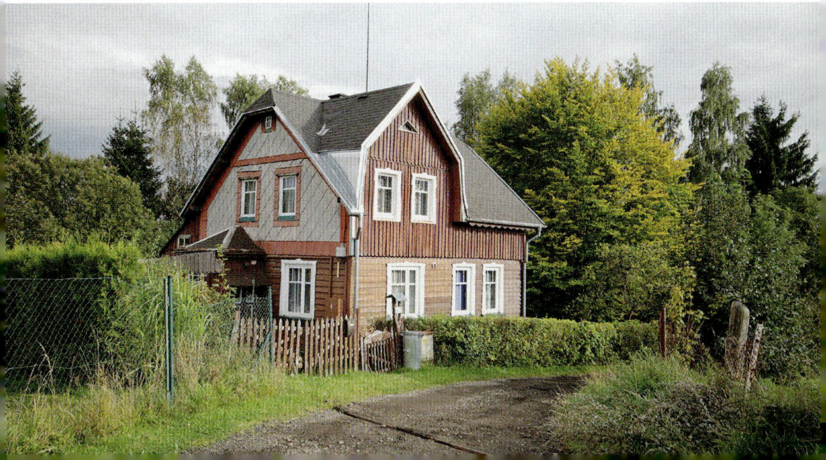

TOP **45**

Zum Schneckenstein

3.30 Std.

Zum berühmten Topasfelsen

Am westlichen Ausläufer des Erzgebirges nimmt der Wald viel Raum ein. Forstwirtschaft wird hier schon seit 1569 betrieben, und auch der Transport von Holz auf dem Wasserweg in waldarme Gegenden hat eine lange Tradition, beispielsweise, um Salinen zu versorgen. Daher wurde im Gebirge ein umfangreiches Floßgrabensystem angelegt. Heute laden überall im Erzgebirge idyllische Wege an den Floßgräben zum Wandern ein. Der Graben, dem wir ab Mühlleithen folgen, diente bis 1872 zum Flößen von Brennholz. An seinem Ende ist bald ein Aussichtspunkt erreicht.
Der zweite Höhepunkt dieser Runde ist zweifellos der Topasfelsen Schneckenstein, ein ca. 24 m hohes geologisches Naturdenkmal. Einen vergleichbaren Felsen gibt es sonst nur in Tasmanien. In Europa ist der Schneckenstein der einzige Fundort von Topasen.

Ausgangspunkt: Mühlleithen, Parkplatz Kammloipe, 859 m. Bus 20 von Klingenthal nach »Mühlleithen, Kammweg« (ca. alle 2 Std.). Großer Parkplatz (Navi: Floßgrabenweg 2A, Mühlleithen).
Höhenunterschied: 300 m.
Anforderungen: Leichte Wanderung. Anfangs einige holprige Abschnitte und schmale, ggf. rutschige Pfade, später ein kurzer steiler Aufstieg zum Aussichtsplatz (Tendenz zu »rot«).
Einkehr: Unterwegs keine. Ski-Klause und Zum Vogelbeerbaam in Mühlleithen (beide links der Loipenbrücke, letztere am Sonntagabend geschlossen). Mehrere Gaststätten im nahe gelegenen Ort Klingenthal.
Karte: GeoSN 1:25.000, Blatt 5.

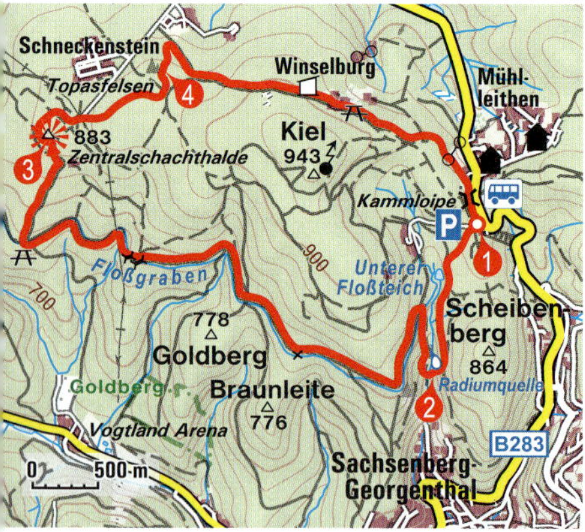

Von der Bushaltestelle in **Mühlleithen (1)** und dem großen Parkplatz gehen wir hinunter zur Straße, dort kurz rechts und links in einen weiteren Parkplatz. Dort halten wir uns schräg rechts in den Wald, und folgen den Wanderzeichen grüner Diagonalbalken und grüner Balken. Am breiten Weg geht es links und gleich wieder schräg rechts. Unten ist ein Teich zu sehen, der Untere Floßteich. Am Ende des Teiches wandern wir geradeaus weiter und folgen dem grünen Diagonalbalken auf einem schönen, aber wurzeligen Weg. Bei einer Hütte geht es links über den Steinbach, dann erneut über den Bach, diesmal ohne Brücke, und die **Radiumquelle (2)** ist erreicht (man kann auch außen herum gehen). Wir wenden uns zu einem Querweg ohne Wanderzeichen und gehen diesen rechts hinauf. Schließlich biegen wir an der Gabelung scharf links ein und folgen dem Wanderzeichen grüner Balken. Für ca. 5 km geht es nun am Floßgraben entlang, und zwar möglichst links des Grabens, da es dort idyllischer ist. Falls der Pfad hier schwer begehbar sein sollte, besteht immer die Möglichkeit, auf den breiten Parallelweg rechts des Grabens zu wechseln. Wo schräg rechts ein Rastplatz zu sehen ist und links das Wanderzeichen gelber Balken abbiegt, überschreiten wir rechts die Steinbrücke und laufen den breiten, als Kammweg markierten Weg hinauf. Bald geht es vor der ehemaligen Gaststätte Zum Wildschütz links und gleich rechts hinauf in den Kammweg, der im Zickzack nach oben zum **Aussichtspunkt Zentralschachthalde (3)**, 883 m, führt. Nachdem wir den Blick genossen haben, gehen wir ein paar Schritte zurück und nach dem Aussichtsplateau rechts hinunter. Unten halten wir uns wieder rechts, an der Kreuzung links in Richtung der Stromleitung und dann schräg rechts in einen ungekennzeichneten Waldweg.

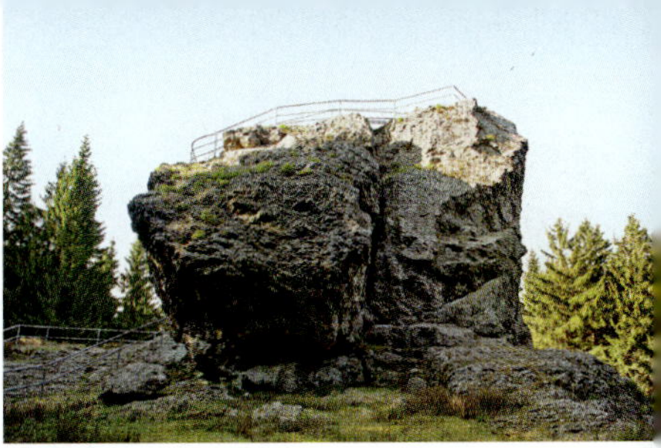

Der Schneckenstein.

An einer Kreuzung geht es scharf links und bald darauf rechts zum **Schneckenstein-Topasfelsen (4).** Die Besichtigung kostet 1 Euro Eintritt, man sieht ihn aber auch gut über den Zaun. Wir laufen rechts am Felsen vorbei, nun dienen der grüne Diagonalbalken und der Kammweg für einige Zeit zur Orientierung. An der T-Kreuzung geht es rechts, an der folgenden Kreuzung links und an einem Abzweig geradeaus (Schild »Winselburg ½ km«), vorbei an der Großen Pinge, einer Schutzhütte und der Winselburg. Links wird die Aussicht frei. Beim Rastplatz Arnikawiese bietet sich ein Blick zum Gottesberg.

An der Gabelung wandern wir links weiter und folgen dem Kammweg, so auch an der nächsten Kreuzung, wo wir uns schräg links halten. Bald bietet sich wieder ein schöner Blick auf Mühlleithen und Umgebung. Vor der Loipenbrücke biegen wir rechts ein (Tafel »Radfernweg«), gehen nochmal kurz rechts und gleich wieder links in den Wald zurück zu Bushaltestelle und Parkplatz in **Mühlleithen (1)**.

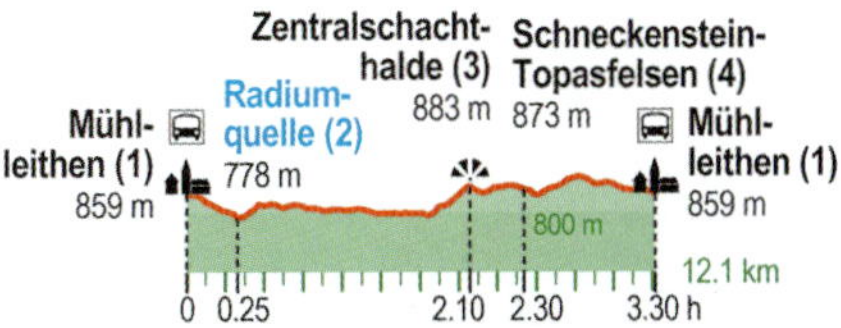

46 Zum Vysoký kámen, 774 m

2.45 Std.

Spektakuläre Ausblicke ins Vogtland von einem böhmischen Felsen

Den Auftakt dieser Wanderung bildet ein Besuch des Vogtländischen Freilichtmuseums Eubabrunn, wo man in einer wiederaufgebauten Dorfanlage mit drei Gehöften einiges über die typisch vogtländische Bauart und Einrichtung lernen kann. Auch wird die frühere Arbeits- und Lebensweise der Dorfbewohner aufgezeigt. Danach steigen wir durch den Wald auf nach Tschechien. Dort ist der Aussichtsfelsen Vysoký kámen mit einem bizarren Gipfel zu finden, ein landschaftliches Kleinod, das großartige Blicke verspricht. Der Rückweg führt durch Wald zurück nach Deutschland, dort über die Erhebung Hinterer Kegelberg und wieder hinunter ins Tal. Kurz vor Eubabrunn bieten sich hoch über dem Floßbachtal schöne Blicke auf den Ort.

Ausgangspunkt: Eubabrunn, Bushaltestelle und Parkplatz beim Freilichtmuseum, 545 m. Bus 31 von Markneukirchen nach »Eubabrunn, Freilichtmuseum« (ca. alle 2 Std., Gruppen nach Anmeldung, Tel. +49 3744 19449). Parkplatz anbei (Navi: Waldstraße 1, Eubabrunn Erlbach).
Höhenunterschied: 300 m.
Anforderungen: Kurzer, relativ steiler Aufstieg durch den Wald. Später geht man unter einem Lift, die Wanderung ist daher nur außerhalb der Skisaison möglich.
Einkehr: Am Ausgangspunkt das Gasthaus Grünes Tal (Mo./Di. Ruhetag) beim Museum. In Erlbach (ca. 1,5 km nördl. des Ausgangspunktes) gibt es das Erlbacher Brauhaus (nur Fr.–So.).
Tipp: Vogtländisches Freilichtmuseum Eubabrunn, Mo. geschlossen.
Karte: SHOCart 1:40.000 Nr. 406.

Von der Bushaltestelle bzw. dem Parkplatz in **Eubabrunn (1)** am Vogtländischen Freilichtmuseum geht es an der Museumskasse vorbei auf den Erlebnispfad (Wanderzeichen grüner Diagonalbalken), dann links. Wir kommen an sehenswerten alten Häusern vorbei und halten uns am Spielplatz und auch in der Folge immer geradeaus, dem gelben Balken folgend. Beim Haus Nr. 11 geht es an der Gabelung links, dann auf dem Hauptweg weiter. Ohne abzuzweigen kommen wir am Schild »Bergwiese« und dem Holzxylophon vorbei. Im Wald ist dem gelben Balken zu folgen, der Erlebnispfad wird verlassen. Wir kommen an der Lohe Hütte vorbei, behalten an der Kreuzung die Richtung bei und gehen an der Gabelung rechts, weiterhin dem gelben Balken nach. An der Kreuzung geht es geradeaus, immer aufwärts, am Wegesrand wachsen Heidelbeeren. Oben laufen wir gerade-

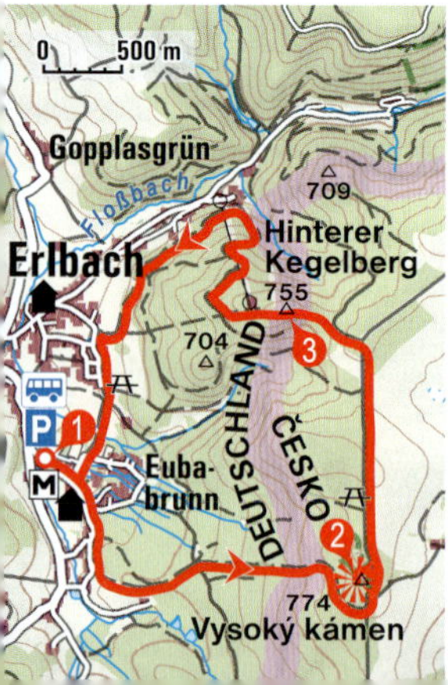

wegs über die Grenze zu Tschechien und an der Kreuzung nach links. Der **Vysoký kámen** (**2**, dt. Hoher Stein) liegt vor uns. Der Aufstieg erfolgt auf einem der Pfade, die links zum Felsen hinaufführen. Der markante Felsrücken ist seit 1974 ein geschütztes Naturdenkmal und wird auch als Kletterfelsen genutzt. Hier bietet sich ein schöner Blick nach Westen in das Floßbachtal und bei guter Sicht bis zum Fichtelgebirge.

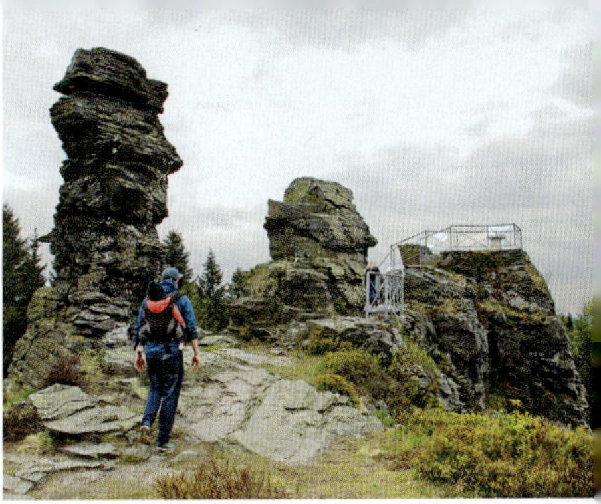

Auf dem Vysoký kámen.

Nachdem wir die schöne Aussicht genossen haben, wenden wir uns wieder dem Hauptweg zu und setzen links unseren Weg fort. Nun hat man die Wahl, denn parallel zum Hauptweg verläuft für einige Zeit noch ein schmalerer Weg, aber spätestens beim Rastplatz muss nach rechts auf den breiteren Weg gewechselt werden. Rechter Hand bietet sich ein weiter Blick in die offene tschechische Landschaft. An einem Abzweig laufen wir geradeaus weiter. Nachdem rechts der Wald begonnen hat, geht es an der Gabelung links. Wo dann der Hauptweg nach rechts schwenkt, gehen wir links hinauf zum **Hinteren Kegelberg (3)**. Wieder überqueren wir die Grenze, dann orientieren wir uns am Wanderzeichen gelber Balken. Wir laufen am Skilift vorbei, dann geradeaus. An einer Kreuzung biegen wir rechts ab. Der Weg schwenkt nach rechts, dann geht es vor dem Skilift links hinab. An der Kreuzung nutzen wir geradeaus den Hauptweg. Der Weg macht einen Rechtsbogen, nun geht es über den Skihang. Der Weg schwenkt nach links und führt an einem weiteren Skihang entlang auf ein paar Gebäude zu. Vor der linken Hütte ist links einzubiegen, wieder wird die Piste überquert. Der Weg ist nun eben. An einer Gabelung geht es rechts, wir sehen das Wanderzeichen grüner Diagonalbalken. Dann wird der Ort sichtbar.

Am befestigten Weg geht es rechts und an der Gabelung links. Dann biegen wir links in die Straße ein. Erstmal laufen wir immer geradeaus, dem grünen Balken folgend. Vor dem Rastplatz geht es rechts und ohne Wanderzeichen über eine Wiese. An der Straße gehen wir geradeaus. Nach dem Spielplatz biegen wir an der T-Kreuzung rechts ein und kommen nochmal an den schönen Häusern vom Hinweg vorbei. Am Freilichtmuseum geht es rechts zurück zum Ausgangspunkt am Vogtländischen Freilichtmuseum in **Eubabrunn (1)**.

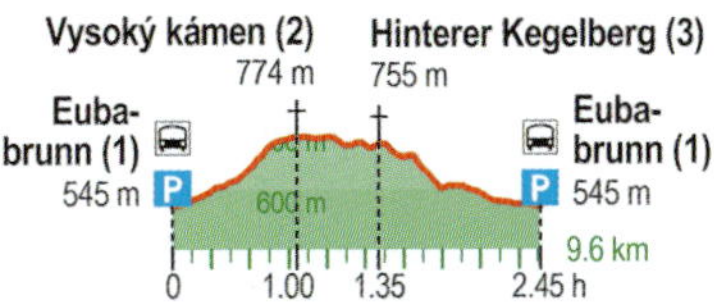

47 Von Wernitzgrün nach Markneukirchen

5.15 Std.

Wälder und gute Aussichtspunkte im Musikwinkel

Die Südostecke des Vogtlands bildet den Musikwinkel. Mehrere Orte auf dieser Tour entwickelten sich im 17. Jh. zu Musikinstrumentenherstellerdörfern, allen voran Markneukirchen, wo 1677 die erste Geigenbauer-Innung Deutschlands entstand.

Wir wandern zunächst im Haarbachtal und erreichen den sich von Wernitzgrün bis Landwüst erstreckenden Streitwald, der seinen Namen aufgrund von Grenzstreitigkeiten erhalten hat. Bald folgt ein Höhepunkt dem anderen: der erste ist der Wirtsberg, eine unbewaldete Anhöhe hoch über Landwüst, wo sich von einem Aussichtshäuschen einer der schönsten Rundblicke im Vogtland bietet. In Landwüst mit der Kirche St. Laurentius wartet das Vogtländische Freilichtmusuem mit vielen wertvollen bäuerlichen Exponaten und ca. 20 Gebäuden. Auch von der Bismarcksäule weiter nördlich genießen wir einen fantastischen Rundblick. Markneukirchen im Schwarzbachtal lockt mit seinem Musikinstrumenten-Museum, gefolgt vom Barfußpfad Erlbach und tollen Aussichten auf der Hetzschener Anhöhe und der Staa-Blick-Hüttn.

Ausgangspunkt: Wernitzgrün, Bushaltestelle am Parkplatz Schönbacher Straße/Ecke Markneukirchner Straße, 616 m. Bus 32 von Markneukirchen nach »Wernitzgrün, Warte« (ca. alle 2 Std., Rufbus, Anmeldung 2 Std. vor Abfahrt, Tel. +49 3744 19449). Parkplatz anbei (Navi: Markneukirchner Straße 12, Wernitzgrün/Erlbach).
Höhenunterschied: 420 m.
Anforderungen: Unmarkierter Weg zwischen Haarmühle und Sandmannsgrab, ggf. schwer zu finden. Sonst überwiegend markiert. Kurze steile An- und Abstiege. Für Kinder ist die Runde zu lang.
Einkehr: Heiterer Blick (Di. Ruhetag); Die Eich (Zur Eiche, Mi./Do. Ruhetag) und Am Paulusschlöß'l (Mo./Di. Ruhetag) in Markneukirchen.
Tipps: Vogtländisches Freilichtmuseum Landwüst, Rohrbacher Str. 4, 08258 Markneukirchen, Mo. geschl., im Winter nur Sa./So. geöffnet. – Musikinstrumenten-Museum, Bienengarten 2, 08258 Markneukirchen, Mo. geschl.
Karte: GeoSN 1:25.000, Blatt 5.

Vom Parkplatz in **Wernitzgrün (1)** gehen wir die Stufen hinunter und biegen links in die Straße ein. Wir kommen am Teich vorbei und laufen in der Linkskurve geradeaus die Landwüster Straße (nicht die Durchgangsstraße) wei-

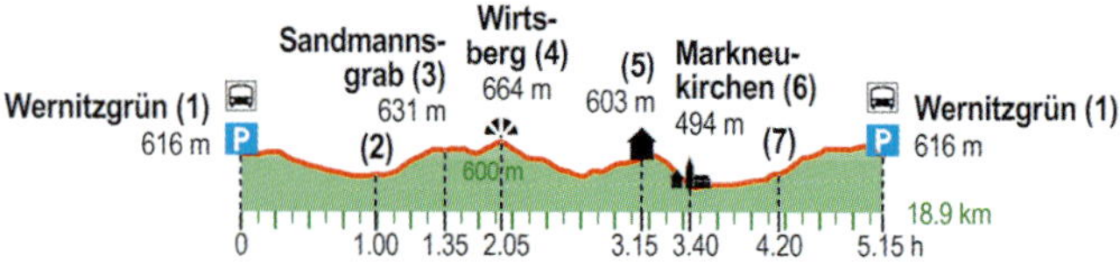

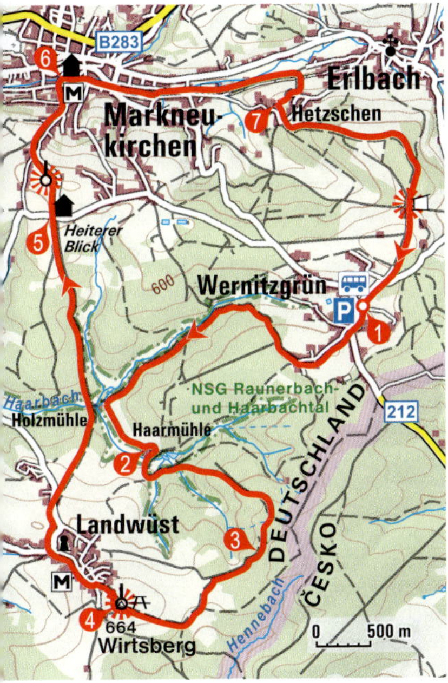

ter. An der Kreuzung halten wir uns rechts. Der Weg ist bald mit dem gelben Balken markiert. Bei Waldbeginn wandern wir schräg rechts auf einem schönen Waldweg weiter. Kurzzeitig wird rechts der Blick frei. An der Gabelung halten wir uns rechts, immer dem gelben Balken nach, an einem Abzweig geradeaus, nun mit dem grünen Balken. Wir wandern lange Zeit geradeaus, schließlich wird rechts der Bach sichtbar. An einem Teich (auf den Karten ist hier die Holzmühle) geht es nach links, weiterhin dem grünen Balken nach. Der Weg führt zu einer Wiese und wird bald schmaler. Wir kommen links an der **Haarmühle (2)** vorbei, an Schuppen und Ställen. An der T-Kreuzung halten wir uns mit blauem Balken und VPW (Vogtland Panorama Weg®) rechts, biegen aber an der Kreuzung gleich wieder scharf links in einen Weg ohne Wanderzeichen ein. Es geht geradeaus, über ein Bächlein und am Waldrand rechts in den Wald. Der Weg führt aufwärts. An der ersten Gabelung wandern wir links weiter. Weiter oben begleiten Heidelbeeren den Weg. An der zweiten Gabelung halten wir uns rechts und am breiten Forstweg wieder rechts.

Nach ca. 140 m ist in der leichten Linkskurve schräg rechts in den Waldweg einzubiegen (wer diesen Abzweig verpasst, läuft bis zur Kreuzung und dort rechts in den mit rotem Balken markierten Weg). An einer Kreuzung laufen wir geradeaus weiter und erreichen die Infotafel **Sandmannsgrab (3)**. Am befestigten Forstweg biegen wir rechts ein, bis auf Weiteres ist nun dem roten Balken zu folgen. An der Kreuzung am Waldrand halten wir uns links in den Feldweg, wo sich ein schöner Blick bietet, und am Beginn des nächsten Waldstücks wieder rechts. Wir gelangen hinauf zum **Wirtsberg (4)** mit einem Rastplatz und einem beeindruckenden mehrstöckigen Aussichtshäuschen. Hier genießen wir den Panoramablick. Auf Tafeln werden die Berge der Umgebung genannt, auch auf der tschechischen Seite. Hinter dem Aussichthäuschen geht es rechts in den grasbewachsenen Weg hinunter nach Landwüst.

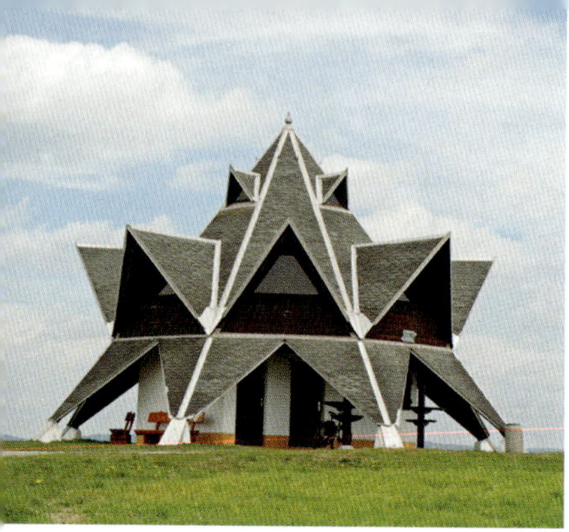

Aussichtshäuschen auf dem Wirtsberg.

Wir kommen links am Teich vorbei und biegen rechts in die Straße ein. An der Gabelung gehen wir links zum Freilichtmuseum, dann rechts daran vorbei. An der nächsten Gabelung (Kriegerdenkmal) halten wir uns rechts in die Schönlinder Straße, die bald nach links schwenkt. Kurz darauf zweigen wir mit der roten Balkenmarkierung auf einen attraktiven Wiesenweg ab. Wir wandern geradeaus in den Wald. Der Weg schwenkt bei einer Gabelung nach links. Nach dem Bach geht es geradeaus, weiter der Markierung nach und an der Holzmühle vorbei. Wir halten uns weiter geradeaus. Rechter Hand wird bald eine Lichtung sichtbar, wenig später führt der Weg wieder aus dem Wald hinaus. Am Berggasthof **Heiterer Blick (5)** geht es geradeaus zur Bismarcksäule (tgl. 9–17 Uhr, Eintritt frei). Hier bietet sich ein großartiger Blick, auch auf unser nächstes Etappenziel.
Wir laufen geradeaus hinunter und hinein in den Ort **Markneukirchen (6)**. Geradeaus führt ein Abstecher zur Touristeninformation mit historischem Sägewerk und Ausstellung zur Stadtgeschichte. Ohne Abstecher halten wir uns rechts in die Straße Bienengarten und passieren das Musikinstrumenten-Museum. An der nächsten Kreuzung geht es geradeaus in die Schützenstraße.
An der Gabelung laufen wir links in den Ludwigsweg, dann geradeaus. Rechts vom Schwimmbad wählen wir an der Dreiergabelung den mittleren Weg, der zwischen Schwimmbad und Teich verläuft. Geradeaus gehen wir in den Barfußpfad Erlbach, der für Hunde verboten und etwas in die Jahre gekommen ist. Vor Betonröhren an Bänken biegen wir rechts hinauf in den Wiesenweg ein, vor den Häusern wieder rechts; geradeaus lohnt der Blick auf Markneukirchen. Der Weg schwenkt nach links. An der Kreuzung gehen wir rechts und vor einem Haus in **Hetzschen (7)** links hoch, bald auf einem geteerten Weg, und an der kleinen Straße geradeaus in den Wald hinein.
Im Wald halten wir uns links und folgen dem gelben Balken. Am Waldende gehen wir geradeaus und verlassen die Markierung wieder. Links belohnt ein schöner Blick für den Aufstieg. Wir wandern geradeaus weiter, bis im Wald an einem deutlichen Querweg rechts einzubiegen ist (Wanderzeichen roter Balken und grüner Punkt). An der Kreuzung gehen wir geradeaus. Links ist ein Abstecher zur Staa-Blick-Hüttn möglich, einer Schutzhütte mit schöner Aussicht. Interessant ist die Lektüre der Tafel »Zur Geschichte des schriftsässigen Eubabrunner Rittergutes« (»schriftsässig« bedeutet »grundherrschaftlich«). Immer geradeaus hingegen geht es zurück nach **Wernitzgrün (1)**.

3.45 Std.

Bei Bad Elster 48

Rund um und in den schönsten Ort des Vogtlands

Bad Elster bildet mit Bad Brambach (Tour 50) den sächsischen Bäderwinkel – bis zum böhmischen Bäderdreieck Karlsbad, Franzensbad und Marienbad ist es hier nicht mehr weit. Der Kurort an der Weißen Elster gehört zu den ältesten Mineral- und Moorheilbädern in Deutschland und wurde im 19. Jh. zum Staatsbad ausgebaut. Im Gegensatz zu den Mineralquellen in Bad Brambach sind die in Bad Elster arm an Radon, stattdessen hat Eisen einen hohen Stellenwert. Enthalten sind aber u. a. auch Kalium, Natrium, Kalzium und Magnesium. Kurpark und Bäder liegen in der Mitte des Ortes. Auf angenehmen Waldwegen wird zunächst die Kreuzkapelle im Wald erreicht, dann geht es hinab zur Unteren Reuth, wo gleich die Parkanlagen im Stadtgebiet beginnen. Hier statten wir den hübschen Kuranlagen einen Besuch ab. Anschließend geht es über die Römerhütte wieder in die Höhe und oben auf dem Naturlehrpfad Zeidelweidetal zurück zum Ausgangspunkt.

Ausgangspunkt: Bad Elster, Bahnhof, 479 m. Mit der Vogtlandbahn von Zwickau oder Plauen nach „Bahnhof, Bad Elster" (ca. stündlich). Alternativ auch mit dem Bus 30 von Klingenthal nach »Landhaus, Bad Elster«, dann zum Bahnhof wie am Ende der Tour beschrieben. Parkplatz am Bahnhof (Navi: Am Bahnhof, Bad Elster).
Höhenunterschied: 300 m.
Anforderungen: Unmarkierte Wegstücke bei der Kreuzkapelle, ansonsten gut ausgeschildert. Geringe Höhenunterschiede, nur kurze steile Abschnitte (Tendenz zu »blau«).
Einkehr: Waldquelle (Mo. Ruhetag) und Sachsenhof-Stüberl (beim König-Albert-Theater, Mo. Ruhetag) in Bad Elster, Landhaus (Mo. Ruhetag) in Adorf.
Karte: Südliches Vogtland – Bäderregion 1:33.000.

Vom **Bahnhof Bad Elster (1)** wenden wir uns zum Parkplatz. Dort geht es in den Fußweg, der mit einem grünen Punkt markiert ist. An der Kreuzung laufen wir geradeaus, nun mit dem grünen Balken. Der angenehme ebene Waldweg führt uns geradeaus an einem Abzweig vorbei und kurz darauf an der Gabelung markiert nach links. Wir kommen an einer Schutzhütte vorbei und biegen dann ohne Wanderzeichen schräg

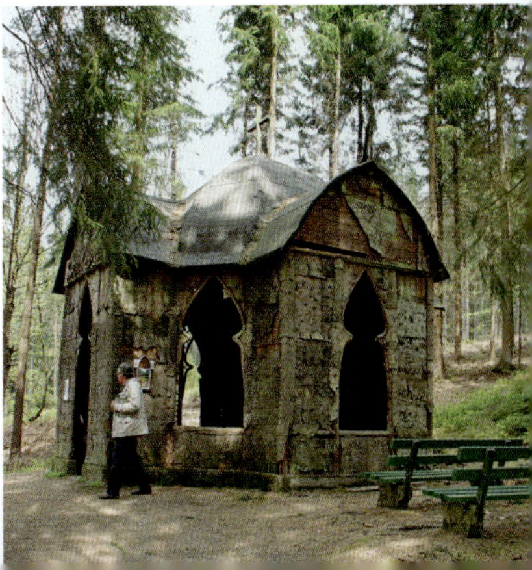

Die Kreuzkapelle.

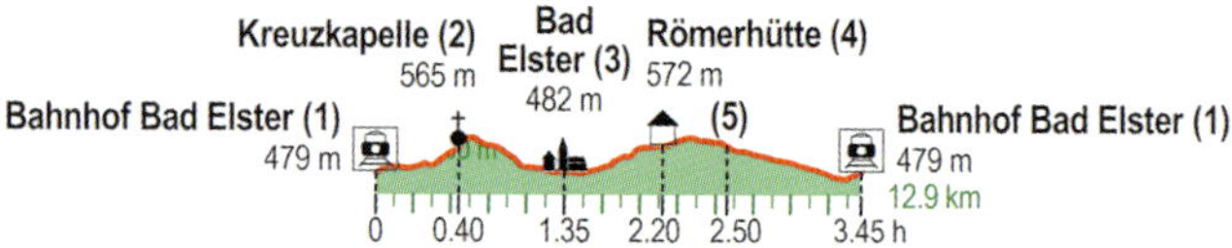

links in einen schönen Waldweg ein. An der Gabelung geht es kurz vor einem Querweg links und dann über ihn hinweg (am Querweg führt rechts ein Abstecher zur Gaststätte Waldquelle, ca. 120 m). Der Weg mit dem Wanderzeichen grünes X wird gequert. An der Gabelung laufen wir noch vor der Hütte links hinauf. Hier wachsen viele Heidelbeeren. Der Weg schwenkt erst nach links, dann nach rechts, nun ist Heidekraut zu sehen. Wir wandern rechts an der **Kreuzkapelle (2)** vorbei.

Zwischen zwei Bänken geht es gleich wieder links hinauf und an der ersten Kreuzung geradeaus, an der nächsten aber rechts hinunter. Weiter unten biegen wir an einer Kreuzung links in einen breiten Feldweg ein, der mit dem gelben X gekennzeichnet ist. An der Gabelung gehen wir rechts und nach ca. 150 m am Ende eines Gartenzauns scharf rechts, Wegweiser »Untere Reuth 0,7 km«, dann am Haus Nr. 6 vorbei. Der Weg schwenkt nach links und führt dann hinunter.

Unten an der Straße geht es rechts, dann schräg links in einen Fußweg; den Kellergrundweg. Nun ist eine Weile dem blauen Balken zu folgen, zunächst über zwei Kreuzungen geradeaus hinweg. Nach der Kirche biegen wir links ein, weiter unten halten wir uns rechts. Wir kommen rechts am Gondelteich vorbei und laufen dann geradeaus weiter. Nun ist eine Zeit lang dem Vogtland Panorama Weg® (Wanderzeichen VPW) zu folgen, der uns nach rechts führt. Im Ort **Bad Elster (3)** wird die Straße überquert und es geht schräg links in den Park. Wir bleiben immer rechts des Bachs und kommen an der Moritz-Quelle, der Kunstwandelhalle und dem Bademuseum vorbei. Am großen Platz halten wir uns links, laufen linker Hand an Geschäften vorbei, dann weiter geradeaus, am Albert Bad links Stufen hinauf und über eine Bachbrücke zum König-Albert-Theater. Hier halten wir uns schräg rechts in einen Fußweg, der zwischen zwei Pfosten beginnt. Nun leisten uns die VPW-Markierungen besonders gute Dienste. Wir kom-

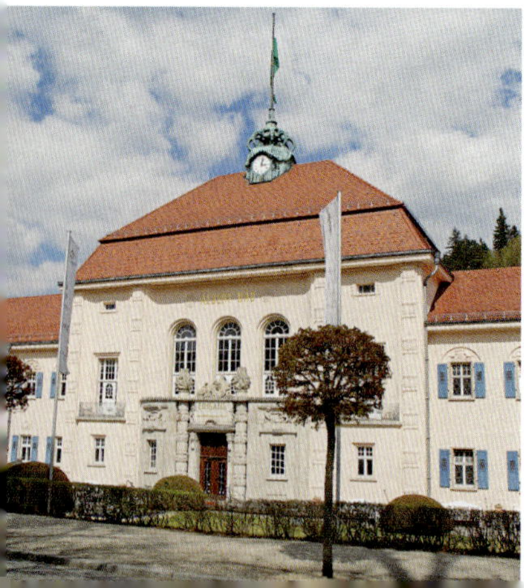

Das Albert Bad in Bad Elster.

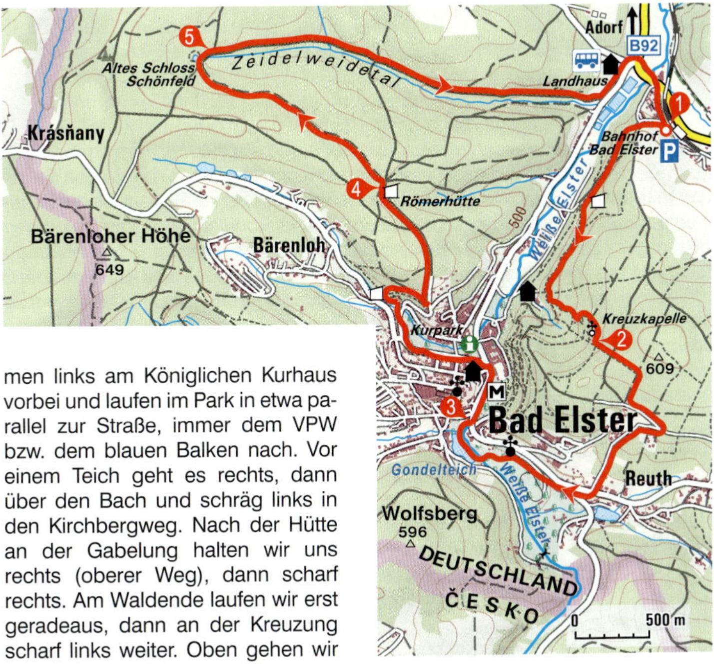

men links am Königlichen Kurhaus vorbei und laufen im Park in etwa parallel zur Straße, immer dem VPW bzw. dem blauen Balken nach. Vor einem Teich geht es rechts, dann über den Bach und schräg links in den Kirchbergweg. Nach der Hütte an der Gabelung halten wir uns rechts (oberer Weg), dann scharf rechts. Am Waldende laufen wir erst geradeaus, dann an der Kreuzung scharf links weiter. Oben gehen wir geradeaus, auch an einer Kreuzung. Bald ist die **Römerhütte (4)** erreicht, gut für eine Rast. Danach biegen wir an der Kreuzung links ein, dem blauen Balken folgend. An einer Gabelung folgen wir links dem VPW, ein ebener, schöner Weg. Am Querweg halten wir uns links. Am nächsten Querweg führt geradeaus ein Abstecher zum Gelände des Alten Schlosses Schönfeld mit Teich und Infotafel.

Hier biegen wir rechts ab und folgen vorläufig dem **Naturlehrpfad Zeidelweidetal** (**5**, Wanderzeichen grüner Diagonalbalken). An einer Gabelung verlassen wir den VPW und gehen rechts weiter. Unser Weg führt sanft abwärts und gestattet reizvolle Blicke auf das Bachtal des Zeidelweidebachs rechter Hand, begleitet von interessanten Informations-Täfelchen. An einer Kreuzung geht es geradeaus. Nach der Tafel zum »NSG Zeidelweide« biegt der Naturlehrpfad links ab. Wir aber bleiben auf dem Hauptweg und wandern geradeaus weiter. Unten ist die Straße zu überqueren, wir laufen links auf dem Bürgersteig weiter. An der T-Kreuzung biegen wir rechts am Landhaus in die B 92 ein. Dann ist rechts den Wegweisern zum **Bahnhof Bad Elster (1)** zu folgen.

49 Bei Raun

2.45 Std.

Idyllische kleine Waldwege im Grenzgebiet zu Tschechien

Diese eher einsame Wanderung führt nahe an der tschechischen Grenze entlang. Den Auftakt bildet das denkmalgeschützte Bauerndorf Raun mit Fachwerkhäusern im Egerländer Stil. Neben historischen Häusern ist hier eine kleine Kapelle zu sehen, die als eine der ältesten erhaltenen Wallfahrtskirchen des Vogtlands gilt. Schon 1534 wurde sie erstmals erwähnt. Unsere Runde führt uns auf dem Vogtland Panorama Weg® durch Wald zum Gürther Kreuz mit Teufelsbirke. Anschließend wird es lauschig, und zwar auf dem idyllischen kleinen Waldweg, der an der Grenze entlang und am Plattenberg vorbeiführt. Hier gibt es im Sommer Heidelbeeren. Am Anfang und Schluss erfreuen weite Blicke in die Landschaft den Wanderer.

Ausgangspunkt: Bahnhof »Haltepunkt Raun«, 542 m. Vogtlandbahn von Plauen. Hier auch wenige Parkplätze (Navi: Bahnhofsweg, Raun, Bad Brambach).
Höhenunterschied: 260 m.
Anforderungen: Einfache Tour, mäßige Aufstiege. Viele Wurzeln, die ggf. ein rasches Ausschreiten behindern. Kleine und schmale Pfade.
Einkehr: Rauner Hof in Raun (kleiner Abstecher von der Strecke, nur tagsüber, Mo./Di. Ruhetag).
Karte: Südliches Vogtland – Bäderregion 1:33.000.

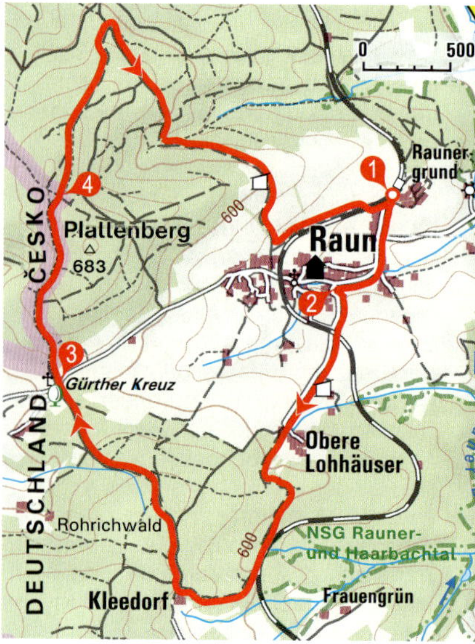

Am **Haltepunkt Raun (1)** laufen wir zum Ort hinunter und an der Bushaltestelle vorbei. Wir folgen dem Straßenverlauf und beachten die Orchideenwiese linker Hand. In **Raun (2)** führt an der Wandertafel geradeaus ein Abstecher in die Ortsmitte mit der Kapelle und Gaststätte sowie schönen Fachwerk- und Holzhäusern mit Egerländer Fachwerkgiebeln. hne Abstecher biegen wir hier links in den Vogtland Panorama Weg® W) ein, dem wir für die nächsten drei Kilometer folgen. Wir laufen über ahnlinie und an einer Hütte geradeaus. Die Oberen Lohhäuser werden

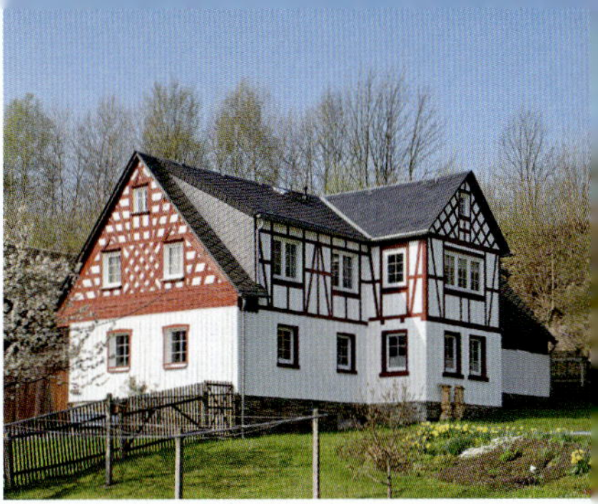

Fachwerkhaus in Raun.

sichtbar. Wir gehen rechts an der Siedlung vorbei und halten uns an der Gabelung links. Im Wald wird der Weg recht idyllisch. An einem Abzweig halten wir uns links und an den zwei folgenden Gabelungen jeweils rechts. Linker Hand ist zwischenzeitlich die Bahnlinie sichtbar. Es geht aufwärts – hier ist mit Wurzeln zu rechnen. Der idyllische Pfad führt zu einem zu Kleedorf gehörenden Haus, wo es geradeaus geht, so auch am Abzweig.

Dann biegen wir an einer T-Kreuzung rechts ein. Wir verlassen hier den Vogtland Panorama Weg® und orientieren uns zunächst am Wanderzeichen blauer Balken. Wir wandern immer geradeaus, der Weg wird breiter. An einem Abzweig bleiben wir auf dem Hauptweg und gehen dann an der Gabelung links, weg vom Hauptweg. Auch an der folgenden Gabelung halten wir uns links. Wo von rechts ein Weg zustößt, biegen wir erneut links ein und wandern am Abzweig geradeaus. An der Straße ist das **Gürther Kreuz (3)** mit der Teufelsbirke erreicht. Wir kreuzen die Straße und folgen weiter dem blauen Balken. An einer Gabelung (Stein 22) geht es nach rechts. Wir wandern nun eine Weile auf dem Grenzpfad, der Heidekraut, Heidelbeeren und Idylle pur verspricht. Am Grenzstein 23 geht es rechts (Wanderzeichen grüner Diagonalbalken, bald wieder blauer Balken), der Grenzweg wird nahe dem **Plattenberg (4)** verlassen.

An der Kreuzung lädt eine Bank zur Rast ein, danach wandern wir geradeaus weiter. An der T-Kreuzung geht es rechts und an der Gabelung auf dem Naturlehrpfad links. Wieder erreichen wir eine T-Kreuzung, hier ist rechts abzubiegen und bis auf Weiteres dem Wanderzeichen gelber Balken zu folgen (Schild: »Raun 2,1 km«). Wir bleiben auf dem Hauptweg, der jetzt auch wieder als Vogtland Panorama Weg® beschildert ist. Wo der Forstweg nach rechts schwenkt, gehen wir mit dem gelben Balken geradeaus hinab. An einer Kreuzung nehmen wir den mittleren Weg, an der Gabelung den linken. Der Weg schwenkt nach links und steigt leicht an. Wir verlassen den Wald und linker Hand wird der Blick in die Landschaft frei. Der Panoramaweg führt an einer Schutzhütte vorbei ins Tal.

Wo unten der Weg in einen befestigten übergeht, biegen wir scharf links ab und laufen parallel zu den Bahngleisen. Bald geht es rechts durch eine Unterführung und dahinter links zum **Haltepunkt Raun (1)**.

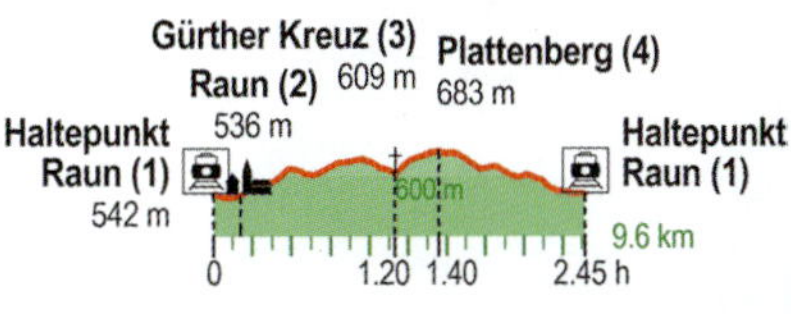

50 Von Bad Brambach auf den Kapellenberg, 765 m

3.30 Std.

Auf dem Vogtland Panorama Weg® zu einem grandiosen Aussichtsturm

Der südliche Teil des Vogtlands wird wegen seiner Höhenlage Oberes Vogtland genannt. Das dazugehörige Bergland, das Elstergebirge, das sich bis nach Böhmen hinein erstreckt, bildet den Übergang zwischen Fichtel- und Erzgebirge. Ihren Auftakt nimmt diese Wanderung im Kurort Bad Brambach, hier ist die stärkste Radiumquelle der Welt zu finden. Durch Wald geht es auf dem Vogtland Panorama Weg® zum Höhepunkt der Tour: dem Kapellenberg, von dessen Aussichtsturm sich ein weiter Blick ins nahe Egerland und auf das Fichtelgebirge bietet – an drei Seiten von Tschechien umgeben. Der Rückweg verläuft durch Wald und Wiesen, über den kleinen Ort Bärendorf zurück nach Bad Brambach, wo sich nach der Tour die Kuranlagen genießen lassen.

Ausgangspunkt: Bahnhof Bad Brambach, 575 m. Vogtlandbahn von Plauen. Parkplatz anbei (Navi: Bahnhofstraße, Bad Brambach).
Höhenunterschied: 270 m.

Anforderungen: Einfache Tour, mäßige Aufstiege. Tendenz zu »blau«.
Einkehr: Unterwegs keine.
Karte: Südliches Vogtland – Bäderregion 1:33.000.

Am Bahnhof in **Bad Brambach (1)** wenden wir uns zum Parkplatz und folgen links der Tafel mit Wanderkarte dem Vogtland Panorama Weg®, dessen VPW-Kennzeichnung uns fast die ganze Strecke über begleiten wird. An der Straße behalten wir die Richtung links der Gleise bei, erst ca. 200 m jenseits der B 92 ist rechts in die Straße Forst einzubiegen. Es geht unter der Bahnlinie durch. Der Weg schwenkt erst nach links, dann schräg rechts und führt links am Haus Nr. 9 vorbei. Am Waldanfang ist schräg links einzubiegen. Nun beginnt ein lauschiger, moosbedeckter Weg, der sanft ansteigt. Bei einem Grenzstein schwenkt der Weg nach rechts und wird für kurze Zeit zu einem Grenzweg. Am Stein 18/10 geht es geradeaus und rechts an der Schutzhütte vorbei, dann an der T-Kreuzung links und an einem

Der Kapellenbergturm.

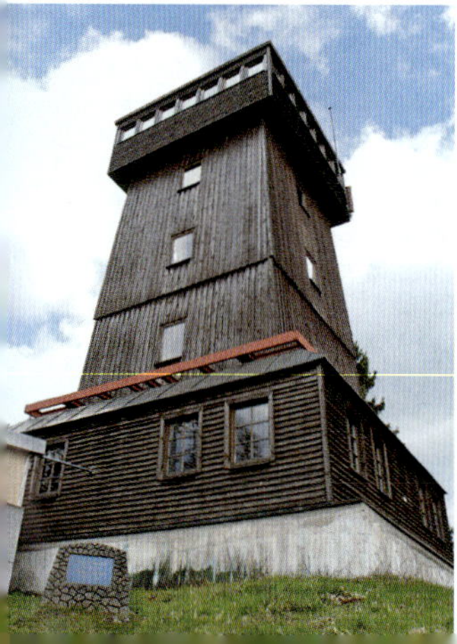

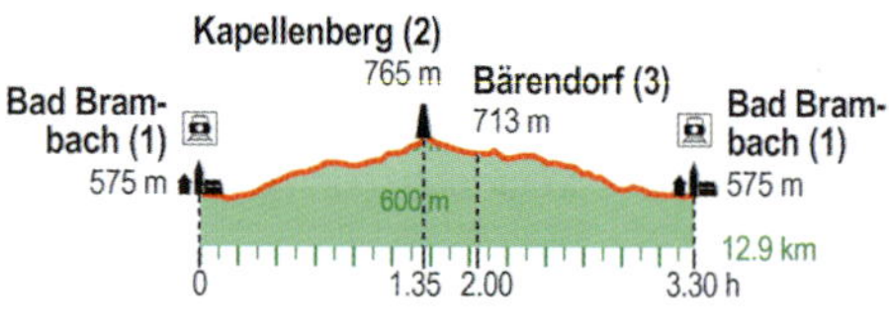

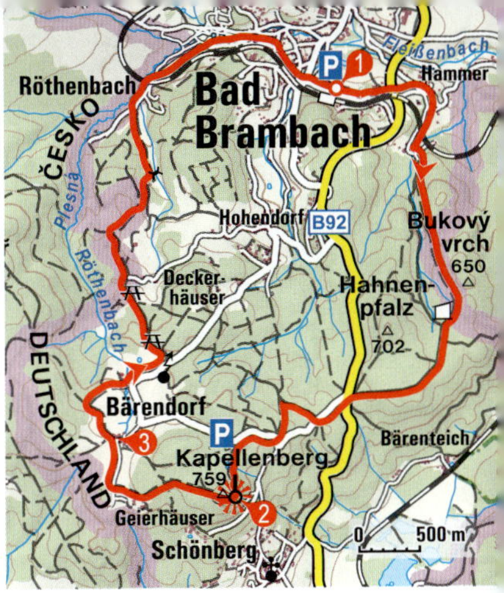

Abzweig geradeaus. Der Weg wird nun breiter.

Wir überqueren die Straße, biegen dahinter schräg links in eine kleinere Straße ein und folgen dann rechts dem Vogtland Panorama Weg®. Wo der Hauptweg eine Rechtskurve macht, gehen wir links hinauf und an der Straße rechts. Wir folgen ihr bis zu einem Parkplatz, an dem uns die VPW-Markierung schräg links zurück in den Wald führt. Wir kommen links am auch »Tränke« oder »Oberer Lohteich« genannten Schwarzteich vorbei, wo um Mitternacht eine weiße Frau umgehen soll. An einer Gabelung geht es rechts hoch auf den **Kapellenberg (2)**, die mit 765 m höchste Erhebung des Elstergebirges. Wem der Weg zu steil ist, der kann geradeaus dem sanfteren Anstieg folgen. Vom Turm aus bietet sich eine grandiose Aussicht.

Anschließend gehen wir links am Turm vorbei und auf der anderen Seite, VPW-markiert, wieder hinunter. An einer Kreuzung wandern wir geradeaus weiter. Der Weg schwenkt nach schräg links, wieder gehen wir an einer Kreuzung geradeaus und an der nächsten rechts, bald aus dem Wald. An der Straße halten wir uns rechts und in **Bärendorf (3)** an der T-Kreuzung links. Der höchstgelegene Ort des Oberen Vogtlands wirkt mit etwas Phantasie wie ein Gebirgsdorf. Vor dem Wald geht es rechts und hinter dem Teich schräg links zur Straße, dort geradeaus und vor dem Wald links. Bei einem Rastplatz schwenkt der Weg rechts in den Wald, wo wir stets dem Hauptweg folgen. Bald kommen wieder offenes Land und ein weiterer Rastplatz, dann schwenkt der Weg nach rechts und folgt erneut der Grenze zu Tschechien.

An einer Gabelung halten wir uns links. Auf dem Grenzweg geht es geradeaus in den Wald, später am Waldrand weiter. Der Weg schwenkt wieder nach rechts, dann ist nach dem Grenzstein 7/10 rechts abzubiegen, weiter dem Vogtland Panorama Weg® folgend. Weiter unten geht es links, am ehemaligen Waldcafé links vorbei und an einem Abzweig geradeaus. Wir laufen den geteerten Weg hinunter, halten uns unten rechts und an der T-Kreuzung links. Der Weg führt über die Bahnlinie und dann direkt links entlang der Trasse. Bei Pfosten wandern wir hinunter zur Straße, in die rechts rechts einzubiegen ist. Es geht an Kuranlagen vorbei und rechts zum Bahnhof. Wir passieren das Landhotel Jungbrunnen. Bei der Pension Gustav Schindler (Haus Nr. 8) ist rechts einzubiegen, dann auf dem Fußweg weiterzugehen. An der Straße geht es geradeaus zum Bahnhof von **Bad Brambach (1)**.

Stichwortverzeichnis

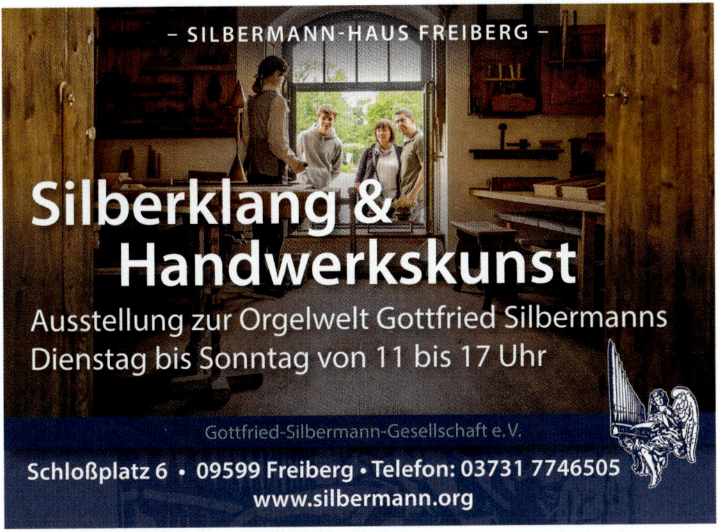
– SILBERMANN-HAUS FREIBERG –
Silberklang & Handwerkskunst
Ausstellung zur Orgelwelt Gottfried Silbermanns
Dienstag bis Sonntag von 11 bis 17 Uhr
Gottfried-Silbermann-Gesellschaft e.V.
Schloßplatz 6 • 09599 Freiberg • Telefon: 03731 7746505
www.silbermann.org

W

Z

Umschlagbild:
Die Aussichtskanzel bei Wolkenstein (Tour 25).

Bild im Innentitel:
Wandern hoch über Olbernhau.

Alle 133 Fotos stammen von der Autorin, mit Ausnahme der Bilder auf S. 72 (von Dorina Kern) und S. 104 (von Gerald Loß).

Kartografie:
50 Wanderkärtchen im Maßstab 1:50.000 und 1:75.000
Geodaten © OpenStreetMap und Mitwirkende.
Kartografisches Design: Freytag und Berndt Prag,
www.freytagberndt.cz;
zwei Übersichtskarten im Maßstab 1:500.000 und 1:850.000
© Freytag & Berndt, Wien

4., aktualisierte Auflage 2022

ISBN 978-3-7633-4517-5

MIX
Papier aus verantwortungsvollen Quellen
FSC® C021956

Wir freuen uns über jeden Korrekturhinweis zu diesem Wanderführer!
Bitte per E-Mail an: leserzuschrift@rother.de

ROTHER BERGVERLAG · München
D-82041 Oberhaching · Keltenring 17 · Tel. +49 89 608669-0 · www.rother.de